JACK THE RIPPER
Die blutige Wahrheit

Für Mo, die nicht unterzukriegen war, die tapfer gegen viele Drachen kämpfte; sie schritt über Schlachtfelder, die mit den Trümmern von Textverarbeitungsgeräten und Kugelkopfmaschinen übersät waren; mit Hilfe einer alten Schreibmaschine siegte sie schließlich.

JACK THE RIPPER

Die blutige Wahrheit

Melvin Harris

hannibal

Lektorat: Hilde Linnert
Coverentwurf: Studio Lochmann, Frankfurt/Main
Belichtungsservice: Andrea Pokorny, Baden
Druck: Druckhaus Nonntal GesmbH, Salzburg

ISBN 3-85445-038-9

Inhalt

Vorwort und Danksagung

Übersichtskarte der Whitechapel-Morde

1 Der Mann im Schatten 11

2 Das Bündel in der Buck's Row 16

3 Jede Menge Verdächtige 37

4 Der Verrückte, der St. Paul's liebte 42

5 Chapman und Cream - ein giftiges Paar 55

6 Rasputins Russischer Ripper 68

7 Die Leiche in der Themse 84

8 Die Verbindung mit Chikago 103

9 Die Ananias Liga tritt auf den Plan 115

10 Medium Rare? 123

11 Die Fleet Street 130

12 Das Spiel mit der Einfalt 136

13 Die Herausforderung eines königlichen Champions 146

14 Ein Republikaner schlägt zurück 156

15 Knight - der Ritter in der gläsernen Rüstung 169

16 Es zeigen sich Risse 177

17 Der Brustschild zerspringt 186

18 Der Narr lacht zuletzt 200

19 Der Magier aus dem Nebel 213

Schlußwort 236

Die ermordeten Frauen 237

Whitechapel heute 237

Literaturnachweis 238

Vorwort

Neues über den Ripper? Ist das möglich? Jawohl, es ist möglich. In diesem Buch liefere ich Lösungen für viele Probleme, die sich durch das Rätsel von Whitechapel ergaben. Zum ersten Mal enthülle ich die unzähligen Schwindeleien, die dazu führten, daß die Freimaurer und die königliche Familie in falsche Lösungen für die Morde verwickelt wurden. Es handelt sich dabei um eine bedauerliche aber äußerst faszinierende Geschichte über Selbstbetrug, Gaunereien und Schlimmeres.

Doch um diesen neuen Einsichten gerecht zu werden, mußten die Einzelheiten über die Morde auf das unbedingt Notwendige beschnitten werden. Die von anderen Schriftstellern so geschätzten Anekdoten und Details wurden weggelassen. Ich vermeide, die gerichtlichen Untersuchungen der Coroner Zeile für Zeile zu übernehmen, und gehe mit ausführlichen Pressezitaten sparsam um. Ich lasse sogar die internen Streitereien bei Scotland Yard und die Auseinandersetzungen zwischen Innenminister Matthews und Sir Charles Warren beiseite. Ich bin der Meinung, daß es verhältnismäßig einfach ist, an solche Informationen zu gelangen, aber die Enthüllungen, die ich zu machen habe, liegen auf einer ganz anderen Ebene. Sie brauchen Raum, auf daß sie sich natürlich entwickeln und überzeugend klingen können, und vor allem, damit sie Sie, den Leser, unterhalten und zufriedenstellen.

Danksagung

Mein verbindlichster Dank geht an Richard Whittington-Egan, der darauf bestand, daß ich dieses Buch schrieb - und der ein Nein nicht als Antwort gelten ließ!

Besonders danke ich Simon Welfare, der mit beängstigender Regelmäßigkeit ans Telefon gefesselt war.

Ferner danke ich Francis King, dem Verfasser von *The Magical World of Aleister Crowley*, etc., der sich bereitwillig mit mir unterhalten hat.

Ich danke Bibliothekaren im gesamten Vereinigten Königreich, besonders aber der Abteilung für lokale Geschichte in Hull. In den USA geht mein Dank an die Historische Gesellschaft von Chicago, an Dr. Joan Healy, New York, und an die liebe Dr. Leona Bayer in San Francisco.

Zuletzt möchte ich noch der anerkannten First Lady des Verbrechens, Frau Camille Wolff von Grey House Books, Chelsea, meinen Dank aussprechen.

Übersichtskarte der Morde von Whitechapel

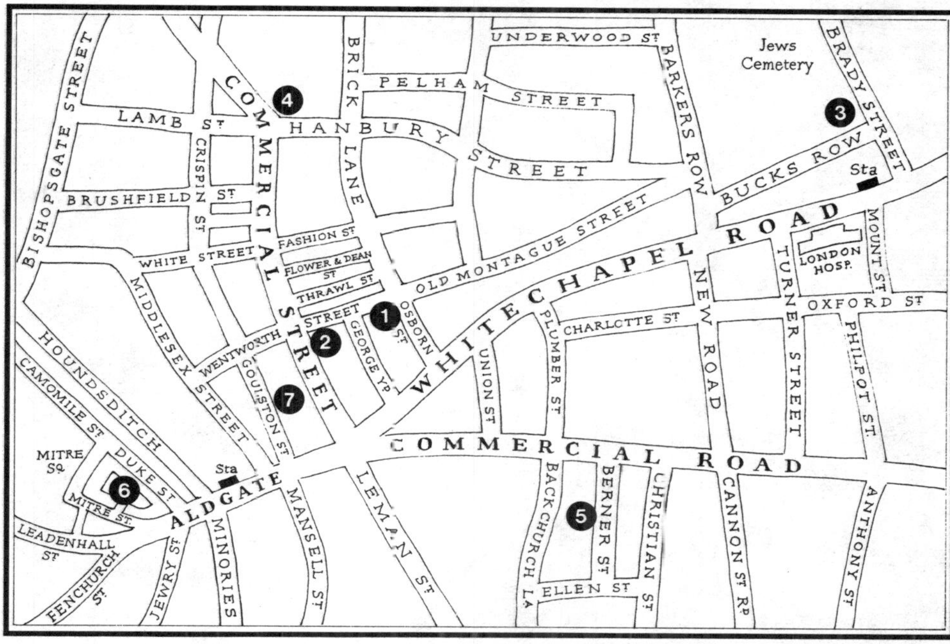

1. Emma Smith
2. Martha Turner
3. Mary Ann Nichols
4. Annie Chapman
5. Elizabeth Stride
6. Catherine Eddowes
7. Mary Kelly

Nachdem Mary Kelly im November 1888 umgebracht worden war, zählte die *Police News* diese sieben „Ripper“-Morde auf. War die Schlußfolgerung korrekt?

Die Nemesis der Verwahrlosung

1
Der Mann im Schatten

Eine zu Tode erschrockene Frau kauert auf den Knien. Eine affenähnliche Kreatur zerrt an ihren langen Haaren. Die andere Hand durchtrennt mit einem fürchterlich großen Messer die Kehle der Frau. Daneben schlachten zwei Irre zwei Frauen ab. Der eine würgt sein Opfer mit einem Strick, der andere fällt mit Messer und Axt über die Frau her.

Das ist der erbitterte Protest von *Punch* gegen die Flut von aggressiven Plakaten, die von den Mauern und Zäunen Londons herabschrien. Aber nur wenige nahmen davon Notiz, denn es war das Jahr 1887 - Jubiläumsjahr, keine Zeit für ernste, scharfe Kritiken. Überall herrschte organisierte Hochstimmung. Zerlumpte Schulkinder wurden mit Gedenkmünzen überschüttet, Wimpeln und Fahnen schmückten die Straßen. Die steife, etwas komische Figur von Sir Charles Warren beherrschte die Londoner Feierlichkeiten.

Sir Charles ist die erste Persönlichkeit, der wir im Drama von Whitechapel begegnen. Als er im März 1886 plötzlich den Posten erhielt, nachdem Polizeichef Henderson sein Amt zurückgelegt hatte, wußte Sir Charles, daß er über die Köpfe von mehr als vierhundert Bewerbern hinweg ausgewählt worden war. Warrens Zuversicht war grenzenlos. Hendersons ungeschickte Handhabung der Arbeiterunruhen hatte ihn zu Fall gebracht, aber das würde ihm, Warren, nicht passieren. Militärische Disziplin war die Antwort. Entschlossenheit ging über alles - natürlich gepaart mit Gerechtigkeit.

Seine Art, Festumzüge zusammenzustellen, brachte ihm überschwengliches Lob ein, und das gefiel Warren. Wesentlich umstrittener aber war die Methode, mit der er noch im selben Jahr anläßlich der nächsten Konfrontation mit dem Pöbel fertigwurde: Die Affäre wurde als Blutiger Sonntag bekannt. Auf seinen Befehl hin wurden alle Versammlungen auf dem Trafalgar Square verboten, aber die Roten, die Radikalen und die Arbeitslosen bestanden auf dem Recht, hier zu protestieren. Warrens Antwort war eine Demonstration der Macht, ein Polizeiaufgebot umstellte den Platz, die Grenadier Guards standen bereit, um die Straßen zu räumen, und die verhaßte Kavallerie sollte, wenn nötig, eingreifen. Die unvermeidlichen Zusammenstöße führten zum Tod von Alfred Linell, und man sprach Warrens Namen nicht mehr mit einem Lächeln aus. Zu Jahresanfang 1888 hatte er Sympathien eingebüßt, aber bald brauchte er jedes bißchen Sympathie, dessen er habhaft werden konnte. Ein gräßliches Drama nahm seinen Anfang und stellte Warrens Planung und Geschicklichkeit auf eine harte Probe.

Der Schauplatz des Dramas war das Gebiet von Whitechapel im East End von London, ein Ort, an dem das Verbrechen gang und gebe war. Aber die miteinander in Zusammenhang stehenden Morde des Jahres 1888 trafen Whitechapel aus heiterem Himmel.

Es war eine Gegend voll Schmutz und Hoffnungslosigkeit; hier drängten sich Menschen ohne Zukunft, Menschen, die sich von einem Tag zum anderen schleppten, die sich abplagten, solange sie konnten, und die hungerten, wenn sie nicht mehr konnten. Für viele war die Plackerei unbarmherzig, wie etwa die Arbeit der Streichholzschachtelmacherinnen. Jede Schachtel erforderte vierzehn Arbeitsgänge oder mehr, und wenn man die Quote schaffte, so erhielt man zwei Pennies oder weniger für das Gros Schachteln. Kein Wunder, daß viele Frauen dieser Sklavenarbeit den Rücken kehrten und auf die Straße gingen.

Die Huren im East End konnte man kaum als verführerische Biester bezeichnen, aber die in Whitechapel zählten zu den schlimmsten. Ein Reporter des Londoner Büros des *New York Herald* schildert sie wie folgt:

Jeden Abend kann man zumindest ein Dutzend von ihnen auf dem Bürgersteig vor der großen, alten Spitalfields Kirche sehen. Sie sind im ganzen umliegenden Bezirk zu finden, aber hier trifft man mit Bestimmtheit immer mehrere an. Sie sind alt, wirklich alt oder vorzeitig gealtert. Ihre Kleidung hält notdürftig zusammen, aber Tageslicht würde sie nicht vertragen. Ihre Schuhe sind durchlöchert. Jeder Lumpensammler, der auf sich hält, würde ihre Hüte mit Grausen zurückweisen. Sie tragen wenig oder überhaupt keine Unterwäsche, und das aus mehreren Gründen; einer davon ist, daß sie Geld kostet. Sie sind gebückt und gehen langsam, mit den schwankenden Schritten von Wracks. In der ganzen langen Skala der Zoologie gibt es nichts, was sich mit den Gesichtern vergleichen läßt, die einen im flackernden Licht der Straßenbeleuchtung anblicken.

Einhundertvierundvierzig Streichholzschachteln erbrachten zwei Pennies oder weniger. Für manche Frauen war die Straße verlockender.

Sie sind zerfurcht und gebrandmarkt, verrunzelt und aufgedunsen. Ihre Augen blicken stumpf, wie die toter Fische. Sie sitzen auf kleinen Steinsokkeln, mit dem Rücken gegen die eisernen Gitterstäbe des Kirchhofzaunes gelehnt, zu träge um zu sprechen, apathisch gegen alles, außer einem gelegentlichen Streit. Ein halber Penny reicht für einen Schnaps, und wenn sie Geld bekommen, so stolpern sie in das nächste Pub und bleiben über ihrem Glas sitzen. In keiner Stadt der Welt außer in London gibt es Slums, die einen ähnlichen Typus hervorbringen. Es ist eine angelsächsische Erscheinung, verursacht durch die Beschaffenheit der Slums und ihre Tradition sowie durch die scharfen alkoholischen Getränke, die hier unverdünnt konsumiert werden.Die romanischen Völker sind leichter erregbar, sie zerbrechen aber nicht auf diese Weise. Die paternalistischen Verhältnisse in den deutschen Städten und das Wesen der Deutschen verhindern es ebenfalls. In den Städten der Vereinigten Staaten würde jede einzelne dieser Kreaturen und auch jede Frau aus der Strand und der Regent Street auf der Stelle verhaftet werden und als Landstreicherin oder Schlimmeres ins Gefängnis wandern.

Sie sind nicht lasterhaft. Sie kennen die Bedeutung des Wortes Laster gar nicht, denn sie kennen auch den Begriff der Tugend nicht. Verderbtheit ist ein schwaches Wort, Erniedrigung ein geläufiger, unzulänglicher Ausdruck, nichts davon beschreibt ihren Zustand. Nur die Franzosen kommen ihm mit la misère nahe. Unter den Tieren der Wildnis findet sich keines, das ihnen gleicht, denn selbst die Tiere und die Wilden besitzen eine Art Selbstachtung, an der es diesen Geschöpfen ohne einer Spur von moralischem Empfinden fehlt.

Das waren die bemitleidenswerten Geschöpfe, die vom Terror bedroht waren. Einige von ihnen begegneten auf ihren Runden dem nackten Grauen. Denn aus dem Schatten beobachtete sie ein krankhafter, verderbter Mann und wartete. Er studierte ihre Bewegungen. Er merkte sich die Orte, die sie bevorzugten. Er durchmaß die von ihnen benutzten Gäßchen und Höfe und skizzierte in seinem fiebrigen Gehirn einen Plan der Gegend. Es war seine satanische Absicht, diese schmutzigen Straßen durch seine unsichtbare, allwissende Anwesenheit zu beherrschen.

„Ihr Erbe - ein Tag ohne Sonne."

Der erste Ripper-Mord – aber für die Öffentlichkeit bereits Mord Nr. 3.

2
Das Bündel in der Bucks Row

Freitag, 31. August 1888

Es sah aus wie eine weggeworfene Wagendecke, ein graues Bündel, das in der Nähe des hölzernen Tores lag. Charles Cross, einer von Pickfords Fuhrleuten, war neugierig, aber das Licht war schlecht und nützte ihm nicht viel - nur eine schwache, gelbe Gaslampe flackerte an der entfernten Straßenecke. Aber das Bündel könnte etwas wert sein! Er überquerte die Straße und beäugte den grauen Packen. Eine Frau lag still auf dem Rükken; der hochgeschobene Rock deutete auf Vergewaltigung hin. Nichts ließ vermuten, daß die Frau nicht betrunken oder bewußtlos war. Als er John Paul kommen hörte, rief er ihn herbei, damit er ihm half, sie aufzuheben.

Paul, der ebenfalls Fuhrmann war, verhielt sich recht vernünftig. Er versuchte gar nicht, den Körper hochzuheben. Er berührte die kalten Hände und das Gesicht und vermutete, daß sie tot war. Aber dann wurde er unsicher. Schlug das Herz nicht noch schwach? Das beste war, den nächsten Polizisten zu finden. Beide Männer machten sich auf die Suche und trafen in der Baker's Row auf einen Wachtmeister auf seinem Rundgang.

Inzwischen war Wachtmeister John Neil durch die Buck's Row geschlendert und hatte die Leiche entdeckt. Seine Laterne verriet ihm alles: Die Kehle der Frau war mit einem tiefen Schnitt durchtrennt worden, aber war es Selbstmord oder Mord? Innerhalb weniger Minuten tauchten die Wachtmeister Mizen und Thain neben Neil auf. Thain lief los, um den nächsten Arzt aus der Whitechapel Road zu holen.

Als Dr. Llewellyn die Bucks Row erreichte, schätzte er, daß die Frau seit weniger als einer halben Stunde tot war. Er hatte etwa fünfzehn Minuten gebraucht, bis er eintraf, die Frau war also erst kurz bevor sie die beiden Fuhrleute entdeckt hatten gestorben. Zu diesem Zeitpunkt war es 3.45 Uhr gewesen.

Der Arzt ließ den Körper ins Leichenschauhaus bringen; er wollte später nachkommen, um eine genaue Untersuchung vorzunehmen. Im Leichenschauhaus - einem notdürftigen Anbau an das Armenhaus - entdeckte die Polizei, daß der Bauch der Frau aufgeschlitzt war. Als Dr. Llewellyn diese Neuigkeit vernahm, hetzte er in den schmutzigen Anbau und begann mit der Obduktion.

Aus Inspektor Spratlings Bericht geht hervor, daß der Arzt folgendes feststellte: „... ihre Kehle wurde von links nach rechts durchschnitten, zwei deutliche Schnitte auf der linken Seite, die Luftröhre, die Speiseröhre und das Rückenmark wurden durchtrennt, eine Quetschung am rechten Unterkiefer, vermutlich von einem Daumen, eine andere auf der linken Wange. Der Bauch wurde von der Mitte der letzten Rippe rechts, unterhalb des Beckens bis links vom Magen aufgeschnitten; hier war die Wunde ausgefranst ... zwei kleine Stiche an den Geschlechtsteilen wurden offensichtlich mit einer kräftigen Klinge ausgeführt, vermutlich von einer Person, die Linkshänder war, der Tod trat nahezu sofort ein."

Nichts am Körper ermöglichte eine Identifizierung. Die Flanellunterröcke der Frau waren mit „Lambeth Armenhaus" gekennzeichnet, aber die Aufseherin des Armenhauses konnte nicht weiterhelfen: Die Kleidungsstücke konnten schon vor Jahren ausgegeben worden sein. Niemand erinnerte sich an die tote Frau, nichts an ihr war auffallend, und auch ihre übrige Bekleidung lieferte keine Anhaltspunkte, sie war jämmerlich. Nur der schwarze Strohhut war neu und weiblich; im Gegensatz dazu trug sie zerbeulte, zerrissene Männerstiefel mit Metallspitzen.

Die Polizei machte die Runde bei allen Herbergen und las den Inhabern die Beschreibung vor: „Alter um 45, Größe ca. 160 cm; dunkler Teint, Haarfarbe braun, beginnt grau zu werden; Augen braun, im Oberkiefer fehlt ein Vorderzahn, links unten fehlen zwei Zähne. Sie trug schwarze, gerippte Wollstrümpfe, ein braunes Baumwollkleid, Männerstiefel und einen braunen Ulster mit sieben großen geprägten Messingknöpfen. Die Knöpfe zeigen eine Frau auf einem Pferd mit einem Reitknecht daneben ..." Es dauerte nicht lange, und diese Details ermöglichten eine Identifizierung. Sie war „Polly", die in der Gemeindeherberge in der Thrawl Street 18, Spitalfields, einen Schlafplatz hatte.

Innerhalb weniger Tage war eine genauere Identifizierung möglich. Mary Ann Nichols war die Mutter von fünf Kindern und Frau von William Nichols aus der Coburg Street, Old Kent Road. William hatte ursprünglich mit ihr Schluß gemacht, weil sie für gewöhnlich betrunken war. Nachdem er vor drei Jahren entdeckte, daß sie eine Prostituierte war, bestand kein Kontakt mehr zwischen ihnen.

Es war ziemlich leicht nachzuvollziehen, was Polly in der Nacht, in der sie den Tod fand, getrieben hatte. Um etwa 1.40 Uhr hielt sie sich in der Küche des Hauses Thrawl Street 18 auf. Um diese Zeit hatte sie kein Geld für ein Bett, doch sie war recht zuversichtlich, daß sie noch welches verdienen würde und ging weg. Als nächstes sah sie Ellen Holland um 2.30 Uhr Ecke Osborn Street und Whitechapel Road; Ellen versuchte sie zu überreden, zurück in die Thrawl Street zu kommen - Polly tat ihr leid, sie war zu diesem Zeitpunkt hoffnungslos betrunken. Doch Polly ließ sich nicht überreden, sondern wankte in die Whitechapel Road, ihrem Tod entgegen. Das war das letzte Mal, daß man sie gesehen und von ihr gehört hatte. Am Ort, an dem sie starb, hörte niemand, nicht einmal der Nachtwächter, auch nur das Geringste, das die Aufmerksamkeit auf die Tragödie gelenkt hätte.

Als die Zeitungen sich der Sache annahmen, waren damit die ersten Zeilen in Jacks Geschichte geschrieben, nur daß er zu dieser Zeit noch gesichts- und namenlos war. Die *Penny Illustrated Paper* vom 8. September 1888 zeigt, wie man ursprünglich argumentierte. Sie schreibt über Nichols Tod: „Das Verbrechen weist in so vielen Punkten eine Ähnlichkeit mit den beiden Morden an zwei Frauen in der gleichen Gegend auf - der Mord vom 7. August an Martha Turner, und der andere vor weniger als zwölf Monaten -, daß die Polizei zugibt, daß die Verbrechen ihrer Meinung nach das Werk ein und derselben Person sind. Alle drei Frauen gehörten derselben Gesellschaftsschicht an, sie waren so arm, daß Raub als Motiv für die Verbrechen nicht in Frage kommt. Die drei Morde geschahen weniger als 200 Meter voneinander entfernt."

Hier dürfte eine Erinnerungslücke mitgespielt haben, denn man übersah dabei den fünf Monate zuvor verübten Mord an Emma Smith. Und wenn die Zeitung nach Parallelen bei den Verbrechen suchte, so mußte auch Emma Smith miteinbezogen werden: Sie war ebenfalls eine Prostituierte und lebte in der George Street, nicht weit von der Buck's Row. Andere zählten Emma aber mit, und bis zum Erscheinen der Morgenausgaben am 8. September schrieb man dem Mörder vier - bekannte - Opfer zu.

Am Morgen dieses Tages schnellte die Zahl auf fünf hoch, als um 6.00 Uhr John Davis, der auf dem Markt von Spitalfields als Träger arbeitete, den Hinterhof seines Wohnhauses betrat. Nahe der Hausmauer lag die verstümmelte Leiche einer Frau; die Kehle war durchtrennt.

Entsetzt rannte er auf die Polizeistation in der Commercial Street und platzte mit seiner Geschichte heraus; zusammen mit Inspektor Chandler kehrte er in die Hanbury Street 29 zurück. Chandlers Bericht lautete: „Ich ... fand eine Frau, sie lag tot auf dem Rücken, ihre linke Hand ruhte auf der linken Brust, die Beine waren angezogen ... Der Dünndarm und ein Lappen des Bauches lagen rechts oberhalb der rechten Schulter und eine Schnur verband sie mit den restlichen Eingeweiden im Körper. Zwei Hautlappen vom Unterbauch lagen in einer großen Blutlache oberhalb der linken Schulter; Kehle links beginnend mit einem tiefen Schnitt durchtrennt, der gezackt rund um den Hals verläuft." Der Amtsarzt, Dr. Bagster Phillips, wurde gerufen, und er schätzte bei seiner Ankunft, daß die Frau seit mindestens zwei Stunden tot war. Eine Ambulanz der Polizei brachte die Leiche ins Leichenhaus von Whitechapel.

Die Identität der Frau war leicht festzustellen. Sie war die 45-jährige Annie Chapman, auch als Annie Siffey und unter ihrem Spitznamen „Dunkle Annie" bekannt, eine Witwe und Prostituierte. Am Morgen, an dem sie starb, war sie zuletzt in der Crossingham Herberge, Dorset Street 35, in Spitalfields gesehen worden. Das war um 1.45 Uhr, sie war betrunken und konnte ihr Bett nicht bezahlen. Genau wie Nichols ging sie hinaus in die Nacht, um wenigstens genug Geld für ein paar Stunden leidlichen Schlafs aufzutreiben.

Die gerichtliche Untersuchung brachte die grauenvollen Details ihres Todes zutage. Die Quetschungen deuteten darauf hin, daß die Frau am Hals gepackt und halb erwürgt wurde - vielleicht, um ihre Schreie zu unterdrücken. Dann schnitt der Mörder die Kehle der Frau so tief durch, daß der Kopf fast abfiel. Danach band er kaltblütig ein Tuch um den Hals, als wollte er den Kopf in seiner Stellung festhalten. Anschließend schnitt er die Gebärmutter heraus und nahm sie als grausige Trophäe mit.

Der Bericht über die gerichtliche Untersuchung brachte zusammen mit verschiedenen Zeitungsartikeln mehrere phantastische Geschichten in Umlauf. Mr. Wynne E. Baxter, der Coroner, führte an, daß man Annie einige Messingringe gewaltsam vom Mittelfinger gezogen hatte; sie fehlten. Ein Reporter von der *Pall Mall* brachte eine Geschichte, derzufolge er angeblich gesehen hatte, daß die Ringe zusammen mit anderem billigem Kitsch „... sorgfältig neben die Füße des Opfers gelegt worden waren." Ein Reporter nach dem anderen griff dieses auffallende Detail auf und maß ihm symbolische Bedeutung bei. Im Lauf der Jahre wurde mehr und mehr hinzugefügt. 1929 waren es zwei oder drei Kupfermünzen, die zu ihren Füßen lagen. 1959 waren es ein paar Pennies und zwei Viertelpennies. 1965 waren es zwei neue Viertelpenny-Münzen. Aber der Polizeibericht jener Zeit erwähnt nichts davon. Man hatte zwei Pillen und ein Stück eines zerrissenen Umschlags im Hof gefunden; der Umschlag trug einen Poststempel vom 20. August und das Wappen des Regiments Sussex. Doch es war nur ein einzelnes Fragment, das nichts bedeutete und nirgendwohin führte. Die Ringe und Münzen andererseits waren der Ursprung für einige äußerst ungewöhnliche Theorien, mit denen wir uns später noch befassen werden.

Die zeitgenössischen Berichte über die Mordfälle erregten das makabre Interesse der Menschen in der Hanbury Street. Jetzt, da es sicher war, daß sich ein Teufel umtrieb, wurde der Ort des Todes zu einer Sehenswürdigkeit, vor der sich die Menge drängte. Die *Penny Illustrated Paper* schrieb: „Den ganzen vergangenen Samstag und Sonntag versammelte sich eine große Menge ... vor dem Haus... und die Nachbarn auf beiden Seiten machten kein schlechtes Geschäft; Leute, die bereit waren zu zahlen, konnten gegen eine geringe Gebühr in den Hof hinunterschauen, in dem der Mord begangen worden war."

Dieses fast hysterische Interesse führte zu einer Welle unbegründeter Gerüchte. Eines davon besagte, daß der Mörder auf dem Markt von Spitalfields verhaftet worden war, aber es stellte sich heraus, daß es nur ein in einen Tumult verwickelter Blinder war. Wesentlich hartnäckiger wurde eine Person mit dem Spitznamen „Lederschürze" als der Täter bezeichnet.

Man schilderte ihn als ein Ungeheuer, das nachts durch Whitechapel schlich und nach einsamen Huren Ausschau hielt. Der *Star* schreibt über ihn: „Er führt über die Unglücklichen ... eine Schreckensherrschaft. An die hundert von ihnen hat er getreten, geschlagen und verletzt und ihnen Angst eingejagt; sie sind bereit, über die Greueltaten auszusagen. Er hat viele von ihnen mit einer ganz bestimmten Drohung erschreckt - seiner Lieblingsdrohung -, und jede der drei [*sic*] Leichen ist eine Bestätigung dafür, daß er diese Drohung verwirklichte. Er besitzt ein Messer, scharf wie eine Rasierklinge, und vor zwei Wochen zog er es vor einer Frau namens 'Witwe Annie', als sie den Platz in der Nähe des London Hospitals überquerte; er drohte ihr mit höhnischem Grinsen und böse blickenden Augen, sie 'aufzuschlitzen'."

Andere Zeitungen trugen auch dazu bei, die Gefühle gegen den namenlosen, beschürzten Unhold aufzuwiegeln. Ein Mann hatte so schreckliche Angst vor einer Lynchjustiz des Pöbels, daß er untertauchte und in der Wohnung seiner Stiefmutter in der Mulberry Street vor sich hinzitterte. Er war ein polnischer Jude namens John Pizer: Als Schuhmacher trug er eine Lederschürze und zu seinem Handwerkszeug zählten natürlich auch rasiermesserscharfe Messer mit langen Klingen.

Am 10. September verhaftete der Kriminalbeamte Sergeant Thicke den Schuhmacher John Pizer. „Genau der Mann, den ich mir wünsche", sagte der Kriminalbeamte und beschuldigte Pizer des Mordes an Annie Chapman. Seine Messer mit den langen Klingen wurden als Beweismaterial eingesammelt und der protestierende Pole landete in der Zelle des Polizeireviers. Doch die polizeiliche Beschreibung des Mannes, den man *wirklich* suchte, sah ganz anders aus. Man hatte ihn gesehen, als er am Eingang zur Durchfahrt in den Hinterhof der Hanbury Street mit seinem Opfer sprach: „Alter 37; Größe ca. 168 cm, ziemlich dunkler Bart und Schnurrbart. Bekleidet mit Hemd, dunklem Jackett, dunkler Weste und dunklen Hosen, schwarzem Schal und schwarzem Filzhut. Sprach mit ausländischem Akzent."

Pizers Familie bestätigte seine Angaben über seine Aktivitäten in dieser Nacht. Auch für die Nacht des Mordes an der Nichols hatte er ein gutes Alibi, und darüber hinaus erkannte keine der mit ihm konfrontierten Frauen in Pizer die „Lederschürze", von der sie gesprochen hatten. Er wurde auf freien Fuß gesetzt, und die Suche nach dem barbarischen Bösewicht ging weiter.

Viele andere „Lederschürzen" wurden genannt, aber nur wenige griff man auf. Einer von ihnen war ein Vagabund namens William Henry Pigott; er war blutverschmiert und verwahrlost, als man auf ihn stieß. Eine Frau hatte ihn gebissen, so sagte er, und dann erzählte er eine unzusammenhängende Geschichte darüber, wie es dazu gekommen war. Wieder identifizierte ihn niemand als den Verdächtigen; die arme Haut landete im Irrenhaus.

Abgesehen von der Gruppe der Schürzenträger gab es noch viele andere Verdächtige. Eine traurige Prozession von Heruntergekommenen, Ausgestoßenen und Schwachsinnigen schlurfte durch den Eingang ins Polizeirevier hinein und durch den Ausgang wieder heraus. Man tappte vergeblich im Dunkeln. Nichts von Belang kam dabei heraus, und am 30. September schlug der Mörder erneut zu. Nicht einmal, sondern zweimal.

Die Berner Street war der Schauplatz des ersten Mordes. Der genaue Ort des Verbrechens war höchst unwirtlich. Die *Times* beschreibt ihn: „... ein schmaler Hof, am Eingang ... zwei große Holztore, in eines davon ist ein kleines Türchen eingelassen, für den Fall, daß die Tore geschlossen sind ... Als der Mörder sein Vorhaben ausführte, standen diese Tore offen. Etwa sechs bis sieben Meter von der Straße entfernt befindet sich auf beiden Seiten des Hofes eine kahle Mauer; in dem Raum dazwischen ist es nach Sonnenuntergang vollkommen dunkel."

Das einzige Licht in dem verlassenen Winkel kam für gewöhnlich von ein paar verstreuten Hütten auf der einen Seite und von den Fenstern des Internationalen Arbeiterklubs für Fortbildung auf der anderen. In der Nacht des Mordes waren jedoch die Fenster der Hütten dunkel und nur die Fenster des Klubs sandten ein paar Lichtstrahlen aus. In den Klubräumen sangen einige Mitglieder und unterhielten sich nach einer hitzigen Diskussion über die Vorzüge des Sozialismus' für das jüdische Volk.

Louis Diemschutz war Kämmerer des Klubs; er hatte zwei Jobs. Er überließ den Klub meist seiner Frau, während er mit billigem Schmuck hausierte. Es war spät, ca. 1.00 Uhr, als er in der Mordnacht nach vielem Handeln und Feilschen nach Hause kam. Er fuhr mit dem Ponywagen in den Hof ein, als das Pony scheute und zur Seite auswich. Diemschutz sah sich nach der Ursache um und entdeckte einen formlosen Haufen auf dem Boden. Er sprang vom Wagen, zündete ein Streichholz an und erkannte sofort, daß der Haufen eine Frau war – entweder betrunken oder tot.

Er lief schnell in den Klub, rief einige Mitglieder zu Hilfe und eilte mit einer Kerze wieder zurück. Die Klubmitglieder halfen ihm, den Kopf der Frau hochzuheben, aber ihre aufgeschlitzte Kehle überzeugte sie davon, daß sie ihre Zeit verschwendeten. Jetzt war es ein Fall für die Polizei.

Der erste Wachtmeister, den sie trafen, pfiff sogleich Hilfe herbei. Die Polizei riegelte den Hof ab und begann die Hütten sowie jeden nur erdenklichen Platz, an dem sich der Mörder verstecken konnte, zu durchsuchen. Jeder Anwesende wurde natürlich auf Blutspuren untersucht, aber man stieß auf keine einzige brauchbare Spur. Während die Polizei von

Groß-London (die Metropolitan Polizei) weitersuchte, traf die Nachricht über den zweiten Mord ein, diesmal in einem Gebiet, das von der Polizei der City von London kontrolliert wird.

Der Mitre Square liegt am Rand der historischen Quadratmeile, die die City von London bildet. Zwei Seiten des Platzes nahmen Lagerhäuser ein, die von einem Nachtwächter patrouilliert wurden, während ein Wachtmeister der City-Polizei im Viertelstundenrhythmus den Platz abging. Als Wachtmeister Watkins um 1.30 Uhr den Platz überquerte, fand er ihn leer vor. Als er um 1.45 Uhr zurückkam, entdeckte er das Opfer. Ihr Gesicht war fast bis zur Unkenntlichkeit verstümmelt. Über ihre Wangen liefen Schnitte, das rechte Ohrläppchen war fast abgetrennt und ein Teil der Nase abgeschnitten. Ihre Kehle war durchtrennt und wie bei der Chapman war auch ihr Bauch aufgeschlitzt worden.

Der Mord auf dem Mitre Square war wesentlich gewagter als der in der Berner Street. Der Platz wurde nicht nur die ganze Nacht hindurch kontrolliert, er hatte auch drei Zugänge, die im Auge zu behalten waren. Die Kühnheit ging noch weiter. Als die Polizei die Gegend durchkämmte, stieß sie in der Goulston Street, etwa 500 Meter vom Mitre Square entfernt und bereits zum Distrikt der Polizei von Groß-London gehörend, auf zwei höhnische Hinweise.

Man fand die Gegenstände in dem Durchgang, der zu den Nummern 108 bis 119 der Wentworth Buildings führte. Auf dem Boden lag ein Stück einer blutbefleckten Schürze, das vom Opfer vom Mitre Square stammte. Auf der schwarzen Ziegelmauer oberhalb des blutigen Fetzens waren die rätselhaften, mit Kreide geschriebenen Worte zu lesen: „Die Juhden sind Die Männer, Die nicht umsonst Beschuldigt werden."

Obwohl man dieses Beweismaterial im Gebiet der Metropolitan Polizei fand, blieb Daniel Halse, ein Kriminalbeamter der City-Polizei, am Fundort zurück und benachrichtigte die Kriminalpolizei, die klugerweise anordnete, die Schrift auf der Mauer zu fotografieren, sobald es hell genug dafür war. Die Met hingegen sprach sich dafür aus, die Mauer zu säubern, bevor die Öffentlichkeit den Spott lesen konnte.

Die Argumentation der Met war etwas verworren. Kürzlich war es zu einer Welle von antijüdischen Äußerungen gekommen: Hier und dort fielen versteckte Hinweise auf Ritualmorde. Es war sicherer, die Worte zu löschen, bevor Unwissende und Böswillige sie zu Gesicht bekamen und

Kapital daraus schlugen. Vielleicht war es gut so, aber warum sollte man sie nicht zuerst fotografieren?

Die Met Polizisten, die die Mauer bewachten, gingen auf Nummer sicher und warteten, bis eine höhere Autorität den Befehl zum „Wegwischen" erteilte. Und kurz nach 5.00 Uhr erschien die oberste Autorität persönlich und sprach die magischen Worte: Sir Charles Warren gab nicht nur den Befehl, sondern ergriff impulsiv selbst einen Schwamm und löschte die Worte eigenhändig aus. Nur eine handgeschriebene Kopie in einem Notizbuch der Polizei blieb erhalten. Die mysteriöse Inschrift auf der Mauer veranlaßte später Ermittlungsbeamte zu grotesken Theorien, aber zu jener Zeit förderte sie nur böse Gefühle zwischen den beiden Polizeidepartements. Doch damals waren größere Rätsel zu klären. Es gab zwei neue Opfer. Wer waren sie?

Die Frau am Mitre Square war in gewisser Weise das tragischste Opfer von allen. Sie war Catherine Eddowes, 43 Jahre alt, aber vom Leben so sehr gezeichnet, daß sie 20 Jahre älter aussah. Sie starb, weil die Polizei so human war. Alle Bobbies der Gegend kannten sie: Oft hatten sie sie stockbetrunken in einer Toreinfahrt oder einem Hinterhof gefunden. Am 29. um 20.00 Uhr hatte man sie volltrunken auf das Polizeirevier Bishopsgate gebracht. Die Polizisten erlaubten ihr, zu schlafen und sich etwas auszuruhen; am Sonntag um 1.00 Uhr morgens weckte man sie und sie durfte gehen. Sie ging, schäkernd und guter Dinge; sie sollte sich gerade noch eine halbe Stunde ihres Lebens freuen.

Das Opfer in der Berner Street stellte ein größeres Problem dar. Ihr Gesicht war unversehrt, und die Verletzungen beschränkten sich auf eine durchschnittene Kehle; die Identifizierung sollte also nicht schwierig sein. Bei der gerichtlichen Untersuchung am 4. Oktober wurde sie als Elizabeth Watts identifiziert. Mrs. Mary Malcolm gab an, daß sie die Tote im Leichenhaus gesehen hatte und sicher war, daß es sich um ihre Schwester Elizabeth handelte. Sie machte damit frühere Behauptungen hinfällig, daß die Tote Elizabeth Stride war- „die lange Lizzie" aus der Flower and Dean Street.

Coroner Wynne Baxter befragte Mrs. Malcolm eingehend, aber sie blieb bei ihrer Aussage und ging noch weiter. Sie erklärte, sie hatte an jenem verhängnisvollen Sonntagmorgen eine Vorahnung vom Tod ihrer Schwester gehabt. Gegen 1.20 Uhr hatte sie einen Druck auf ihren Körper verspürt und ein Geräusch vernommen, als würde sie jemand dreimal küssen. Das warnte sie bereits, daß ihrer Schwester etwas zugestoßen war. Dieser übersinnliche Kontakt veranlaßte sie, ins Leichenhaus zu gehen. Mrs. Malcolms Aussage wirkte kurze Zeit gut, doch sie wurde bald hinfällig, als ihre Schwester lebendig, gesund und äußerst indigniert wieder auftauchte. Daraufhin war klar, daß die ursprüngliche Identifizierung der schwedischen Prostituierten Lizzie Stride richtig gewesen war.

Durch den Doppelmord erreichten Angst und Schrecken neue Höhen. Der Mörder besaß nicht nur stählerne Nerven, sondern war auch außergewöhnlich schlau. Das ganze Land fragte sich allmählich, wer Jack the Ripper war - denn der anonyme Mann mit dem Messer hatte mittlerweile einen Namen erhalten. Zwei Schreiben führten in der Öffentlichkeit zu diesem unvergeßlichen Beinamen.

Das erste war ein Brief, dessen Anschrift lautete: „An den Boss, Zentrales Nachrichtenbüro, London City." Er war mit 25. September datiert, aber am 27. abgestempelt und lautete:

Lieber Boss, immer wieder höre ich, daß mich die Polizei erwischt hat, aber das wird ihnen jetzt nicht gelingen. Ich habe gelacht, wenn sie so gescheit dreinschauen und davon reden, daß sie auf der richtigen Spur sind. Der Witz mit der „Lederschürze" hat mich wirklich amüsiert. Ich hab's auf Huren abgesehen und werde sie auch weiterhin aufschlitzen, bis sie mich erwischen. Der letzte Job war eine großartige Arbeit. Die Lady hatte keine Zeit zu mucksen. Wie können sie mich jetzt fangen. Meine Arbeit gefällt mir und ich möchte wieder beginnen. Sie werden bald von mir und meinen lustigen kleinen Spielchen hören. Ich habe etwas von dem roten Zeug vom letzten Job in einer leeren Ingwerbierflasche aufgehoben, damit ich es zum Schreiben verwenden kann, aber es ist dick wie Kleister geworden und nutzlos. Rote Tinte genügt hoffentlich auch, ha ha. Bei meinem nächsten Job werde ich die Ohren der Lady abschneiden und der Polizei schicken, nur zum Spaß, verstehn Sie. Halten Sie diesen Brief zurück, bis ich wieder etwas geleistet habe, dann veröffentlichen Sie ihn sofort. Mein Messer ist schön scharf und ich möchte mich sofort an die Arbeit machen, wenn ich Gelegenheit dazu finde. Viel Glück. Hochachtungsvoll, Jack the Ripper
Geben Sie mir ruhig diesen Markennamen. Konnte den Brief nicht aufgeben, bevor ich die ganze rote Tinte von den Händen hatte verdammt. Bis jetzt noch kein Glück gehabt. Jetzt sagen sie, ich sei ein Doktor ha ha.

Das zweite Schreiben war eine Postkarte, ebenfalls an das Zentrale Nachrichtenbüro adressiert. Sie lautete:

Ich hab' den guten alten Boss nicht gefoppt, wie ich Ihnen den Tip gab. Sie werden vom frechen Jacky seiner Arbeit morgen hören diesmal ein doppelter Schlag Nummer eins muckste ein bißchen konnte sie nicht gleich fertigmachen. hatte nicht genug Zeit zum abschneiden von den Ohren für die Polizei vielen Dank daß Sie den letzten Brief zurückgehalten haben bis ich mich wieder an die Arbeit machte. Jack the Ripper.

Stammten diese Zeilen tatsächlich vom Mörder? Im Lauf der Jahre behandelten sie viele Schriftsteller als authentisch; sie argumentierten, daß die Postkarte mit dem Gerede über den doppelten Schlag eine gewisse Beweiskraft besäße: Schließlich wurde sie zur Post gebracht, noch ehe die Nachricht über die Morde an die Öffentlichkeit gedrungen war. Diese Leute behaupten, daß die Karte am 30. September aufgegeben wurde. Cullen, Farson, McCormick, O'Dell und selbst der für gewöhnlich so exakte Donald Rumbelow machten den gleichen Fehler, obwohl seit dem 3. Oktober 1888 allgemein bekannt war, daß die Postkarte tatsächlich erst am 1. Oktober abgestempelt wurde. Die Metropolitan Polizei ließ Faksimiles von Brief und Postkarte auf großen Plakaten veröffentlichen und setzte folgenden Appell hinzu: „Jeder, der die Handschrift erkennt, wird ersucht, sich mit dem nächsten Polizeirevier in Verbindung zu setzen."

Sobald das richtige Aufgabedatum feststand, besaß die Postkarte als Beweismaterial keinen Wert mehr: Am 1. Oktober eilte die Nachricht über den Doppelmord bereits durch London. Selbst daß der Brief vom 25. September das Abschneiden der Ohren erwähnt, stellt keinen wirklichen Bezugspunkt zu einem der Morde dar. Das abgeschnittene Ohrläppchen am Mitre Square kann einfach eine Folge des Schnittes durch die Kehle sein.

Nichts an diesen Poststücken beweist, daß sie echt sind. Der Polizeichef Macnaghten hielt sie für das Produkt eines zwielichtigen Journalisten, und er hatte wahrscheinlich recht - die Tatsache, daß eine Nachrichtenagentur als Ziel gewählt wurde, daß der Schreiber überhaupt schreiben konnte, auch wenn er grobe Fehler machte - diese Dinge deuten auf die Zeitungswelt hin. Die Zeilen dienten vielleicht nur dazu, das Interesse an der Angelegenheit lebendig zu erhalten und den Journalisten einen Namen für Mr. Anonymus zu liefern. Der Schreiber war erfolgreicher, als er sich erhofft hatte. Die ganze Welt stürzte sich auf den Namen - über Nacht erlangte er Unsterblichkeit. Sobald die Öffentlichkeit davon erfahren hatte, begannen Spinner, ebenfalls Ripper-Briefe zu verfassen. Sie überfluteten die Presse, die Polizei und alle im Licht der Öffentlichkeit stehenden Personen, die zu den Mordfällen Stellung nahmen.

Den gemeinsten aller Briefe erhielt George Lusk, Mitglied des Selbstschutzkomitees von Whitechapel in einem kleinen Paket, das ein unappetitliches Stück einer menschlichen Niere enthielt. Der Brief lautete:

Aus der Hölle, Mr. Lusk Sir, schicke ich Ihnen eine halbe Niere, ich hab' sie von einer Frau genommen und für Sie konserwiert, das andre Stück hab' ich gebraten und gegesen und es schmekte sähr gut. Vieleicht schicke ich ihnen das blutige Meser mit dem ich sie herausgeschniten habe. Sie müssen aber noch lenger warten Unterschrift Fang mich wenn du kanst Mishter Lusk

Der Mörder hatte aus dem Körper der Catherine Eddowes eine Niere entfernt, aber war dies ein Teil dieser Niere? Dr. Thomas Openshaw vom London Hospital untersuchte das Stück und kam offensichtlich zu dem Schluß, daß es zutraf. Ein Stück der Nierenarterie hing noch daran, und es wird für gewöhnlich behauptet, daß Openshaw diese abgetrennte Arterie mit dem noch im Körper befindlichen Stück verglich. Dann fand er heraus, daß die Niere von einer Frau stammte, die etwa im Alter der Eddowes stand und an der Bright'schen Krankheit litt.

Richard Whittington Egan hat auf höchst amüsante Weise all die kuriosen Versionen von Openshaws Auswertungen zusammengestellt, um zu demonstrieren, daß die gesamte Episode von erfundenen Details strotzte. Bei der Brigth'schen Krankheit handelt es sich nicht um eine bestimmte Krankheit, sondern vielmehr um einen Oberbegriff. Aus dem untersuchten Teil der Niere konnte das Alter nicht errechnet werden, und im Jahr 1888 gab es noch keine Möglichkeiten, nach der Openshaw aufgrund der Niere das Geschlecht hätte bestimmen können. Außerdem war kein Vergleich mit der Leiche der Eddowes möglich, da sie schon seit elf Tagen begraben war, als der Teil der Niere eintraf, und keine Exhumierung stattfand.

Unabhängig davon stellte ich Nachforschungen bei Experten der

Gerichtsmedizin an, so auch bei Professor D. J. Gee von der Universität von Leeds; sie alle bestätigten Egans Erkenntnisse. Von der „Niere aus der Hölle“ bleibt demnach nur der Nachgeschmack eines dummen, morbiden Scherzes.

Nach dem Doppelereignis vom 30. September brachte jeder Tag die besondere Angst mit sich, die Hand in Hand mit der Erwartung geht. Die Polizei schien „blinde Kuh“ zu spielen und von einem falschen Hinweis zum anderen zu tappen. Die Öffentlichkeit verlangte gezielte Aktionen und die Kritiker der Polizei wurden immer gehässiger. Besonders Warren war wiederholten Angriffen ausgesetzt; die *Pall Mall Budget* verspottete ihn mit beißenden Karrikaturen. In ihren Augen watete er in einem Sumpf der Verwirrung.

Sechs Wochen verstrichen, ohne daß man etwas von Jack sah oder hörte. Doch am 9. November, als sich der Festzug des Oberbürgermeisters vom Ludgate Hill herunterschlängelte, eilten die Zeitungsjungen durch die Straßen und schrien: „Schrecklicher Mord!“ Jack hatte seine blutigste Tat vollbracht, diesmal in aller Ruhe und nicht im Freien.

Im Gegensatz zu den bisherigen Opfern war Mary Kelly jung, temperamentvoll und attraktiv gewesen. Als Jack mit ihr fertig war, war sie ein kaum mehr erkennbarer Haufen Fleisch auf einem blutgetränkten Bett. Ihr Gesicht war mehrmals zerschnitten. Ihre Ohren und die Nase waren abgeschnitten worden, ebenso ihre Brüste. Diese abgetrennten Teile lagen fein säuberlich auf einem Tisch neben dem Bett, Magen und Unterleib waren aufgeschlitzt, Herz, Nieren, Leber und Gebärmutter herausgeschnitten worden. An den Bilderhaken an den Wänden hingen Fleischstücke.

Dieses Miniaturschlachthaus befand sich in einem Zimmer zu ebener Erde des Hauses Nr. 13 im Miller Court, einer Seitengasse der Dorset Street. Der Mord kam erst ans Licht, als John Bowyer die rückständige Miete eintreiben wollte. Er klopfte und erhielt keine Antwort; er ging also zu einem Fenster und steckte die Hand durch eine zerbrochene Scheibe, um den Vorhang zurückzuziehen. Vielleicht schlief Mary so fest? Der Anblick, der sich ihm bot, drehte ihm den Magen um.

Als die Polizei eintraf, konnten auch die alten Hasen das Gemetzel nur schwer verkraften. Wachtmeister Dew sagte später: „Es wird immer die grauenvollste Erinnerung meiner Polizeikarriere bleiben, und ich werde den Anblick nie vergessen.“ Dabei hatte Dew nur durch die zerbrochene

Fensterscheibe gelugt, während er darauf wartete, daß ein bestimmter Befehl ausgeführt wurde: Die Polizei war angewiesen worden, in Fällen, die auf einen Ripper-Mord hindeuteten, nichts zu unternehmen, bis die eigens angeschafften Bluthunde eintrafen.

Der Befehl, die Bluthunde einzusetzen, erfolgte aufgrund von Versuchen, die man mit den zwei lebhaften Hunden Burgho und Barnaby angestellt hatte: Man erwartete, daß sich ihre Fähigkeit, Spuren zu verfolgen, als unschätzbar erweisen würde. Am Morgen des 9. November wurde also Sir Charles Warren benachrichtigt und gebeten, die Hunde so schnell wie möglich zu schicken. Keiner der wartenden Polizisten in Millers Court wußte, daß Warren nach einer Auseinandersetzung mit dem Innenminister bereits zurückgetreten war.

Nach langem zermürbendem Warten verlor die Polizei die Geduld. Um 13.30 Uhr ließ Inspektor Arnold eines der Fenster herausnehmen, um sich Zutritt zu verschaffen. Die Polizeifotografen nahmen das Schlachtfeld auf. Die Polizisten machten Notizen und brachen danach mit einer Axt die verschlossene Türe auf.

Die gerichtliche Untersuchung des Falles Kelly war eine seltsame, verpatzte Angelegenheit. Der ehemalige Polizeiarzt Dr. McDonald führte den Vorsitz, nicht Coroner Wynne Baxter. Vielleicht hatte die Polizei das Gefühl, Baxter ging zu streng mit ihr um; vielleicht wollte sie, daß dieser jüngste grauenhafte Vorfall mit Mitgefühl und zügig abgewickelt wurde. Schnelligkeit wurde tatsächlich zum Merkmal der Verhandlung.

Schon nach wenigen Tagen war alles vorüber; Dr. Bagster Phillips stellte nur fest, daß der Tod durch Durchtrennen der Halsschlagader eingetreten war. Die übrigen Details hielt er zurück. Die Geschworenen nahmen überraschend McDonalds Rat an und fanden, daß sie ohne weiteres Beweismaterial einen Spruch fällen konnten: Er lautete auf vorsätzlichen Mord.

Die Zeugenaussagen bei dieser Verhandlung waren widersprüchlich. Sara Lewis gab an, daß sie den Todesschrei ungefähr um 4.00 Uhr gehört hatte. Mrs. Prater stimmte mit ihr überein. Das paßte zur errechneten Todeszeit zwischen 3.30 Uhr und 4.00 Uhr früh. Doch Mrs. Maxwell sagte aus, daß sie am Mordtag noch um 8.00 Uhr mit Mary persönlich gesprochen hatte. Selbst als McDonald sie ermahnte, blieb sie bei ihrer Geschichte und fügte noch hinzu, daß sie Kelly um 8.30 Uhr noch einmal gesehen hatte. Daraus entwickelte sich bald die Annahme, daß Mrs.

Maxwell den Ripper in Frauenkleidern gesehen hatte aber ihr Bericht über ihr Gespräch mit Kelly schloß das aus: Eine Frau hatte mit einer anderen gesprochen - zwei Menschen, die einander kannten.

George Hutchinson, ein arbeitsloser Hilfsarbeiter, der Kelly gut gekannt hatte, wurde bei der Verhandlung überhaupt nicht befragt. An dem Freitag, an dem sie starb, hatte er sie um etwa 2.00 morgens in der Nähe der Thrawl Street gesehen. Ein gut gekleideter Mann begleitete sie, der Hutchinson sofort auffiel. Die *Times* vom 14. November brachte seine Beschreibung: „Der Mann war ungefähr 168 cm groß, etwa vierunddreißig bis fünfunddreißig Jahre alt, hatte dunklen Teint und dunklen, an den Spitzen nach oben gedrehten Schnurrbart. Er trug einen langen, dunklen, mit Astrachan [*sic*] verbrämten Mantel, weißen Kragen mit schwarzer Krawatte, an der eine hufeisenförmige Krawattennadel steckte. Er sah wie ein Ausländer aus. ... Ich könnte darauf schwören, den Mann überall wiederzuerkennen. Der Mann, den ich gesehen habe, trug ein kleines etwa zwanzig Zentimeter langes Paket, mit einem Riemen herum ... Es sah aus, als ob es mit dunklem Wachstuch bedeckt war. In seiner rechten Hand, die auf der Schulter der Frau lag, hielt er ein Paar brauner Lederhandschuhe. Er ging sehr leise. Ich glaube, er wohnt in der Nachbarschaft, und ich bilde mir ein, daß ich ihn am Sonntagmorgen in der Petticoat Lane gesehen habe, aber ich bin nicht sicher." Hutchinsons Beschreibung war für die wachsende Ripper-Legende wichtig, denn im Lauf der Zeit paßte sie auf mehr als einen Kandidaten. Darüber hinaus verwendete der Zeichner der *Police News* die Beschreibung bei der ersten Veröffentlichung und schuf darauf aufbauend ein lebensgroßes Porträt, nach dem sich die Öffentlichkeit ein Bild des Rippers formte.

Der Mord an Kelly half dem Gedächtnis der Menschen nach. Sie erinnerten sich, daß Catherine Eddowes sich einmal des Namens Kelly bedient hatte; sie hatte ihn von einem Mann geborgt, mit dem sie zusammenlebte. Konnte es also sein, daß Jack von Anfang an aus irgendeinem Grund einfach auf der Jagd nach einer Frau namens Kelly war? Starb Eddowes infolge eines Irrtums? Wenn ja, so war anzunehmen, daß Jack nur über einen Namen, eine Gegend und eine Beschäftigung verfügte, die ihn zu seinem Opfer führen konnte: *Wenn* der Mörder mehr über die beiden gewußt hätte, wäre es unmöglich gewesen, Mary Kelly und „Kate Kelly" zu verwechseln. Das war wieder etwas Neues, über das sich die Theoretiker den Kopf zerbrechen konnten.

War der Mord an Kelly der letzte des Rippers? In den Akten von Scotland Yard findet sich folgende Bemerkung von Macnaghten: „Fünf wurden Opfer des Mörders von Whitechapel - & nur fünf." Er nimmt Nichols am 31. August als das erste und Kelly am 9. November als das letzte Opfer an. Doch das ist die Ansicht eines Polizeichefs, der zurückblickt. Damals glaubten nur wenige Menschen, daß der Ripper aufgegeben hatte. Er war vielleicht kurzzeitig untergetaucht, aber er wartete und und freute sich hämisch darauf, das Messer wieder zur Hand zu nehmen; ein Glaube, der sich in der Vielzahl der Fälle dokumentierte, die auf den ersten Blick Jack zugeschrieben wurden. Eine Zeitlang rückten alle Überfälle auf Frauen den gefürchteten Namen in den Vordergrund. Ja sogar Überfälle auf Jugendliche hatten die gleiche Wirkung. Aber nichts war tatsächlich mit der Handschrift des Rippers vergleichbar, bis am 17. Juli 1889 die Leiche in der Castle Alley in Whitechapel gefunden wurde.

Die Castle Alley war lang, dunkel und schmal, ein idealer Ort für Diebe und Räuber; sogar Prostituierte mieden die Gegend. Aber eine von ihnen überwand ihre Angst und führte einen Kunden in die düstere Gasse. Man fand sie mit durchtrennter Kehle und klaffendem Unterleib. Sie wurde sehr rasch identifiziert, nachdem die Polizei eine Tonpfeife unter ihrem Körper gefunden hatte. „Tonpfeifen Alice", mit richtigem Namen Alice McKenzie aus der Gun Street in Spitalfields. War sie ein echtes Ripper-Opfer? Der Experte Dr. Bagster Phillips hegte Zweifel. Seiner Ansicht nach ähnelten die Verletzungen keineswegs jenen der anderen East End Mordfälle. Ein Messer mit kurzer Klinge war verwendet worden, nicht die lange Klinge, die Jack bevorzugte. Alle Bauchwunden waren oberflächlich, keine tiefen Schnitte wie in den früheren Fällen.

Doch die meisten Menschen interessierten sich nicht für die Zweifel des Arztes. Sie orientierten sich an den populären Zeitungen; die Londoner Ausgabe des *New York Herald* schrieb: „Jack the Ripper ist in das Zentrum seines Operationsgebietes zurückgekehrt, um das er sich offensichtlich immer herumtreibt, wenn ihn seine mörderische Stimmung überkommt. Von Anfang an war er darauf versessen, seine Opfer im unmittelbaren Umkreis von vier oder fünf Häuserblocks zu töten... Er lebt derzeit in diesem Zentrum der Verbrechen, oder er hat hier gelebt oder verkehrt. Zu dieser Schlußfolgerung gelangt man nicht nur durch die Tatsache, daß ihn die Gegend immer wieder anzieht, sondern auch dadurch, daß er, wie aus den Morden hervorgeht, mit den vielen dunklen, gewundenen Durchgängen und Nebenstraßen äußerst gut vertraut ist."

Zwei Monate nach dem Mord in der Castle Alley schlugen die Zeitungen wieder Alarm. In einem Eisenbahnbogen in der Nähe der Backchurch Lane hatte Jack seinen groteskesten Mord im Freien begangen.

Die Gasse lag ein gutes Stück südlich von Spitalfields, aber ziemlich nahe an der Berner Street, also immer noch im Revier des Rippers. Polizeiwachtmeister Pennett leuchtete am 10. September um 5.30 Uhr mit seiner Laterne in die stockdunkle Höhlung des Bogens. Ein formloses Etwas lag auf dem Boden, doch dreißig Minuten zuvor war hier noch nichts gewesen; Pennett betrat also den Bogen, um sich die Sache genauer anzusehen. Die formlose Masse erwies sich als der kopf- und beinlose Torso einer nackten Frau. Hatte der Ripper seine Methode geändert?

Die Untersuchung durch einen Arzt bewies bald, daß diese Leiche nichts mit den Opfern des Rippers gemein hatte. Die Frau war bereits seit einigen Tagen tot, und alle Schnitte waren sauber und präzise ausgeführt worden. Nichts deutete auf Ekstase hin. Es konnte auch das Werk eines müßigen Medizinstudenten sein.

Ein weiterer Faktor rückte diese Leiche aus dem Bereich des Rippers. Am Sonntag, drei Tage vor der Entdeckung, war kurz nach ein Uhr morgens ein junger Mann ins Londoner Büro des *New York Herald* gekommen und hatte mit dem diensthabenden Redakteur gesprochen. Er nannte sich John Cleary, wohnhaft in White Horse Yard 21, Drury Lane, und informierte den Redakteur darüber, daß Jack the Ripper wieder zugeschlagen hatte: Der verstümmelte Körper lag noch in der Backchurch Lane. Der Redakteur nahm ihn ins Kreuzverhör. Wieso wußte Cleary davon ? Nichts dergleichen war über den Telegraf hereingekommen; auch die Leute, die mit der Polizei in Verbindung standen, wußten nichts; das war sehr seltsam. Cleary ließ sich durch die Fragen keineswegs verunsichern. Ein netter Polizeiinspektor hatte ihm davon erzählt: Die Nachricht war seit 22.30 Uhr bekannt - kurz nachdem die Leiche gefunden wurde. Nachdem er den Tip erhalten hatte, war er schnell zum *Herald* Gebäude in der Strand gekommen, da er wußte, daß sich die Zeitung dafür interessierte. Und natürlich erhoffte er sich eine Belohnung. Der Redakteur beschloß, es darauf ankommen zu lassen. Er rief eine Droschke, und zwei Reporter machten sich auf den Weg. Sie redeten

Cleary zu, sie zu begleiten, doch er weigerte sich: zu weit von seiner Wohnung, war seine Entschuldigung.

In der Backchurch Lane durchsuchten die Reporter alles genauest. Sie ließen auch den Eisenbahnbogen nicht aus, fanden aber nichts. Die beiden Polizisten, die sie trafen, konnten auch nicht helfen: Sie wußten nichts von einem Mord. Die Zeitungsleute kehrten in ihr Büro zurück und fluchten über Cleary, den Schwindler.

Am 10. September änderten sie ihre Meinung. Cleary war offenbar ein Mann, der Dinge im voraus wußte: Das machte ihn zu einem Mordkomplizen, zu einem Mann, der es wert war, daß man sich mit ihm befaßte. Doch es stellte sich heraus, daß Clearys Adresse falsch war; auch tagelanges Suchen führte zu keinem Ergebnis. Nicht einmal die Kriminalpolizei war imstande, jemanden ausfindig zu machen, der Cleary mit Sicherheit identifizieren konnte, und so verlief die Spur im Sand.

Doch es gab ein unerwartetes Echo. Als Clearys Beschreibung die Runde machte, erinnerten sich andere Zeitungsleute an einen ähnlichen Vorfall im vergangenen Jahr. Im Oktober 1888 hatte ein jüngerer Mann im Büro einer der führenden Tageszeitungen vorgesprochen und versucht, eine Geschichte über eine verstümmelte Frauenleiche zu verkaufen. Er schwor, daß sich die Überreste auf einem Bauplatz am Thames Embankment befanden, genau an dem Ort, an dem das neue Polizeihauptquartier gebaut wurde. Trotz ihrer Zweifel schickte die Zeitung einen Reporter hin, der die Sache überprüfen sollte. Er führte dort gemeinsam mit einem Polizisten eine eingehende Suche durch; abgesehen von ein oder zwei toten Ratten fand sich nicht die leiseste Spur von etwas Unerfreulichem. Als der verärgerte Reporter zurückkam, war der junge Mann aus dem Büro der Zeitung verschwunden. Die Geschichte wurde demnach nicht gebracht.

Doch erstaunlicherweise fand man wenige Tage spätergenau am vorhergesagten Platz die Überreste einer Frau. Kopf, Arme und Beine waren vom Rumpf abgeschnitten und abgesägt worden. Und, wie beim späteren Mord, war auch diese Frau schon seit einiger Zeit tot gewesen, als man sich der Leiche entledigte. Der seltsame Informant hatte also im voraus etwas gewußt, und er glich in allen wesentlichen Einzelheiten der Beschreibung des „Schwindlers" Cleary.

Diese sensationelle Wendung zeigte Jack in einem neuen Licht. Hatte er einen Komplizen? Vielleicht sogar mehr als einen? In Wirklichkeit hatten die zerstückelten Leichen nichts mit Jacks Opfern gemeinsam; die grauenhaften Entdeckungen waren eher eine Art unmenschliche Nebenerscheinung. Aber sie trugen dazu bei, daß man sich immer wieder an den Namen des Rippers erinnerte.

Aber nur der Name tauchte stets von neuem auf - Jack wollte einfach nicht handeln. Das neue Jahr kam und ging ohne einen einzigen echten Ripper-Mord. Das ganze Jahr 1890 hindurch gab es wiederholt falschen Alarm, aber niemals schien Jack am Werk gewesen zu sein. Doch am 13. Februar 1891 hieß es wieder einmal „Entsetzlicher Mord in Whitechapel“. Die Prostituierte Frances Coles wurde aufgeschlitzt und aufgerissen unter einem Eisenbahnbogen in der Nähe der Royal Mint Street aufgefunden. Als man sie fand, war noch ein Funken Leben in ihr, der Mörder muß also nur Sekunden vor dem Eintreffen der Polizei davongerannt sein. Sofort formierten sich Suchtrupps aus Polizisten und Zivilisten, die Gegend wurde abgeriegelt und jedes Haus durchsucht. Es war eine einmalige Chance, den Ripper zu fassen, bevor er noch weit kommen konnte.

Bei der Suche fand man zwar nicht den Mann mit dem Messer, aber in der Unterkunft der Frances Coles stieß man auf einen Hinweis. Ein Mann hatte dort nach ihr gefragt, ein Mann mit einer blutenden Hand. Seine Verletzung stammte angeblich von ein paar Schlägern, die ihn überfallen und beraubt hatten; aber als derselbe Mann um drei Uhr morgens wiederkam, wurde seine Geschichte unglaubhaft. Er sagte jetzt, er wäre ein zweites Mal überfallen worden. Er hätte kein Geld, doch die Reederei schuldete ihm 4 Pfund und 15 Shilling. Könnte er aufgrund dessen ein Bett für die Nacht haben - auf Pump? Der Wirt der Herberge hatte solche Geschichten schon oft gehört und warf ihn hinaus. Der blutverschmierte Mann machte sich auf die Suche nach einem Krankenhaus. Es dauerte nicht lange, bis man ihn aufspürte und verhaftete. Er war James Saddler, Heizer auf einem Schiff. Ja, er kannte Frances Coles, er hatte ihr sogar einen Hut gekauft; aber er hatte sie in der Herberge zurückgelassen und sie seither nicht gesehen. Man verhaftete ihn und klagte ihn des Mordes an.

Hatte man den Ripper endlich aufgespürt und gefaßt? Die Öffentlichkeit glaubte es und die Presse tat das Ihre und leistete der Idee Vorschub. Die Zeitungen reagierten so heftig, daß sogar im Unterhaus Anfragen zum Fall Saddler gestellt wurden. Selbst der Innenminister war durch die

Gleichgültigkeit, Feindseligkeit und Unwissenheit: Auf ihrer Suche nach Hinweisen sah sich die Polizei mit allen dreien konfrontiert.

unverantwortlichen Pressemeldungen beunruhigt. Die offene Feindseligkeit stürzte Saddler in tiefste Verzweiflung, wie aus einem Brief hervorgeht, den er an seine Gewerkschaft schrieb: „Was für ein Gottesgeschenk wird mein Fall für die Polizei sein, wenn sie mich, unschuldig wie ich bin, am bitteren Ende zum Tod auf dem Schaffott führen kann."

Doch er ging nicht zum Schaffott. Die Gewerkschaft der Werftarbeiter ergriff die Initiative und übertrug Harry Wilson die Verteidigung Saddlers. Stück für Stück zerlegte Wilson die Anklage, und schließlich entschied der Generalstaatsanwalt, den Fall im Interesse der Gerechtigkeit fallenzulassen. Saddler wurde entlassen und wanderte nach Südamerika aus. Damit wurde der Presse und der Öffentlichkeit die einmalige Chance genommen, den „Ripper" hängen zu sehen.

Danach folgte ein Antiklimax dem anderen. Langsam dämmerte allen, daß der echte Ripper aus dem Geschäft ausgeschieden war. War er tot? In einer Anstalt? In Übersee in Sicherheit? Oder einfach zu erschöpft? Die Schreibtisch-Theoretiker begannen, die Angelegenheit von allen Seiten zu beleuchten. Alle und jedermann, der nur im entferntesten mit Frauenhaß, einer religiösen Manie, sadistischen Anwandlungen, heimlichen Lastern oder ganz einfach mit Heimlichtuerei in Verbindung gebracht werden konnte, wurde zum potentiellen Kandidaten.

3
Jede Menge Verdächtige

Wer immer oder was immer Jack gewesen sein mag, was machte ihn so schwer faßbar? Der *New York Herald* fand eine eigene bissige Antwort: „Der Grund, warum Jack the Ripper nicht erwischt wurde ... ist typisch für London. Wenn es um rätselhafte Mordfälle geht, wurde der Mörder in keinem Land der Welt je am Ort des Verbrechens oder in seiner Nähe gefaßt, sonst wäre der Fall ja nicht rätselhaft. Seine Entdeckung geht immer auf einen Verdacht zurück, der entweder durch den Mörder selbst oder durch einen Gegenstand, der ihm gehört und mit dem Mord zusammenhängt, hervorgerufen wird. Die Polizei erfährt von dem Verdacht und zieht Schlüsse daraus. Das wäre im Augenblick die Vorgangsweise in jedem zivilisierten Teil der Welt, nicht aber in Whitechapel. Die stumpfsinnige Dummheit eines Großteils der Bevölkerung ist unfaßbar. Viele von ihnen können nicht lesen und noch mehr haben nicht einmal einen halben Penny für eine Zeitung übrig ... Das Leben lastet drückend schwer auf ihnen; jeden Tag ist es aufs neue fraglich, ob man die paar Pennies für Essen und Quartier beschaffen kann; ein phantasievolles Gedankenspiel, wie es das Wort Verdacht voraussetzt, paßt nicht zu ihren Gewohnheiten. In den schlimmsten Vierteln von Whitechapel herrscht darüber hinaus die ausgeprägte Einstellung, ... daß man der Polizei nicht hilft und auch keine Informationen gibt."

Doch die Ansicht des *Herald* liefert nur einen Teil der Antwort. Jack muß beachtliche Talente besessen haben, um so lange auf freiem Fuß zu bleiben. Wenn man bedenkt, wie knapp er in der Berner Street entkommen ist! Seine Arbeit dort wurde offensichtlich abgekürzt, wenn man diesen Ausdruck gebrauchen darf, doch schon innerhalb von Minuten war er auf und davon und pirschte der nächsten Hure nach. Dann machte er sich wieder davon, ließ den blutgetränkten Fetzen fallen, damit ihn die Polizei fand, und schrieb seinen befremdenden „Hinweis" auf die Mauer.

Man wußte eigentlich recht wenig von ihm. Angeblich war er Linkshänder - die Art, wie die Kehlen durchschnitten wurden, wies darauf hin, oder erweckte zumindest den Eindruck. Außerdem hieß es, er besäße medizinische Kenntnisse - schließlich war er imstande, im Dunkeln eine menschliche Niere zu finden. Aber was können wir von ihm als Menschen sagen? Manche meinten, daß kein Mensch die Morde beging, sondern ein Pavian oder ein dressierter Menschenaffe. Diese Meinung war offensichtlich von Poes *Mord in der Rue Morgue* inspiriert. Kein Mann, sondern eine Frau, sagten wieder andere. Diesen Standpunkt vertrat Sir Arthur Conan Doyle, und Jahre später griff ihn William Stewart erneut auf. Es gab sogar eine Geschichte, die den Namen dieser Frau nannte: Olga Tschkersoff, die den Tod ihrer Schwester rächen wollte. Schwester Vera war auf die Straße gegangen, war schwanger geworden und an den Folgen einer Abtreibung gestorben. Daraufhin hatte Olga den Verstand verloren. Als Rache wollte sie alle Huren auslöschen, die Vera ermutigt hatten. Ein rächender Engel fegte durch die Straßen des East Ends, ein Engel in Männerkleidern, ein Engel, der in die Vereinigten Staaten floh, sobald seiner Ehre genüge getan war.

Eine ganz andere Theorie beschäftigte sich mit einem jüdischen Schlächter, der im geheimen die Christen haßte. Warum er nur christliche Huren gewählt hatte, wurde nie geklärt, aber laut dieser Theorie, „... entsprachen die sauberen Schnitte, die den Opfern zugefügt wurden, der besonderen Art, mit der die Juden die Rinder töten." Sechsundsiebzig Jahre später griff Robin O'Dell diese Idee wieder auf und gründete darauf seine Theorie des ritualen Schlächters oder Shochet.

Andere waren damals schon davon überzeugt, daß das alles Unsinn war. Eine Gruppe tippte auf einen norwegischen Matrosen namens Fogelma: Nachdem er die Frauen getötet hatte, floh er nach New York. Er verlor den Verstand und im Delirium prahlte er mit seiner Rolle als Ripper. Man steckte ihn ins Irrenhaus von Morris Plains, wo er schließlich 1902 starb. Seine Schwester schwor, daß alles, was er gesagt hatte, der Wahrheit entsprach - und noch mehr. In seinem Koffer fanden sich Zeitungsausschnitte über die Mordfälle, jeder mit Fogelmas sarkastischen Kommentaren versehen. Über diesen Ausschnitten hatte er stundenlang gebrütet. War das nicht ein Beweis?

Elizabeth Ross aus Brooklyn hätte diese Frage sicherlich mit Nein beantwortet. Sie kannte den Mörder - den Südamerikaner Alonzo Maduro. Sie war davon überzeugt, denn ihr Vater hatte ihn entlarvt und ihm geholfen, London zu verlassen. Alonzo hatte es wahnsinnig eilig gehabt; ihr Vater war ihm beim Packen behilflich gewesen und entdeckte dabei, daß der Koffer einen doppelten Boden besaß. In diesem Geheimfach befanden sich ein knöchellanges schwarzes Cape, ein schwarzer Schlapphut und, in Öltuch verpackt, ein funkelndes Chirurgenbesteck. Das war im November 1888 - er mußte es also sein.

Mit solch fadenscheinigen Beweisen „verurteilte" man - auf dem Papier - eine ganze Reihe von Verdächtigen. Sogar Dr. Barnado wurde einmal für den Ripper gehalten. Der berühmte Reformer hielt sich unweigerlich in der Gegend von Whitechapel auf, und vier Tage bevor Stride im September 1888 ermordet wurde, hatte er tatsächlich in der Küche der Herberge in der Flower and Dean Street mit ihr gesprochen. Geschwätzige Zungen nannten also Barnado.

In Wien wiederum verfielen sie auf einen verrückten Wurstmacher. Alois Szemeredy desertierte von der Armee und floh nach Buenos Aires, wo er angeblich in Mordfälle verwickelt war. Später verbrachte er einige Zeit in einer Irrenanstalt und beging 1892 in Wien Selbstmord, nachdem man ihn wegen Raubes und Mordes verhaftet hatte. Aber war er je in London gewesen? Auf diese Frage wußte der österreichische Polizeipräsident in Wien eine höchst seltsame, exzentrische Antwort. Er verwies auf zwei polizeiliche Meldeformulare, die Szemeredy ausgefüllt hatte, und sagte: „Auf beiden Formularen nennt er sich 'amerikanischer Wundarzt'. Er gibt an, neunundvierzig Jahre alt zu sein, Religion katholisch, Stand ledig; auf dem letzten Formular nennt er als Ziel 'Amerika'. Ob er sich stattdessen nach England wandte und dort das Verbrechen beging, das am 12. September *(sic)* in Whitechapel entdeckt wurde, kann ich nicht sagen, aber es ist seltsam, daß er sich bei seinem nächsten Aufenthalt in Wien im Jahr 1892 als 'Wurstmacher' bezeichnete."

Buenos Aires spielte in einer weiteren weltberühmten Ripper-Theorie eine Rolle, die der Journalist Leonard Matters im Jahr 1929 in Umlauf brachte. Es ging dabei um einen rachsüchtigen Dr. Stanley: Sein begabter Sohn war von einer Prostituierten angesteckt worden, die Syphillis schlug unbarmherzig zu und zerstörte den Burschen. Stanley machte sich daraufhin auf die Jagd nach der Hure Kelly; sie sollte dafür bezahlen. Um sie zu finden, mußte er andere Huren befragen, und jede, die er befragte, mußte sterben, damit sie Kelly nicht warnen konnte. Nachdem Dr. Stanley seine Mission erfüllt hatte, zog er sich nach Südamerika zurück und beichtete auf dem Totenbett alles. Matters' Angaben zufolge war die

Eine Schneiderin „erkannte" in Deeming den Ripper, und die verrückte Vorstellung verbreitete sich über Nacht.

Geschichte damals in einer Zeitung in Buenos Aires erschienen, aber er nannte weder den Namen der Zeitung noch das Datum der Veröffentlichung. Sechzig Jahre lang stellte man Nachforschungen an, doch man konnte den Artikel nicht ausfindig machen. Das Urteil muß daher bedauerlicherweise lauten: vorsätzliche Erfindung.

Der ekelhafteste und merkwürdigste der weniger bedeutenden Kandidaten war Frederick Deeming. Er tötete im Dezember 1891 seine Frau Emily in ihrer Mietwohnung in Windsor, Australien, steckte ihre Leiche in ein Loch unter dem Ofen im Wohnzimmer und zementierte es zu. Doch seine Arbeit war so unzulänglich, daß der Hausherr den Boden herausreißen ließ, nachdem Deeming ausgezogen war; damit kam die Leiche zum Vorschein.Nach Deemings Verhaftung wurde die britische Polizei mobilisiert, um nach Deemings früherer Frau, einer Australierin, und ihren vier Kindern zu suchen. In einer Villa in Rainhill, Liverpool, fand man die gesuchten Verwandten. Auch sie waren ermordet und unter dem Fußboden einzementiert worden; darüber lagen die Bodenbretter.

Im April 1892 erschien Deemings Bild in der britischen Presse, und danach galt er mit einiger Sicherheit als Jack the Ripper. Eine junge Schneiderin aus dem East End identifizierte das Bild als das eines Mannes, den sie unter dem Namen Lawson im Jahr 1888 kannte. Dieser Lawson hatte ein ungewöhnliches Interesse an den Ripper-Morden gezeigt: Im Anschluß an den Doppelmord vom September jenes Jahres wurde Lawson sehr unruhig und brach kurz darauf den Kontakt zu ihr ab. Die *Illustrated Police News* stürzte sich sogleich auf diese Aussage und ihr Zeichner reproduzierte eine Skizze des Rippers, die 1888 aufgrund der Beschreibung von Hutchinson in dem Blatt erschienen war. Daneben fertigten sie eine nach der jüngsten Fotografie gemachte Skizze von Deeming an. Diese zeigte einen Mann, der sehr ähnlich gekleidet war wie der hypothetische Mörder von 1888. Alles war da: Der Astrachanmantel, die sardonischen Gesichtszüge, der schwarze Schnurrbart, einfach alles.

Wenn die Leute die beiden Porträts nebeneinander sahen, konnte man begreifen, daß sie der Ansicht waren, Jack sei endlich gefaßt worden. Nur die Daten erweisen sich leider als etwas peinlich. 1888 war Deeming Insasse eines der Gefängnisse Ihrer Majestät. Gegen solche Fakten kann man nicht an.

Alles in allem führten diese unbedeutenden Kandidaten zu nichts. Es ist erstaunlich, daß sie überhaupt in Erwägung gezogen wurden. Bei den Hauptkandidaten liegt die Sache anders. Jeder ist es wert, näher beleuchtet zu werden. Doch abgesehen davon, ist jeder einzelne Verdächtige faszinierend, nicht in bezug auf das, was er tat, sondern auf das, was er angeblich getan hatte. Das bedeutet, daß derjenige, der die Untersuchungen führte, zeitweise viel aktiver war als es die Verdächtigen je gewesen waren.

4
Der Verrückte, der St. Paul's liebte

„Ich bin derjenige, der den Geisteszustand des Mörders von Whitechapel genau wissenschaftlich beschrieb, und nicht die Kriminalisten von Scotland Yard." Mit solch angemessener Bescheidenheit machte Dr. Lyttleton Forbes Winslow seinen Anspruch auf Ruhm geltend. Er war eine allseits bekannte, extravagante Persönlichkeit seiner Zeit, und war vor allem als Autorität auf dem Gebiet des kriminellen Wahnsinns und des Wahnsinns im allgemeinen berühmt. Das überrascht kaum, da er in einer privaten Irrenanstalt aufgewachsen war, jedoch nicht als Insasse, sondern als Sohn des Besitzers. Viele Jahre hindurch erstellte Winslow Sachverständigengutachten bei Kriminalfällen. Sobald also der Ripper die Menschen in Angst und Schrecken versetzte, beschloß er natürlich, seine Erfahrung und sein Urteilsvermögen einzusetzen.

Winslow war überzeugt, daß ein krankes Ungeheuer am Werk war. Er stellte sich den Mörder schlau, vorsichtig und intelligent vor - keineswegs ein Irrer mit wild rollenden Augen, sondern vielmehr ein Mann, der immer die Gefahr, gefaßt zu werden, im Auge behielt, und der „verschlagen war, wie es alle Verrückten sind". Winslow jagte nach Hinweisen auf diesen Irren und wurde nach seinen eigenen Worten ein „echter Kriminalist".

Der Arzt ging rasch und mit tödlichem Ernst an seine Aufgabe heran. Später schrieb er: „Tag für Tag, Nacht für Nacht verbrachte ich in den Slums von Whitechapel. Die Kriminalbeamten kannten mich, die Herbergswirte kannten mich und schließlich kannten mich auch die armen Kreaturen auf den Straßen. Angsterfüllt stürzten sie mit jedem bißchen Information, das für mich von Wert sein konnte, zu mir. Ich war die Hoffnung der verängstigten Frauen. In meiner Gegenwart fühlten sie sich sicher, sie hießen mich in ihren Behausungen willkommen und befolgten willig meine Anweisungen; sie fanden Bruchstücke von Informationen, die ich brauchte."

Seiner Ansicht nach mordete der Ripper neunnmal, erstmals 1887; der letzte Mord war der an Alice McKenzie im Juli 1889. Und warum hörten die Morde auf? Winslow bestand darauf, daß seine kriminalistische Arbeit den Mörder entlarvt hatte und dieser sich daraufhin schnell verkroch.

Winslow vermutete zunächst, daß der Irrsinn des Rippers auf eine Art verschleierter Epilepsie zurückzuführen war: Während der Anfälle verlor er das Gefühl für die Realität und verübte „... ganz außerordentliche, diabolische Handlungen". Kam er wieder zu Bewußtsein, so wußte er nichts von seinen Verbrechen und führte ein normales, unauffälliges Leben. Zur Unterstützung seiner phantastischen Diagnose berief sich Winslow auf zwei Fälle, mit denen er 1877 zu tun gehabt hatte. In beiden ging es um Mord und in beiden Fällen war die Todesstrafe verhängt worden, doch die Mörder wurden später „im Hinblick auf die Neigung zu epileptischen Anfällen" begnadigt.

Im ersten Fall, dem des Mörders Drant, wurde bewiesen, daß er sich zum Zeitpunkt der Tat in einem Zustand „manischer Erregung und Gewalttätigkeit befand, während er eigentlich einen epileptischen Anfall erlitt." Im zweiten Fall erschoß Edward Treadaway John Collins im Verlauf eines banalen Gesprächs. Treadaway war nur deshalb bewaffnet, weil er vorgehabt hatte, sich umzubringen - eine vererbte Epilepsie und schwere Depressionen ließen ihm das Leben sinnlos erscheinen. Aber ein epileptischer Anfall führte zum Mord, an den er sich erst am folgenden Tag erinnerte.

Es ist leicht zu verstehen, daß auch die Whitechapel-Morde im Zusammenhang mit solchen Fällen gesehen wurden. Eine Zeitlang wurde Winslow in seiner Überzeugung auch noch durch das Wissen bestärkt, daß „... derartige epileptische Anfälle sehr oft zusammen mit einer Art erotischer Ekstase auftreten". Diese Ekstase „erklärte auch die spezielle Kategorie von Frauen, die sich der Mörder als Opfer aussuchte." Dennoch verwarf Winslow seine Theorie nach dem dritten Mord und verkündete, daß sich ein gefährlicher, mordender Verrückter herumtrieb, nicht jemand aus den unteren Schichten, sondern „aller Wahrscheinlichkeit nach ein Mann in guter Position, der vielleicht im West End von London lebte".

Dr. Winslow hatte damals, unter anderem, die gute Idee, die Polizei von diesem Fall abzuziehen und stattdessen „... überall in Whitechapel Personen einzusetzen, die Erfahrung im Umgang mit Irren besitzen". Diese Fachleute konnten feststellen, ob jemand geisteskrank war oder nicht. Die Idee wurde an Sir Charles Warren weitergeleitet, der sie verständlicherweise unbeachtet ließ: Winslow geriet daraufhin in Wut über die maßlose Inkompetenz der Polizei.

Weitere Morde veranlaßten Winslow, seine Meinung neuerlich zu ändern. Er vermutete nun, daß „Pflichtgefühl den Mörder ... zu seinen schrecklichen Taten trieb." Der Trieb zu morden mußte eng mit einer religiösen Monomanie zusammenhängen „denn seine Anstrengungen richteten sich einzig und allein gegen gefallene Frauen; er hielt es wahrscheinlich für seine Mission, diese Geschöpfe auszurotten." Winslow zog den Schluß: „Jack the Ripper lebte vielleicht in der Vorstellung, seine Befehle von Gott zu erhalten."

Inspiriert von seiner letzten, befriedigendsten Theorie, unterbreitete Forbes Winslow Scotland Yard einen meisterhaften Plan und erklärte, daß man Verrückte oft dadurch zu fassen bekam, daß man auf ihre Ideen einging. Er schlug vor, folgende Anzeige in allen Zeitungen erscheinen zu lassen: „Ein Gentleman, der der Anwesenheit gefallener Frauen in den Straßen Londons entschieden ablehnend gegenübersteht, sucht die Zusammenarbeit mit Gleichgesinntem, um dem ein Ende zu machen." Das war der erste Teil seines Planes. Der zweite Teil bestand aus einer Zusammenkunft mit all jenen, die auf den Vorschlag hereinfielen. Sechs Kriminalbeamte würden sich an dem Ort verborgen halten und jeden, der auftauchte, ergreifen und verhören. In seinen Augen ein brillianter Plan. Doch Scotland Yard dachte anders. Der Doktor-Detektiv sagte das Unternehmen mit der Begründung ab, daß es für ihn als Privatperson unmöglich war, Personen, die vielleicht unschuldig waren, aufzugreifen und festzuhalten.

Er war über die Ablehnung verbittert und erklärte: „... diese einfache List wäre besser als jede andere Maßnahme dazu geeignet, den Mörder in die Falle zu locken, denn infolge der diabolischen Schläue eines mordenden Irren, der davon überzeugt ist, eine Mission zu erfüllen, ist es extrem problematisch, ihn auf frischer Tat zu ertappen. Ich behaupte, daß ein Mann wie er zweifellos sehr aufmerksam die Zeitungen liest und sich an den Auswirkungen seines Verbrechens weidet. Wie er einige seiner Opfer wild zerhackt und zerschneidet zeigt, daß er in religiöser Ekstase handelte. Er ist wahrscheinlich davon überzeugt, daß ihm jedes der grauenhaften Details zur Ehre gereichte und bewies, daß er seine Mission getreulich erfüllte." Winslow fand es nicht verwunderlich, daß die Unfähigkeit der Londoner Polizei zu lautstarken Beschwerden führte.

Offensichtlich erfuhr auch Jack von Winslows Jagd, zumindest möchte uns Winslow das glauben machen. Er behauptete, bereits am 4. Oktober 1888 einen von Jack unterschriebenen Brief erhalten zu haben. Dieser Brief war bemerkenswerterweise „... in derselben Handschrift verfaßt wie die Nachricht im Eisenbahnbogen". Der Hinweis auf den Bogen bezieht sich auf eine rätselhafte Behauptung Winslows. Laut ihm wurde im August 1888 ein Mann gesehen, dessen Beschreibung mit der jenes Mannes übereinstimmte, der beobachtet wurde, als er folgendes auf die Mauer unterhalb des Bogens schrieb: „Jack the Ripper wird nie mehr morden." Das setzt die Annahme voraus, daß der Name Ripper bereits im August 1888 verwendet wurde, und doch wurde der Spitzname erst am 2. Oktober von der *Times* und einen Tag später auf Plakaten veröffentlicht. Etwas an der Korrespondenz von Jack an Winslow mutet befremdend an: Winslow erhielt drei Briefe, einer davon wurde angeblich am 19. Oktober 1888 zugestellt und enthielt die genaue Vorhersage des Mordes an Kelly am 9. November. Dieser Brief ist als Faksimile in Forbes Winslows Autobiographie aus dem Jahr 1910 enthalten; aus dem Brief geht zweifellos hervor, daß ein weiterer Mord um den 8. oder 9. November 1888 zu erwarten sei. Doch der Schein trügt manchmal.

Die lange Jagd setzte sich bis in die zweite Hälfte des Jahres 1889 fort. Es gab viele falsche Fährten und falsche Hoffnungen; nach dem Tod der Alice M'kenzie am 17. Juli kam dann der Durchbruch. Ein Straßenmädchen, das der Doktor kannte, kam am 30. August zu ihm und teilte ihm mit, daß ein verdächtiger Mann versucht hatte, sie in einen Hof abseits der Worship Street in Finsbury zu locken. Er bot ihr einen Sovereign, doch sie lehnte ab und blieb auch standhaft, als er sein Angebot verdoppelte. Der Mann machte sich davon, doch die Frau und einige ihrer Freundinnen folgten ihm heimlich: Sie beobachteten, wie er ein Haus in Finsbury betrat. Am Morgen nach dem Mord an M'kenzie hatte sie den Mann im Hof des Hauses in Finsbury wiedergesehen, wo er offen Blut von seinen Händen wusch. „Sein seltsamer Gesichtsausdruck fiel ihr auf."

Man schlug Alarm und durchsuchte das betreffende Haus, aber der Verdächtige war geflohen. Doch als seine Beschreibung in Umlauf gesetzt wurde, erkannten ihn auch andere. Schon nach wenigen Tagen suchte Mr. E. Callaghan, ein Herbergswirt, Winslow auf und brachte wichtige Hinweise. Callaghan hatte im Jahr 1888 in seinem Haus in der

Forbes Winslow - der Arzt-Detektiv.

Sun Street 27, Finsbury Square, Zimmer vermietet. Im April dieses Jahres hatte ein Mr. G. Wentworth Bell Smith eines der großen Wohnschlafzimmer gemietet. Er wollte das Zimmer für mehrere Monate, vielleicht sogar für ein ganzes Jahr mieten, sagte Mr. Bell Smith. Seine geschäftlichen Termine waren recht flexibel, denn er hielt sich in England auf, um Kapital für die kanadische Toronto Trust Society aufzutreiben.

Es stellte sich bald heraus, daß Mr. Bell Smith's fixe Idee die gefallenen Frauen waren. Er konnte sich des langen und breiten über ihr schamloses Betragen ereifern und sich darüber empören, daß es ihnen gestattet war, die Flammen der Unmoral anzufachen. Sie drangen sogar bis in die Seitenschiffe seiner geliebten St. Paul's Kathedrale vor. Manchmal füllte er Seite um Seite mit religiösen Ergüssen über zügelloses Betragen. Hatte er dann einen Krampf vom Schreiben, so las er seinem Hausherrn einzelne Passagen laut vor. Sie waren „ ... leidenschaftlich im Ton und drückten erbitterten Haß gegen ausschweifende Frauen aus", bezeugte Mr. Callaghan.

Winslow war von allem begeistert, was ihm Callaghan erzählte. Jetzt war es möglich, ein detailliertes Bild der Persönlichkeit des Rippers zu zeichnen, denn dieser Mann entsprach Winslows vager Vorstellung, auf die er bereits fixiert war. Bell Smith und Jack waren ein und dieselbe Person: Es mußte einfach so sein. Der Arzt brachte seine abschließende Schlußfolgerung zu Papier, und baute dabei den Fall Bell Smith auf acht Hauptpunkten auf.

Er ging davon aus, daß die Morde von einem einzelnen Mann begangen worden waren, der von religiöser Monomanie besessen war. Er bewies, daß der Verdächtige nach jedem Mord seine Unterkunft gewechselt hatte. Weiters behauptete er, daß in jeder neuen Behausung im Zimmer des Verdächtigten Blutflecken sowie Stücke von Bändern und Federn gefunden wurden, die vermutlich von den Opfern stammten. Diese Funde wurden angeblich jedesmal am Morgen nach einem Mord gemacht. Weiters führte Winslow folgende Punkte an: „Viertens hinterließ er in einigen dieser Unterkünfte hingekritzelte Worte, die sich direkt auf die von ihm übernommene Mission bezogen. Fünftens nahm ich mit jenen Personen Verbindung auf, die diese Schriftstücke besaßen. Sechstens befragte ich eine Frau, in deren Haus er in einer der Mordnächte wohnte; er wurde gesehen, als er um 4.oo Uhr morgens nach Hause kam und sich im Hof die Hände wusch. Siebentens machte ich mich mit all seinen Gewohnheiten vertraut. Ich kannte seine Schlupfwinkel und wußte, wie er seine Sonntage verbrachte. Achtens wußte ich, daß er jeden Sonntag um 11.00 Uhr die St. Paul's Kathedrale aufsuchte."

Nachdem er diese Punkte genau erwogen hatte, ging Dr. Forbes Winslow neuerlich zur Polizei und legte einen neuen todsicheren Plan vor, mit dem er den Ripper gefangennehmen wollte. Er würde den Verrückten an einem Sonntag auf der Treppe von St. Paul's abfangen und ihn in ein Gespräch verwickeln, bis die versteckten Polizisten hervorkommen, eingreifen und den Mann verhaften konnten. Zu Winslows großer Überraschung weigerte sich die Polizei wieder zu kooperieren.

Der Doktor-Detektiv wurde wütend und warnte die Polizei, daß er seine Anhaltspunkte aller Welt bekanntgeben würde, wenn die Behörde ihre Meinung nicht änderte. Wieder lehnte die Polizei sein Angebot ab. Daher wandte sich Winslow an das Londoner Büro des *New York Herald*. Der erste Bericht erschien in der Ausgabe vom 19. Septemer 1889. Zwei Tage später schrieb der *Herald*, daß die Geschichte „... im ganzen Land großes Aufsehen erregt hatte. Sie wurde in fünfzig oder sechzig Tageszeitungen in London und in der Provinz zitiert. Donnerstag war die Geschichte in aller Munde. Man besprach sie im Zug, im Bus, auf dem Fährboot, und auf der Straße, und überall hielt man sie für den bisher bedeutendsten Beitrag zum Fall 'Jack the Ripper'."

Der *Herald* wies auch auf einige merkwürdige Phänomene hin – in gewisser Weise eine Warnung an alle, die sich mit Nachforschungen über den Ripper beschäftigten und die einen von ihnen besonders betrafen.

Dr. Forbes Winslow beschwört Bilder der geheimen Taten von Jack the Ripper herauf.

Nach dem Erscheinen des Artikels konnte sich Forbes Winslow vor Briefen und Besuchern kaum retten: „Es hat den Anschein, daß Hunderte Männer und Frauen Hinweise haben, die ihrer Überzeugung nach zur raschen Verhaftung des berüchtigtsten Verbrechers der Welt führen würden, während Tausende Theorien ziellos in der Luft schweben."

Laut Winslow bedurfte es keiner weiteren Theorien mehr. Sein Scharfblick hatte den Ripper in die Flucht geschlagen und den Morden ein Ende gesetzt. Jedermann in England, mit Ausnahme der Polizei, sah das ein.

Winslow richtete folgende Frage an die Polizei: „Wenn nicht ich es war, der die mörderische Hand von Jack the Ripper gestoppt hat, wer hat es dann getan, und welche Rolle hat er dabei gespielt?"

Doch wenn der Ripper tatsächlich geflohen war, wohin hatte er sich gewandt? Auch auf diese Frage hatte Forbes Winslow eine Antwort, wenn er sie auch erst zwanzig Jahre nach Erscheinen des Artikels im *Herald* fand. Er erhielt einen mit 10. Juni 1910 datierten Brief von einer Frau in Melbourne, Australien, der wie folgt lautete:

Daß Sie „Jack the Ripper" den Kampf ansagen, ist mehr als gerechtfertigt. Sie haben ihm tatsächlich Angst gemacht, denn er verließ England per Schiff: Auf der „Munambidgee" arbeitete er seine Überfahrt nach Melbourne ab. Ende 1889 traf er in Melbourne ein. Er stammt aus Melbourne, Victoria, hatte jedoch vor seiner Heimkehr mehrere Jahre in Südafrika verbracht. Er hatte hier das Scotch College besucht; der verstorbene Dr. Blair war ein guter Freund seiner Familie und von ihm bezog er seine chirurgischen Kenntnisse, da ihn der Arzt zu Obduktionen mitnahm. Nach seinem Eintreffen in Melbourne heiratete er eine Miss - --, die nur etwas länger als ein Jahr lebte, doch eines natürlichen Todes starb; sie war erst kurze Zeit tot, als ich ihn kennenlernte. Er erzählte mir von seiner schweren Zeit in London, und er kaufte immer Sensationszeitungen.
Ich fragte ihn: „Warum kaufst du immer diese fürchterlichen Zeitungen? Sie bringen nur Polizeiberichte über gräßliche Verbrechen." Er antwortete: "Ich möchte wissen, was in London los ist." Dann las er mir über das Verfahren gegen einen Mann namens James Canham Reade vor. Dieser Mann hatte mehrere Frauen geheiratet und wieder verlassen und schließlich eine getötet; dafür wurde er gehenkt. Als er die Geschichte zu Ende gelesen hatte, sagte ich: „Was für ein schrecklicher Kerl!" Er erwiderte: „Seltsam, diese Verbrechen hörten auf, sobald ich England verlassen hatte." Ich war über seine Bemerkung verblüfft und rief: „Mein Gott, Jack! Ich glaube, du hast diese Verbrechen begangen!" Er hatte mir einmal erzählt, daß er früher in diesem Teil Londons gelebt hatte. Ich versuchte, den Gedanken zu verbannen, denn ich liebte Jack; doch ich kam immer wieder darauf zu sprechen, und schließlich erzählte er mir, er habe diese Verbrechen tatsächlich begangen. Ich fragte ihn: „Warum hast du das getan?" Zuerst antwortete er „Rache", dann „Forschertrieb". Ich fragte ihn: „Aber du hast doch die Teile, die du aus diesen Frauen entfernt hast, nie verwendet; was hast du damit

gemacht?" „Ach, es gibt eine Menge hungriger Hunde in London", war seine Antwort. Ich schrieb an Scotland Yard und erzählte alles. Sir Robert Anderson beantwortete meinen Brief; aber nachdem ich ihm bereits alles mitgeteilt hatte, was es zu sagen gab, schrieb ich erst im vergangenen Jahr zum zweiten Mal. Ich habe nichts mehr von ihnen gehört. Meiner Ansicht nach haben sie die Sache verpfuscht und geben es nicht gerne zu. 1894 erstattete ich sogar in Melbourne Anzeige gegen ihn. Die Polizei verhörte ihn; er erzählte ihnen, daß er 1890 in Melbourne war, was sich als wahr herausstellte; und ohne ihn zu fragen, wo er 1889 gewesen war, ließen sie ihn laufen. Er lachte und sagte: „Siehst du, was das für Narren sind: Ich bin der Mann, den sie auf der ganzen Welt suchen, sie aber holen mich bei der einen Türe herein und lassen mich bei der anderen wieder hinaus." Ich gab sogar einem Kriminalbeamten einen seiner Briefe, doch der lachte mich nur aus. Ich bat ihn, das Schreiben mit dem in England zu vergleichen, das mit „Jack the Ripper" unterschrieben ist, doch er sagte nichts. Ich habe seine Briefe schon vor langer Zeit verbrannt, aber der Name des Ungeheuers ist ---, und seine Verwandten und Freunde nennen ihn Jack. Sein Bruder erzählte mir, er sei in Durban, Südafrika, bei der Südafrikanischen Eisenbahngesellschaft angestellt. Vor ungefähr sechs Jahren verließ er Melbourne und fuhr nach Südafrika. Sie sollten sich eine Schriftprobe von ihm verschaffen und sie mit der bei Ihnen vorliegenden vergleichen. Wenn Sie ihn dort nicht finden können, lassen Sie eine Anzeige in den Zeitungen erscheinen, die den Eindruck erweckt, von seinem Bruder zu stammen - er ist schon seit Jahren verschwunden und hat das ihm von seinem Vater hinterlassene Geld nie beansprucht. Geben Sie die Anzeige auf, und Jack wird bald darauf antworten, entweder an eine Londoner Adresse oder an eine in Südafrika. Beschaffen Sie sich jedenfalls eine Schriftprobe von ihm. Er hat sehr gut geschrieben. Früher besuchte er hier oft die St. Paul's Kirche, und ich hielt ihm immer vor, was für ein Heuchler er sei. Ich würde Sie sehr gerne treffen ... Seien Sie bei allen Nachforschungen sehr vorsichtig, denn er sagte mir immer, man würde ihn niemals lebend fangen, er würde sich vielmehr beim ersten Anzeichen einer bevorstehenden Verhaftung umbringen. ...

Nachdem Forbes Winslow diesen Brief eingehend studiert hatte, erklärte er: „Er bestätigt meine Ansichten über diese Angelegenheit in jeder Weise ... Ich glaube, daß der Mann in Südafrika Jack the Ripper ist. Er hat London verlassen, nachdem ich ihn im Jahr 1889 durch die Veröffentlichung meiner Erkenntnisse vertrieben habe. Und um diesen unheimlichen Fall abzuschließen, hoffe ich mit gutem Grund, daß durch meine Mithilfe seine Verhaftung ermöglicht wird."

Das schrieb Winslow im Jahr 1910, doch es kam nie zu einer dramatischen Verhaftung; der emphatische Arzt fand es bequemer, sich zurückzulehnen und in Selbstzufriedenheit zu schwelgen. Er hatte das Morden beendet - was konnte ein Menschenfreund noch mehr von ihm verlangen?

War es möglich, daß er recht hatte? War er als einziger von allen Verfolgern auf der richtigen Fährte? Meiner Meinung nach kaum. Die von ihm veröffentlichten Erklärungen weisen wesentliche Mängel auf. Sie stehen im Widerspruch zueinander.

In seiner Autobiographie *Recollections of Forty Years* (1910) erwähnt Winslow einen Mann, der beobachtet wurde, als er auf eine Mauer unter einem Eisenbahnbogen folgende Worte schrieb: „Jack the Ripper wird nie mehr morden." Winslow erhielt die Beschreibung des Mannes angeblich im August 1888. Der Arzt erzählte in dem Artikel des *New York Herald* vom 19. September 1889 eine ähnliche Geschichte, doch in dieser Version wurde ihm der Mann kurz vor dem Interview zum ersten Mal beschrieben. Diese „neue" Geschichte, die ein Jahr später verfaßt wurde, lautete: „Derselbe Mann wurde gesehen, als er auf die Mauer schrieb: 'Ich werde bald wieder morden.'"

Irgendwo und irgendwie wurde die Geschichte verändert. Außerdem, wenn der Doktor Jacks Beschreibung bereits im August 1888 kannte, warum enthielt er sie der Polizei vor und warum erzählte er nichts über den bemerkenswerten Brief, der ihn am 19. Oktober 1888 erreichte, und der offenbar den Mord an Kelly vorhersagte?

Nun zur Behauptung, daß die Briefe des Rippers vom Oktober 1888 dieselbe Handschrift aufwiesen wie die Briefe, die der unstete Mieter G. Wentworth Bell Smith zurückgelassen hatte. 1889 schrieb Winslow: „Seine Schrift glich in winzigen Details den Briefen, die die Polizei erhielt und die angeblich von 'Jack the Ripper' stammten." In winzigen Details? Wenn das stimmte, warum bewies er es nicht und veröffentlichte Faksimiles dieser Schriftstücke zusammen mit den Faksimiles „seiner" Ripper-Briefe? Später machte er sich die Mühe, ließ zwei seiner Ripper-Briefe fotografieren und reproduzierte sie in seinem Buch. Warum ging er nicht weiter? Warum zog er nicht den triumphierenden Vergleich?

Meiner Ansicht nach gab es für diese Unterlassung gute Gründe. Der Arzt war von seiner hingebungsvollen Begeisterung überwältigt und wurde zum Opfer seiner eigenen Theorien. Er wollte so sehr, daß sie stimmten, und so bog er die Fakten eben zurecht.

Als Winslow Gummischuhe entdeckte, die „der Mieter“ zurückgelassen hatte, bestand er darauf, daß sie mit getrocknetem Blut bedeckt waren. Chefinspektor Swanson von Scotland Yard untersuchte die Schuhe und schloß die Möglichkeit aus, daß sie blutbefleckt waren: Sie waren schmutzig, wiesen aber keine Spur von Blutflecken auf. Zu den übrigen Gegenständen, die man „im Zimmer des Mieters“ fand: drei Paar Frauenschuhe und eine Menge Schleifen, Federn und Blumen, „wie sie Frauen der unteren Schichten zu tragen pflegen“. Wiederum wurde behauptet, daß einige dieser Gegenstände blutbefleckt waren. Aber stimmte das? Selbst wenn es zutraf, welche mögliche Verbindung bestand zu den Morden in Whitechapel? Keiner der Gegenstände war einem der Opfer aus Whitechapel gestohlen worden.

Einer der beiden Ripper-Briefe, denen der Mörder seinen unsterblichen Namen verdankt; rechts Forbes Winslows berühmter Ripper-Brief, an dem das Datum geändert wurde.

I was ... codding
dear ... Bo... when
I gave ...
you ll ... about
saucy Jacky s work
tomorrow ... ouble
... time
event ... squealed
...
a bit ...
finish ...
off . had ... time
to get ...
police thanks ...
keeping last letter
back till I got
to work again.
Jack the Ripper

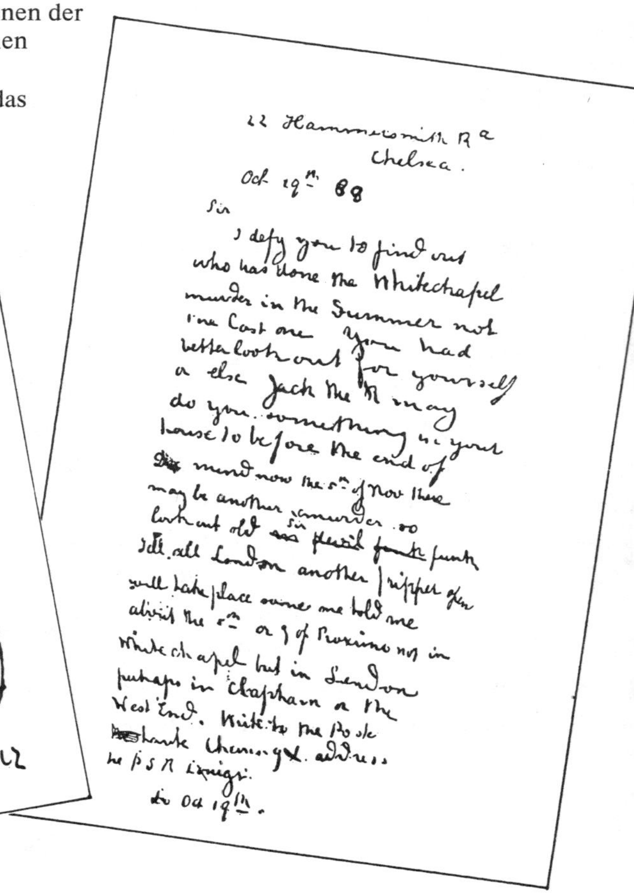
22 Hammersmith Rd
Chelsea.
Oct 19th 88
Sir
I defy you to find out
who has done the Whitechapel
murder in the Summer not
the last one you had
better look out for yourself
or else Jack the R may
do you something in your
house to before the end of
mind now the 8th of Nov there
may be another murder so
look out old ...
... all London another Ripper ...
will take place same one told me
about the 8th or 9th of ... in
Whitechapel but in London
perhaps in Clapham or the
West End. Write to the ...
... Change ... address
...
... Oct 19th.

Wenn sie von Bedeutung sind, so weisen sie höchstens auf einen Fetischisten hin, nicht auf einen Mörder. Die schriftlichen und verbalen Angriffe Bell Smiths auf verkommene Frauen verbargen vielleicht eine tiefe Selbstverachtung: Seine unterdrückten, kaum verstandenen sexuellen Impulse weckten in ihm vielleicht manchmal das Verlangen nach Gegenständen, die symbolisch für Weiblichkeit waren; hatte er dann diesem Verlangen nachgegeben, war seine Scham vielleicht so groß, daß er eine Weile nicht damit fertig wurde. Ein Wohnungswechsel mag ihm geholfen haben. Der herumziehende Mieter war zweifellos ein unsteter, verdorbener Mensch, doch von dieser Sorte gab es viele, wie aus den Polizeiakten jener Zeit hervorgeht. Forbes Winslow ließ seinem Dogmatismus freien Lauf, und nur darauf beruhte seine Überzeugung. Er täuschte sich selbst und schließlich auch die Öffentlichkeit, denn er verfälschte seine „Beweismittel", um sie zwingend zu machen.

Beginnen wir mit seinem berühmten Ripper-Brief vom 19. Oktober. Ein Ausschnitt daraus lautet: „Ich möchte sehen, ob es Ihnen gelingt herauszufinden, wer den Whitechapel-Mord im Sommer nicht den letzten begangen hat." Auf 1888 bezogen, ergibt das keinen Sinn, denn es wurden zwei Morde im August und drei im September begangen. Es *ergibt* aber einen Sinn, wenn sich der Brief auf 1889 bezieht: Der „Ripper-Mord" des Sommers wäre dann der an Alice M'kenzie im Juli, „der letzte" hingegen der Mord in der Backchurch Lane am 10. September. Doch wie kann ein 1888 geschriebener und empfangener Brief sich auf Morde beziehen, die noch gar nicht geschehen waren? Das konnte nicht stimmen und stimmte auch nicht. Dieser Brief wurde in Wirklichkeit 1889 an Winslow geschrieben und abgeschickt. Untersucht man das Datum auf dem Faksimilebrief, so kann man erkennen, daß das Datum von 89 auf 88 ausgebessert wurde; die plumpe Änderung wurde mit einer dickeren Schreibfeder durchgeführt, wobei ein Teil des ursprünglichen Datums in der oberen Schlinge der ersten Acht noch gut zu erkennen ist. Forbes Winslow ist die einzige Person, die die Möglichkeit und ein Motiv hatte, das Datum zu fälschen.

Anders verhält es sich mit dem Brief aus Melbourne. Der ist authentisch, aber für Winslow und alle anderen wertlos. Die Beweisführung der Frau beruht nur auf den angeblichen prahlerischen Äußerungen eines Mannes sowie der Tatsache, daß er „fürchterliche Zeitungen" las.

Mit Sicherheit übte Forbes Winslows Untermieter-Theorie großen

Einfluß aus. Nachdem sie im Jahr 1889 zum ersten Mal auftauchte, wurden alle Untermieter mit anderen Augen betrachtet. Jeder Untermieter, der zu zurückgezogen lebte, der zu ruhig war oder der auch nur einen unerklärten Katzenjammer hatte, wurde ernstlich verdächtigt. Unzählige Untermieter-Anekdoten kursierten, und manche wurden in spätere Ripper-Theorien eingebaut, wie etwa die über Sickert und Druitt, die in einem späteren Kapitel behandelt wird.

Auf einer anderen Ebene inspirierte eine dieser Geschichten Marie Belloc Lowndes; zuerst schrieb sie eine Kurzgeschichte und dann einen Roman über das Ripper-Thema. Alfred Hitchcock verwendete ihren Bestseller *The Lodger* und machte einen Stummfilm daraus. Hollywood beteiligte sich ebenfalls und produzierte eine Reihe von Untermieterfilmen mit den unterschiedlichsten Titeln, einer davon war *The Man in the Attic.* Selbst Komponisten ließen sich von dem Thema verführen; so schrieb Phyllis Tate eine zweiaktige Oper, der Lowndes' Text zugrunde lag.

Forbes Winslow drückte also dem Fall seinen Stempel auf, wenn auch nicht so, wie er es sich erträumte. Und der Ripper wieder drückte Winslow seinen Stempel auf, denn Winslow war der erste der führenden Ripper-Jäger, den das Jagdfieber korrumpierte. Kein anderer ungelöster Fall hat die Urteilsfähigkeit der mit seiner Aufklärung Beschäftigten so sehr beeinflußt. Damit wird eine Studie über den Ripper unweigerlich zu einer Studie über die Doppelzüngigkeit und Leichtgläubigkeit aller mit der Ermittlung Befaßten. Das erhöht natürlich die Faszination.

5
Chapman und Cream
Ein giftiges Paar

Beide verfügten über eine medizinische Ausbildung. Sie waren mehrfache Mörder. Ihre Opfer waren Frauen; sie wurden entlarvt, vor Gericht gestellt und büßten mit der Höchststrafe. Und dennoch, ihre Hände waren „nicht mit Blut befleckt“ - überall, wo man es ihnen nachweisen konnte, hatten sie mit Gift gemordet. Warum wurde dann der Reihe nach jeder von ihnen als der Ripper bezeichnet?

Thomas Neill Cream war der erste, der gehenkt wurde. Er wurde 1850 in Glasgow geboren und wuchs in Quebec, Kanada, auf. 1876 graduierte er am McGill College zum Doktor der Medizin und traf sieben Monate später in England ein, um hier seine Qualifikationen zu erweitern. Er schloß seine zusätzlichen Studien am St. Thomas Hospital in London und in Edinburgh jeweils als Bester in Allgemeiner Medizin und Chirurgie ab. Überhäuft mit papierenem Ruhm kehrte er nach Hause zurück und eröffnete in London, Ontario, eine Praxis.

Bald gab es den ersten Skandal. Ein Dienstmädchen wurde hinter Creams Sprechzimmer tot aufgefunden. Eine Flasche Chloroform lag neben ihr, und auf den ersten Blick sah es wie Selbstmord aus. Aber die Geschworenen zogen bei der gerichtlichen Untersuchung ein medizinisches Gutachten heran, das darauf bestand, daß sich das Mädchen nicht selbst umgebracht haben konnte. Die Geschworenen erfuhren auch, daß sie Cream mit der Absicht aufgesucht hatte, eine Abtreibung vornehmen zu lassen. Cream leugnete, etwas damit zu tun zu haben, gab aber zu, daß ihn das Mädchen bestürmt hatte, ihr Kind abzutreiben; er blieb dabei, daß ihn sein Berufsethos veranlaßt hatte abzulehnen, er war schuldlos; ihr Tod stellte den von ihr gewählten Weg aus einer unerträglichen, schändlichen Notlage dar. Die gerichtliche Untersuchung verwarf die Selbstmordversion und stimmte für „Tod durch Chloroform, verabreicht von einer unbekannten Person“. Oberflächlich war Cream damit entlastet, doch er fühlte sich so unbehaglich, daß er sich in einen sicheren Zufluchtsort in den USA absetzte.

In Chicago wurde er bald als Abtreiber bekannt. Im August 1880 wurde er unter Mordverdacht verhaftet. Julia Faulkner war nach einer Abtreibung gestorben, und Cream hatte offenbar damit zu tun. Man konnte ihn jedoch nicht verurteilen: Das Beweismaterial erwies sich als zu gering. Doch weniger als ein Jahr später führten neuerliche Beschuldigungen zu einem Prozeß und einem Schuldspruch; Cream wurde zu lebenslanger Haft verurteilt. Diesmal war es ein Giftmord: Sein Opfer war David Stoll, ein 63 Jahre alter Mann, der an Epilepsie litt. Es war auch eine Frau im Spiel, denn Stolls hübsche, junge Frau Julia war Creams Geliebte. Julia Stoll suchte Cream zunächst auf, um von ihm seine Patentmedizin gegen Epilepsie zu kaufen. Cream spürte, wie frustriert sie war, verführte sie, und als dann ihr Ehemann empfindlich reagierte, versetzte er seine Medizin mit einem Schuß Arsen.

Die lebenslange Haftstrafe wurde später in siebzehn Jahre umgewandelt und dann nochmals „wegen guter Führung" auf zehn Jahre herabgesetzt. Am 31. Juli 1891 wurde Cream entlassen, und im Oktober desselben Jahres traf er in England ein. Sein Ziel war London, und hier ließ sich der Massenmörder unter dem Namen Dr. T. Neill nieder; seine unangebrachte „Entlassung wegen eines Härtefalls" war das Todesurteil für zumindest vier weitere Frauen.

Weniger als zwei Wochen nach Creams Ankunft starb Ellen Donworth aus Lambeth unter qualvollen Schmerzen. Der jungen Prostituierten war ein mit Strychnin versetztes Tonikum verabreicht worden. Der Mann, der es ihr gab, war „ein großer Herr mit irren Augen, einem Zylinder und buschigem Schnurrbart" - eine treffende Beschreibung von Cream. Am 20. Oktober, sieben Tage später, wand sich Matilda Clover, wieder eine Prostituierte, fast die ganze Nacht in Schmerzen. Gegen acht Uhr morgens war sie glücklicherweise tot, und der Arzt, der den Totenschein ausstellte, diagnostizierte als Todesursache einfach „Delirium tremens gefolgt von Synkope [Atmungsstillstand]". Doch wieder einmal war Creams Strychnin dafür verantwortlich.

Da Matildas Tod offiziell unverdächtig war, wurde sie ohne weitere Umstände beerdigt, und niemand suchte nach dem Fremden mit den irren Augen, den sie wenige Stunden vor ihren furchtbaren Krämpfen empfangen hatte. Am 30. November 1891 zeigte Dr. W. H. Broadbent, ein am Portman Square wohnhafter Arzt der besseren Gesellschaft, der Polizei einen seltsamen Brief, den er erhalten hatte. In dem Brief wurde er beschuldigt, Matilda Clover mit Strychnin vergiftet zu haben. Der Schreiber behauptete, belastendes Beweismaterial zu besitzen und war bereit, es für 2.500 Pfund zu verkaufen; doch er konnte nur über die Spalte „Persönliches“ im *Daily Chronicle* erreicht werden. Die Sache nahm eine verwirrende Wendung, aber die Polizei drängte Dr. Broadbent, der Forderung nachzukommen und eine Anzeige aufzugeben. Dann beobachteten sie die Wohnung des Arztes, um herauszufinden, ob jemand darauf reagierte.

Wochen vergingen, niemand beantwortete die Anzeige, und die Überwachung wurde abgezogen. Inzwischen hatte die Polizei diesen Brief mit

Die Entlassung aus dem Gefängnis wegen eines „Härtefalles“ führte zu fünf weiteren Gräbern.

anderen verrückten Schreiben in Verbindung gebracht, die wahllos an mehrere Leute verschickt worden waren: an Lady Russell, an den Parlamentsabgeordneten W. F. Smith, und an den Coroner von Lambeth, George Wyatt. In dem Brief an Lady Russell wurde Lord Russell beschuldigt, der Mörder von Matilda Clover zu sein, während Smith in dem an ihn gerichteten Brief des Mordes an Ellen Donwort beschuldigt wurde. Es bestand nun die Möglichkeit, daß der Briefschreiber mehr als nur ein makabres Interesse am Tod dieser Frauen hatte. Aber wer konnte diese Briefe geschrieben haben?

Während die Polizei nachdachte und wartete, machte sich Cream daran, seine dritte Hure zu töten. Diesmal wählte er ein leichtes Mädchen der Luxusklasse - eine Miss Lou Harvey, die in der eleganten Gegend von St. John's Wood wohnte und in der Nobelgegend desTheaterbezirks im

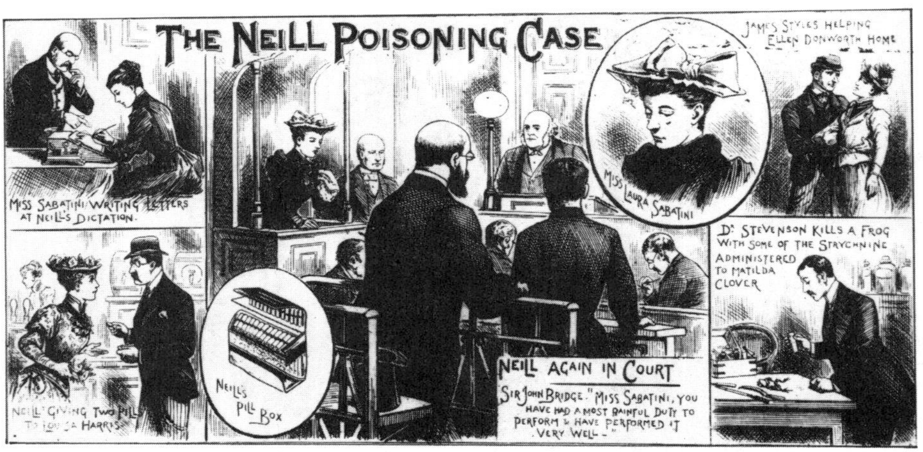

Bilder zum Fall des Giftmörders Neill.

West End arbeitete. Nachdem Cream ihre teuren Vorzüge genossen hatte, fand er perverses Vergnügen darin, ihren Tod zu planen. Als er ihr aber seine Giftkapseln gab, warf das Mädchen sie schlauerweise in die Themse und gab vor, sie geschluckt zu haben. Gut für sie, da Cream die Dosis so berechnet hatte, daß sie zu wirken begann, sobald Lou Harvey bequem in der Oxford Music Hall saß. Ihr Todeskampf sollte sich so öffentlich wie möglich abspielen.

Man kann sich Creams Enttäuschung vorstellen, als er die Zeitungen durchkämmte. Kein Bericht über einen dramatischen Tod. Keine sensationellen Szenen in den Theaterlogen. Diesmal war sein Plan fehlgeschlagen. Er wiegte sich trotzdem in dem Glauben, daß das Mädchen tot war. Vielleicht lag ihre Leiche irgendwo in einem Hinterhof oder in einem Graben, vielleicht war sie nicht identifiziert worden, vielleicht wurde wieder einmal eine natürliche Todesursache angenommen. In diesem nachdenklichen Stadium beschloß Cream, für eine Weile etwas leisezutreten und lieber seine Verlobte, eine Miss Laura Sabatini, zu umwerben, denn Cream gönnte sich abseits von seiner schmutzigen Existenz ein höchst respektables Leben. Im Januar 1892 verließ er England und stattete Kanada einen kurzen Besuch ab: Er benötigte offenbar Geld aus dem Vermögen seines Vaters. Am 9. April befand er sich wieder in seiner Wohnung in der Lambeth Palace Road, und zwei Tage später vergiftete er Alice Marsh und Emma Shrivall. Diesmal führte sein Anfall von Wahnsinn schließlich zu seiner Verhaftung. Verrückterweise gab Cream Dr. W.J. Harper als den Mörder der zwei Frauen an. Harper wohnte im selben Haus wie Cream, und dadurch, daß ihn Cream hineinzog, brachte er sich selbst zu Fall. Als die Polizei Harpers Vater aufsuchte, zeigte er ihnen einen Erpresserbrief, der ebenfalls den jungen Arzt des Mordes beschuldigte. Der Brief stammte von Cream. Der Polizei war es damit möglich, Cream der Erpressung zu beschuldigen und zu verhaften. Danach wurde die Leiche der Matilda Clover exhumiert und man fand in ihren Organen Strychnin, genau wie es im ersten Erpresserbrief an Broadbent behauptet worden war.

Die faszinierenden Einzelheiten aus dem Mordprozeß gegen Cream berühren uns nicht. Doch im Prozeß führten drei Punkte zu der unglaublichen Vermutung, daß Cream auch der Whitechapel-Mörder gewesen war. Diese Idee war bald nach Creams Verurteilung aufgetaucht, wurde aber nie ernst genommen. 1974 stellte dann der kanadische Journalist Donald Bell die Behauptung auf, daß es neue Beweise gäbe, nach denen Cream tatsächlich der Ripper gewesen war.

In einem zwanzig Seiten langen Artikel im *Criminologist* legt Bell seinen Standpunkt dar. Es ist eine überraschend schwache Anklage, die keine schlagkräftigen Beweise, aber jede Menge Vermutungen enthält. Fangen wir mit der Chronologie an. Zur Zeit der Ripper-Morde saß Cream im Joliet-Gefängnis. Er wurde erst im Juni 1891 entlassen. Der Todesstoß für Bells Theorie? Keineswegs. Er argumentiert vielmehr, daß in Chicago die Korruption weitverbreitet war „... Bestechung und Gaunerei reichten vom kleinsten Beamten bis zu den höchsten Ämtern des Landes. Gefangene erkauften sich manchmal den Weg in die Freiheit - oder arrangierten sich auf andere Art." Bell trifft diese Feststellung, nennt aber keinen einzigen verurteilten Mörder, der aufgrund eines solchen Handels freikam. Was Cream betrifft, so vermutet er zuerst, daß vielleicht Creams Vater für die Freilassung seines Sohnes bezahlte, später, daß Cream sich den Weg in die Freiheit vielleicht selbst durch Bestechung ermöglichte. Bell bevorzugt diese Annahme, aber er zieht alle Möglichkeiten in Erwägung und argumentiert, daß Cream einfach geflohen sein könnte, und daß es die Beamten aus politischen Gründen nicht zugeben wollten.

An dieser Stelle müssen die Phantastereien den Fakten gegenübergestellt werden. An Fakten haben wir die aufschlußreichen, beeidigten Aussagen von Creams Schwester Jessie und des Testamentsvollstreckers von Cream senior, Thomas Davidson. Die Schwester bestätigt, daß Neill Cream das Joliet-Gefängnis im Juli 1891 verlassen und bis zu seiner Abreise nach England im September des gleichen Jahres bei der Familie gelebt hat. Davidson erklärt, daß er von Creams Unschuld überzeugt war „... und jeden mir zur Verfügung stehenden legitimen Einfluß ausübte, um seine Freilassung zu erwirken; im Frühsommer 1891 gelang es mir schließlich, und er wurde entlassen." Davidson fügt weiters hinzu, „... sofort nach seiner Freilassung suchte er mich in Quebec auf und ... nach unserem ersten Gespräch kam ich zu dem Schluß, daß er geisteskrank war; ich teilte meine Überzeugung seinem Bruder, Daniel Cream, mit, in dessen Haus er vorübergehend wohnte."

Es gibt noch weitere Fakten, die in Erwägung zu ziehen sind. Ein Bericht in den *Joliet Daily News* vom 13. Juni 1891 erwähnt, daß Cream am Tag zuvor begnadigt wurde, und Pinkertons National Detective Agency erhielt im Dezember 1890 einen Brief von Cream aus dem Joliet-Gefängnis.

Bedenkt man all das, so scheint die Cream-Ripper-Theorie - milde ausgedrückt - wackelig. Doch Donald Bell versucht sein Bestes, und einige seiner Argumente sind interessant, selbst wenn sie irrelevant sind. Er berichtet zum Beispiel, daß sich ein Brief im Archiv der McGill Universität ausdrücklich auf den Fotoband der Absolventen des Jahrganges 1876 bezieht. In dem Brief steht: „Das Foto von Jack the Ripper befindet sich in diesem Buch." 1876 war natürlich Creams Jahrgang, die Verbindung ist damit klar; aber mit dem zitierten Ausspruch erinnert sich nur ein Mediziner an die Worte der Witwe eines von Creams Studienkollegen. Ein solcher Brief ist kaum als Beweis zu werten, zumal wir sehen werden, daß die Ansicht sehr leicht von den Gerüchten stammen kann, die bei Creams Londoner Prozeß entstanden sind.

Diese Prozeßgerüchte sind auch die Quelle für Bells zweite Anekdote, für deren Ursprung der Spaßvogel Stephen Leacock mitverantwortlich war. Leacock war Professor der Ökonomie an der McGill Universität gewesen; in einem Brief an den Dekan der medizinischen Fakultät vom 15. Mai 1935 bezieht er sich auf eine Rede, die er anläßlich eines Dinners gehalten hatte. Darin hatte er scherzhaft erwähnt, daß McGill auf eine lange Reihe angesehener Namen zurückblicken kann, einschließlich des Namens eines Absolventen, „der zu plötzlichem Ruhm gelangte ... unter der Professionsbezeichnung Jack the Ripper". Leacock erwähnte in seiner Rede keinen Namen, aber in dem Brief schreibt er weiter: „Sie wissen vermutlich, daß es praktisch sicher ist, daß Jack the Ripper in unseren Listen als Dr. Neill Cream geführt wird."

Diese merkwürdigen Anschauungen beruhen ausschließlich auf einem scherzhaften Schwindelbrief an Coroner Braxton Hicks. Der Brief lautete: „Dr. Neill, den Sie in Ihrer Gewalt haben, ist ebenso unschuldig wie Sie. Ich kenne ihn vom Sehen und habe mich so verkleidet, daß ich ihm glich. Ich habe die Bekanntschaft der Mädchen gemacht, die vergiftet wurden. Ich gab ihnen Pillen, um ihre irdischen Leiden zu heilen, und sie starben ... Wenn ich an Ihrer Stelle wäre, würde ich Dr. T. Neill freilassen, sonst werden Sie Schwierigkeiten bekommen ... Nehmen Sie sich in acht, ich warne nur einmal ... Hochachtungsvoll, Juan Pollen, alias Jack the Ripper."

Sobald ein Zusammenhang - wenn auch nur ein loser - zwischen dem Ripper und Cream hergestellt war, suchten die Menschen nach weiteren Parallelen.Man stellte fest, daß beide Mörder Prostituierte töteten und die Morde jeweils um des Vergnügens und nicht um eines Gewinnes willen verübten. Darüber hinaus hatten sowohl Jack als auch Neill offenbar das Bedürfnis, groteske Briefe über ihre Mordtaten zu schreiben. Das deutete auf ein und denselben Mann hin. Diese falschen Überlegungen stützten sich auf falsche Fakten; Leichtgläubige liebäugelten damit und glaubten sie, unter ihnen auch Mitarbeiter der McGill Universität.

An handfesten Beweisen bietet Bell nur eine Fotografie Creams an, auf der er eine hufeisenförmige Krawattennadel trägt. Welche Bedeutung fällt dieser Tatsache zu? Sie könnte damit zusammenhängen, daß George Hutchinson die Beschreibung eines Verdächtigen liefert, der eine „schwarze Krawatte mit einer hufeisenförmigen Nadel" trägt. Für Donald Bell ist das ein Hinweis von größter Wichtigkeit: Hutchinson sprach natürlich von Cream. Die unzähligen anderen Männer, die zu jener Zeit hufeisenförmige Krawattennadeln trugen, nimmt er nicht zur Kenntnis. Beflügelt von dieser falschen Spur, greift er begierig nach weiteren unbrauchbaren Beweisen, wie etwa dem Bericht in der *Times* vom 12. November 1888.

Darin geht es um einen Mann, der behauptete, Jack the Ripper zu sein und der „von der Menge im East End fast gelyncht wurde". Bell stützt sich auf folgendes Zitat: „Er weigerte sich, einen Namen anzugeben, versicherte jedoch, Arzt im St. Thomas Krankenhaus zu sein. Er ist etwa 35 Jahre alt, ca. 168 cm groß, dunkel, hat einen dunklen Schnurrbart und trägt eine Brille." Für Bell ist das eine „nahezu perfekte Beschreibung Creams. Die Polizei rettete den Mann vor der wütenden Menge."

Eine perfekte Beschreibung? Ein Blick in die fragliche *Times* beweist, daß Bells Zitat nicht nur verstümmelt, sondern auch verfälscht wurde. Der Bericht in der *Times* beschäftigt sich mit einem in der Ripper-Mär wohlbekannten Typ: Der berühmte Mann „mit dem korkgeschwärzten Gesicht, der an der Ecke der Wentworth Street stand und die vorbeigehenden Frauen erschreckte", indem er schrie, er wäre der Mörder. Das Krankenhaus, in dem er angeblich arbeitete, war das St. George's Hospital. Das wird in allen Zeitungsberichten ausdrücklich erwähnt, auch in der *Times,* aber Bell macht daraus das St. Thomas' Krankenhaus, in dem Cream seinerzeit studiert hatte. Vielleicht hat man Donald Bell übel mitgespielt, vielleicht hat man ihm einen manipulierten Auszug in die Hände gespielt. Mag sein, aber seine Nachforschungen wirken dadurch oberflächlich und falsch.

Es gibt noch mehr fatale, grobe Fehler dieser Art. Bell erwähnt einen achtjährigen Knaben, der im November 1888 in Portsmouth erstochen aufgefunden wurde. Das stumpfe Messer, das den Tod verursacht hatte, lag unmittelbar neben der Leiche. Die einzige Verbindung mit Whitechapel liegt in der Tatsache, daß der Knabe offensichtlich gern Jack the Ripper gespielt hatte, doch Bell sieht darin einen weiteren von Cream begangenen Mord. Er weist darauf hin, daß am 21. November 1888, also fünf

Tage zuvor, der Richter am Thames Police Magistrate Court einen Ripper-Brief mit einem Poststempel aus Portsmouth erhalten hatte. Er argumentiert, daß Cream nach Portsmouth gefahren war, um im nahen Southampton ein Schiff zu besteigen. Durch einen unglaublichen Zufall traf er dann den Knaben Percy Searle, und das „Jack-the-Ripper-Betragen des Knaben hat Cream wahrscheinlich geärgert - , er hatte dann nur das stumpfe Messer zur Hand."

Dieser „bezeichnende" Mord und der vorangegangene Brief veranlaßten Bell, die Passagierlisten der von Southampton abgehenden Hochseeschiffe zu überprüfen, „... die zwischen Dezember 1888 und Jänner 1889 in New York eintrafen, ..." - mit anderen Worten *nachdem* Percy Searle am 26. November 1888 ermordet worden war. Er fand nur zwei Ärzte, einen Dr. Waite und einen Dr. Grant, doch unbeirrt zog er den Schluß: „Cream verwendete also einen falschen Namen. ... War einer dieser Ärzte Thomas Neill Cream?"

Es ist einfach zu viel, um logisch akzeptabel zu sein. Einmal sieht Bell den Verdächtigen Cream in den Händen der Polizei im East End, nachdem ihn die Menge fast gelyncht hätte, wenige Tage später läßt er ihn in Portsmouth wieder einen seiner dummen Briefe aufgeben. Wie in aller Welt bringt Bell die Vorkommnisse in Einklang? Stellt er sich vor, daß jemand, der eine so gravierende Ruhestörung verursachte, seine Identität verbergen, einer Anklage entgehen und innerhalb von so kurzer Zeit wieder frei sein kann?

Das ist nicht nur logisch unakzeptabel, sondern auch sachlich falsch. Der Tod des kleinen Percy Searle stand in keinerlei Zusammenhang mit Cream oder dem Ripper. Der Knabe war nicht in Portsmouth getötet worden, sondern in dem kleinen Marktflecken Havant. Darüber hinaus wurde der Mörder zwei Tage nach Searles Tod verhaftet. Es war ein elfjähriger Knabe namens Husband und das verwendete Messer gehörte seinem Bruder. Damit ist die Saga von Creams Heldentaten in der Provinz beendet.

Wie man sieht, ist die Kandidatur Creams als Ripper äußerst absurd, doch erstaunlicherweise erhielt sie die unabhängige Unterstützung von Mr. Derek Davis, einem Handschriftexperten. Mr. Davis wurde zu einer ganzen Reihe von gerichtlichen Kontroversen hinzugezogen, und seine Erfahrung veranlaßte ihn, zwei „Ripper-Briefe" zu überprüfen: den Brief „aus der Hölle" an Mr. Lusk und einen an Dr. Openshaw. Er verglich beide mit einer holographischen Kopie eines Briefes von Cream. Nach reiflichen Überlegungen kam Mr. Davis zu dem Schluß, daß Cream die beiden „Ripper-Briefe“ geschrieben hatte, seine Schrift aber dabei sehr verstellte. Doch eine Miss C. M. MacLeod, eine kanadische Handschriftexpertin, analysierte dieselben Briefe und folgerte daraus, daß nur der Brief an Dr. Lusk anerkannt werden kann. Sie fügte hinzu: „Ich würde denMörder vielleicht unter den Droschkenfahrern suchen, die einen Vorwand haben, zu jeder Zeit an jedem beliebigen Ort zu sein.“

Wir wollen zugeben, daß Handschriftexperten manchmal nützlich sind - wenn es zum Beispiel um gefälschte Unterschriften geht - doch sie neigen zu einer überheblichen Beurteilung ihrer Macht und Bedeutung. Wir wollen ihnen gerne gestatten, ihre Duelle auf ihren Fachgebieten auszutragen. Wenn sie aber Cream als den Ripper verdächtigen, so sind sie überflüssig und können nichts Nützliches enthüllen. Tatsache ist, daß der Giftmischer Cream 1888 noch im Gefängnis saß, und der Rest ist Unsinn.

Im Gegensatz dazu hielt sich George Chapman (ein angenommener Name) 1888 ganz bestimmmt in und um Whitechapel auf. Sein Hintergrund unterschied sich ganz beträchtlich von dem Creams. Er war Pole, wurde 1865 geboren und auf den Namen Severin Antoniovitsch Klosowski getauft; zum Unterschied von Cream erwarb er seine medizinischen Kenntnisse nur als Gehilfe eines praktizierenden Chirurgen. Nach sechs Jahren oder mehr war er immer noch Assistent und verdiente seinen Lebensunterhalt als *Feldscher.* Bestenfalls entfernte er also Warzen, kleine Geschwülste und andere kleine Schönheitsfehler.

Als er nach England kam, zog Klosowski sofort nach Whitechapel - daran ist nichts verwunderlich; fast alle Polen und Russen taten das gleiche. Es war nicht schwer für ihn, eine Anstellung zu finden, und zur Zeit des ersten Mordes arbeitete er in der High Street von Whitechapel, im Geschäft eines Friseurs, das sich unter dem Pub „White Hart“ befand. Macht ihn das schon zum Kandidaten? Nicht unbedingt, argumentieren die Anhänger Chapmans, aber in Verbindung mit späteren Ereignissen ganz bestimmt.

In erster Linie stützen sich die Argumente gegen Klosowski/Chapman auf seine medizinischen Kenntnisse, seine Gefühllosigkeit, die Zeitpunkte der Morde und die Beschreibung des Mannes, den man mit Mary Kelly gesehen hatte. Diese Beschreibung entspricht wieder einmal der etwas abgenützten Beschreibung Hutchinsons: „165 cm groß, vierunddreißig bis fünfunddreißig Jahre alt, dunkler Teint, dunkler Schnurrbart mit hochgezwirbelten Enden." Bells Ermittlungen zufolge konnte das nur Cream sein. Für die Chapmaniten weist es auf den polnischen *Feldscher* hin.

Zum anderen besteht die „erstaunliche Tatsache", daß die Whitechapel-Morde mit der Abreise Chapmans nach Amerika im Mai 1890 aufhörten und dafür in Jersey City begannen, sobald er dort einen Friseurladen eröffnet hatte. Diese neue Reihe amerikanischer Ripper-Morde endete plötzlich zu Jahresbeginn 1892 - genau zu dem Zeitpunkt, als Chapman wieder nach London zurückkehrte. So erzählt man. Stimmt die Geschichte, so verleiht es den Nachforschungen eine neue Dimension.

Doch Chapman wurde niemals eines Mordes angeklagt, der mit einem Messer oder auf eine andere brutale Art begangen wurde. Sein erstes Opfer, von dem man erfuhr, war Isobella Spink, die zwei Jahre lang als seine Frau mit ihm lebte, bevor sie an einer Antimonvergiftung starb.

Klosowski sah wie ein Rohling aus.

Damals, im Dezember 1897, war Chapman Schankwirt. Sein zweites Opfer war wieder eine Lebensgefährtin, Bessie Taylor. Die beiden führten zusammen das Pub „Grapes" in Bishop's Stortford und später die Monument Tavern in der Union Street, Southwark, wo Bessie am 13. Februar 1901 starb. Wieder einmal wurde eine natürliche Todesursache festgestellt. Chapman wartete nur sechs Monate, dann stellte er Maude Marsh als Schankmädchen ein, vollzog wieder eine seiner angeblichen Hochzeiten und gab sie als seine Frau aus. Sie hielt sich bis zum 22. Oktober 1902, dann starb sie nach zwei Wochen furchtbarer Qualen. Diesmal weigerte sich der Arzt, ohne Obduktion einen Totenschein auszustellen. Die Obduktion ergab das Vorhandensein von Arsen. Die Polizei wurde hinzugezogen, Chapman wurde verhaftet und die Exhumierungen begannen.

Die Identifizierung Chapmans mit dem Ripper ist eine direkte Folge seiner Verhaftung und des Prozesses. Als Inspektor Abberline erfuhr, daß Inspektor Godley Chapman verhaftet hatte, sagte er: „Jetzt haben Sie endlich Jack the Ripper erwischt." Abberline gehörte zu jenem Personenkreis, der davon überzeugt war, daß die Whitechapel-Verbrechen unenglisch waren und daher nur das Werk eines der ungehobelten Ausländer sein konnten, die im East End zusammenströmten. Schon früher gab es Gerede über russische Ärzte und ähnliche Schurken,und Klosowski paßte offensichtlich genau in diesen Rahmen. Hargrave Adam nahm Abberlines Ansicht in seinen Bericht über den Chapman-Prozeß auf, wodurch sich diese Meinung weit verbreitete. Adam bezog sich auch auf die erstaunliche Übereinstimmung zwischen den Mordfällen in New Jersey und jenen in Whitechapel, was dann andere Kommentatoren wie ein Evangelium wiederholten - und dennoch handelt es sich um eine Erfindung, die bei genauer Nachforschung leicht widerlegt werden kann: Weder während Chapmans Aufenthalt in New Jersey noch zu einer anderen Zeit gab es dort Mordfälle im Ripper-Stil.

Es stimmt, daß am 25. April 1891 die Titelseiten der New Yorker Zeitungen lauthals verkündeten: „IST JACK THE RIPPER EINGETROFFEN?" Das war jedoch nur ein Trick zur Steigerung der Auflage. Es ging dabei um den Mord an einer verkommenen, vom Alkohol schwer gezeichneten Frau in Manhatten, einer ehemaligen Schauspielerin mit dem merkwürdigen Spitznamen „Old Shakespeare". Man verhaftete den Algerier Ameer Ben Ali und machte ihm den Prozeß; er wurde zu lebenslangem Kerker verurteilt. Spätere Erkenntnisse deuteten auf einen ganz anderen Mann hin, und Ali wurde entlassen. Der andere Mann wurde niemals aufgegriffen, aber man beschrieb ihn als mittelgroß, untersetzt, blond, Seemannsauftreten, was die dunkle, schlanke, finstere Landratte Chapman sofort ausschließt.

Wie Cream, so rückte auch Chapman erst kürzlich wieder als Ripper ins Rampenlicht, doch diesmal mit einem Unterschied. Er soll Teil einer Vertuschungsoperation gewesen sein, die den wahren Schuldigen schützen sollte. Doch keine der beiden Rollen paßt zum giftigen *Feldscher.* Genau wie Cream wählte auch er die feige, verstohlene Art zu töten: Die langen Qualen, das unbarmherzige Leiden entsprach den kranken Persönlichkeiten beider Männer. Das Messer war viel zu schnell, viel zu riskant und viel zu blutig für ihre im Grunde ängstlichen Naturen. Zwei Ripper? Niemals!

6
Rasputins Russischer Ripper

William Le Queux war zu seiner Zeit der produktivste Verfasser von Thrillern. Die Eintragung über ihn im *Who's Who* bezeichnet ihn als „Autor von mehr als 130 Romanen und vielen Kinema-Filmen." Der Klatsch sprach von ihm nur in ornithologischen Ausdrücken: „ein stolzierender Kampfhahn", „ein eitler Pfau", „ein eingebildeter, eigennütziger Kauz". Vielleicht überkompensierte er einfach seinen kleinen Wuchs. Dennoch unterhielt und fesselte Le Queux Tausende mit seinen in höchsten Kreisen spielenden Spionage- und Betrugsgeschichten.

Zu Beginn seiner Karriere kombinierte er seine journalistische Ausbildung mit seiner lebhaften Phantasie und stieß damit auf eine Formel, die sich bezahlt machte, die aber auch korrumpierte: Er begann, Romane zu schreiben, die sorgfältig als Tatsachen verkleidet waren. Sein erster Erfolg mit dieser Technik war der Bestseller aus dem Jahr 1905 *The Invasion*, ein Schritt-für-Schritt-Bericht über die Invasion Großbritanniens durch die Armee des deutschen Kaisers. Earl Roberts und andere Befürworter einer erweiterten Landstreitmacht begrüßten das Buch, und später, als der Erste Weltkrieg ausbrach, wurde das Buch hochgelobt und trug Le Queux den Ruf eines Mannes mit Insider-Wissen über Intrigen von enormem Ausmaß ein.

Es war nur natürlich, daß Le Queux' neuer Bestseller gegen Ende des Krieges die Geheimnisse von Rasputins prodeutscher Verschwörung lüftete. *Rasputin the Rascal Monk* enthielt angeblich „offizielle, noch nie zuvor enthüllte und belegte Dokumente". Jack the Ripper kommt darin nicht vor - warum sollte er auch? Doch 1923 erfuhr die Öffentlichkeit erstmals, daß sich unter den „offiziellen Dokumenten" auch eines befand, das den Namen des Rippers und die Gründe für seine Taten nannte. Zu dieser unerwarteten Zugabe kam es in Le Queux' Autobiographie *Things I Know About Kings, Celebrities and Crooks.*

Gemäß Le Queux lauten Rasputins Worte originalgetreu wie folgt:

London war über die bösen Taten eines geheimnisvollen, „Jack the Ripper"

genannten Verbrechers entsetzt; er hatte im East End der Hauptstadt eine Reihe von übel beleumundeten Frauen getötet und verstümmelt. Die Wiederholung der abstoßenden Verbrechen stellte die Welt vor ein Rätsel. Der tatsächlich für diese Greueltaten Verantwortliche wurde von einem in London wohlbekannten Russen namens Nideroest entlarvt; Nideroest war ein Spion unserer Geheimpolizei und Mitglied des Jubilee Street Club, dem Anarchistenzentrum im Osten Londons. Eines Abends verriet ihm ein alter russischer Anarchist, Nicholas Zwerieff, die Identität von „Jack the Ripper". Der geheimnisvolle Mörder war Doktor Alexander Pedatschenko, der zum Personal des Entbindungskrankenhauses in Twer gehört und in der Millionnaia im zweiten Stock gewohnt hatte; er übersiedelte nach London, wo er mit seiner Schwester in der Westmoreland Road, Walworth, lebte. Von dort brach er nachts auf, nahm einen Omnibus über die London Bridge und ging zu Fuß nach Whitechapel, wo er seine heimlichen Verbrechen beging.
Nach Angaben von Zwerieff - dessen Aufzeichnungen in den Berichten der Geheimpolizei aufscheinen - halfen ein Freund namens Lewitzki und eine junge Schneiderin namens Winberg dem Arzt Alexander Pedatschenko. Winberg ging auf die Opfer zu und verwickelte sie in ein Gespräch, Lewitzki hielt während der Morde und Verstümmelungen Ausschau nach Polizeipatrouillen. Lewitzki war in London geboren, und er schrieb auch die warnenden Postkarten an die Polizei und die Presse, die mit „Jack the Ripper" unterzeichnet waren. Zwerieff hatte von Lewitzki die Wahrheit erfahren.
Der Bericht über Niederoests Entdeckung erheiterte die Geheimpolizei, denn zu dieser Zeit waren ihr alle Details bekannt; sie selbst hatte die Verbrechen angestiftet und aktiv daran mitgewirkt, um der Welt die Mängel des englischen Polizeisystems zu demonstrieren, da zwischen unserer Polizei und der britischen Mißverständnisse und Rivalität bestanden. Aus diesem Grund wurde Pedatschenko, der größte und kühnste aller russischen kriminellen Verrückten, ermutigt, nach London zu reisen und die Serie gräßlicher Verbrechen zu begehen, bei denen ihm Agenten unserer Polizei behilflich waren.
Auf Anordnung des Innenministeriums schmuggelte die Geheimpolizei den Mörder schließlich aus London hinaus. Als Graf Luiskowo landete er in Ostende, von wo ihn ein Agent des Geheimdienstes nach Moskau geleitete. Hier wurde er wenige Monate später auf frischer Tat ertappt, als er versuchte, eine Frau namens Wogak zu ermorden und zu verstümmeln; er kam in eine Anstalt, wo er 1908 starb.

Nachdem Lewitzki und die Frau namens Winberg nach Rußland zurückgekehrt waren, hielt es die Geheimpolizei für besser, die beiden aus dem Weg zu schaffen und schickte sie nach Jakutsk ins Exil. Dies sind die wahren Tatsachen des „Jack-the-Ripper-Rätsels", das immer noch der ganzen Welt zu denken gibt.

Was sollen wir mit diesen seltsamen Enthüllungen beginnen? Ist daran etwas zwingend glaubhaft? Wenn ja, dann ist es mir entgangen. Le Queux' Ruf, historische Tatsachen zu erfinden, macht das Dokument

Ein Ausländer! Das mußte er sein ...

wertlos. In diesem besonderen Fall beweisen seine früheren Schriften die Unrichtigkeit der Enthüllungen von 1923.

Das erste Buch, in dem Le Queux die angeblichen Rasputin-Papiere verwendete - *The Rascal Monk* - erschien 1917; es beruft sich auf Unterlagen, von denen später behauptet wird, die Kerensky Regierung hätte sie zur Verfügung gestellt. Das zweite Buch, in demRasputin angeprangert wurde, erschien im August 1918, mit einer Einleitung vom Januar 1918. Dieser Band trägt den Titel *The Minister of Evil - the Secret History of Rasputins Betrayal of Russia* und gibt nicht vor, auf den im ersten Buch verwendeten Originaldokumenten zu beruhen. Die Einleitung erläutert vielmehr folgendes: „Nach der Veröffentlichung der interessanten Chronik *Rasputin the Rascal Monk*, die auf offiziellen Dokumenten beruhte, und nach seiner Übersetzung in mehrere Sprachen, erhielt ich von denselben Quellen in Rußland ein umfangreiches Manuskript auf sehr dünnem Papier, das gewisse Geständnisse, Enthüllungen und Behauptungen enthielt und von Feodor Rajewksi verfaßt war, der Sekretär und Kammerdiener des Pseudo-Heiligen gewesen war ..."

Sofort treffen wir auf Ungereimtheiten. *The Rascal Monk* wurde erst im November 1917 veröffentlicht, und die fremdsprachigen Ausgaben erschienen einige Zeit danach. Zu dieser Zeit gab es die Regierung Kerensky nicht mehr und die Bolschewiken waren an der Macht; dennoch besteht Le Queux darauf, daß „dieselben Quellen"- die Regierung Kerensky - immer noch in der Lage waren, aus Rußland umfangreiche Pakete zu senden. Welchen Sinn hatte es zu diesem Zeitpunkt noch, auf dieser Linie zu agieren? Kerenskys ehemalige Anhänger waren zu sehr damit beschäftigt, ihre Haut zu retten, als daß sie sich über die Übeltäter von gestern Gedanken gemacht hätten.

Das Studium beider Bücher beweist, daß sie nichts dem wirklichen Leben, sondern alles der romantischen Erfindung verdanken. Sie enthalten auch die gängigen Lieblingsthemen Le Queux'; er liebte es zum Beispiel, die bakterielle Kriegsführung ins Spiel zu bringen, und diese kommt in beiden Büchern vor, genauso wie in anderen Werken über den Kaiser. Aber in *The Minister of Evil* finden wir die verrückteste Geschichte überhaupt. Es geht um einen teuflischen Plan derDeutschen: Dosen mit Corned Beef und Flaschen mit Rindfleischextrakt sollen mit einem tödlichen Virus infiziert werden. Das Virus wird nicht genannt - das macht es noch viel geheimnisvoller - aber es wird als neu entdeckt bezeichnet und soll dem Erreger der Beulenpest nahe verwandt, höchst ansteckend und unweigerlich tödlich sein. Rasputin enthüllte dem Kaiser in Berlin dieses Komplott, als er ihn während des Krieges heimlich besuchte.

Die Behandlung des Corned Beef zeigt, wie authentisch Le Queux' Geschichten sein konnten: „Einer der Assistenten brachte vier kleine Dosen Rindfleisch ... Er stellte sie auf den Tisch, um den wir allen herumstanden, und stach mit einem Spitzbohrer nahe am oberen Rand ein Loch in die Dose. Er entnahm einem Inkubator ein mit einer wolkigen, braunen gallertigen Flüssigkeit gefülltes Reagenzglas. Dann füllte er eine Injektionsspritze - mit einer extra langen Nadel - mit der Flüssigkeit, steckte sie in die Dose und injizierte das Virus in das Fleisch. Danach verlötete er das kleine Loch. 'Diese infizierte Dose reicht aus, um eine Epidemie zu verursachen, die Tausenden das Leben kosten kann' - erklärte der deutsche Professor stolz."

Die Injektionsspritze war eine gute Idee, aber die Dose wäre wahrscheinlich nie auf einen Küchentisch gelangt: Der „deutsche Professor" hatte offensichtlich alles vergessen, was er je über Mikro- Organismen gelernt hatte. Wird ein Loch in die Dose gestochen, so dringt eine ganze Heerschar gieriger Bakterien ein, die sich am saftigen Fleisch delektieren. Durch die Zersetzung wäre Gas entstanden, das die Wände der Dose aufgetrieben hätte. Sollte jemand dummerweise eine solche Dose doch öffnen, er hätte sie sehr schnell in den Mülleimer befördert. Le Queux' sensationsgierige Feder war hier am Werk gewesen.

Es ist unglaublich, aber Le Queux' „Informant" über das Virus behauptet, daß das fantastische Komplott, das einem Comic-Heft entstammen könnte, funktionierte. 1916 gelangte eine Ladung infizierter Rindfleischdosen von Stockholm aus nach Rußland. Die Dosen wurden verteilt und in den Städten Wologda und Nowgorod verkauft; Tausende starben. Das Buch berichtet: „Das Resultat dieses teuflischen Planes war fürchterlich. Während der drei darauffolgenden Monate starb mehr als die Hälfte der Bevölkerung der beiden Städte an einer Krankheit, die bis heute rätselhaft ist und deren Erreger nur den deutschen Bakteriologen bekannt ist; es drang jedoch kein Wort zu den Alliierten durch, so sorgfältig waren Protopopoff und die Kamarilla darauf bedacht, alle Fakten geheimzuhalten."

Es bleibt nur noch zu erwähnen, daß durch Ernst Graf von Heltzendorff, Oberstleutnant Otto von Heynitz, Baronesse Zeneide Zankoff und

Oberst Wassili Grigorieff ähnlich phantastische Geheimnisse zu Le Queux „durchsickerten".

Le Queux war zweifellos ein Schauspieler, der den Ruhm genoß, mit dem ihn eine Reihe erfundener, hochgestellter Vertrauter überschütteten. Ebenso entsprangen die Rasputin-Ripper-Enthüllungen seiner Phantasie. Als Beitrag zur Suche nach dem Ripper sind sie nur eine zeitraubende Ablenkung, doch leider kann man sie nicht so einfach von der Hand weisen, da sie später erneut auflebten, als Donald McCormick sie in eine umfangreiche und komplexe Geschichte einbaute.

William Le Queux: Der „Rasputin"-Ripper war einzig und allein seine Erfindung.

In Wahrheit entnahm Le Queux 1923 den Stoff für seine Ripper-Enthüllungen Fragmenten der Vergangenheit. Zur Zeit der Whitechapel-Morde hatte Le Queux zusammen mit Charles Hands und Lincoln Springfield über den Ripper-Fall berichtet. Die drei arbeiteten jetzt für konkurrierende Zeitungen und brachten abwechselnd Beiträge über die Ereignisse. Le Queux sagt dazu aus: „Einen Abend veröffentlichte Springfield im *Star* eine Theorie, wie die Morde begangen worden waren ... am nächsten Abend brachte Charlie Hands im *Pall Mall* eine viel bessere Theorie, und dann kam ich im *Globe* mit einer neuen Theorie daher." Eine von ihm in Erwägung gezogene Theorie beschäftigte sich mit einem Bericht aus der russischen Zeitung *Novosti*, in dem ein verrückter Russe beschuldigt wird. Später, in seinem *Minister of Evil*, handelt ein Kapitel von einem Mann aus Twer, der ein junges Mädchen tötet und nicht gefaßt wird. Als Le Queux 1923 an seinem Buch arbeitete, verfiel er wieder auf diese Gedankenverbindung, und der Mörder Pedatschenko wurde zum Mann aus Twer. Sogar die dunkle Westmoreland Road ist eine Wiederverwertung und stammt aus seinem Roman *Who Giveth This Woman?* Er schrieb diese Geschichte über Mord und russische Intrigen in London im Jahr 1915, zwei Jahre *bevor* er die „Rasputin Papiere“ angeblich erstmals zu Gesicht bekam.

Wie kam es, daß diese wertlose Nebenerscheinung zu einem zweiten Leben erwachte? Laut Donald McCormick gab es unabhängige Beweise für die Pedatschenko-Theorie, und zwar aus zwei verschiedenen Quellen.

Der Hauptbeweis stammt angeblich aus den von Dr. Thomas Dutton in Shepherd's Bush, London, aufbewahrten Aufzeichnungen. Donald McCormick erzählt, daß dieser Dr. Dutton ein dreibändiges handgeschriebenes Tagebuch zusammenstellte, das er *Chronicle of Crime* nannte. Er schrieb es im Verlauf von 60 Jahren, und es enthält im Zusammenhang mit den rätselhaften Vorfällen von Whitchapel außergewöhnliche Behauptungen. Dr. Dutton vertiefte sich offensichtlich nicht nur in die Nachforschungen, sondern er besaß auch einmalige Privilegien: Als seinen engen Freund fragte ihn Chefinspektor Abberline bezüglich der Verbrechen um Rat. Es wurde ihm auch gestattet, Fotografien von den Ripper-Briefen anzufertigen.

Dazu muß betont werden, daß es sich bei diesen Fotografien nicht nur um die üblichen Negative und Papierbilder handelte, sondern um besondere Aufnahmen, sogenannte „Mikro-Fotografien“. McCormick hilft dem uninformierten Leser und erklärt, daß Dutton „eine führende Persönlichkeit in der Mikroskopischen Gesellschaft von Chichester und West Sussex war und sich auf die Mikro-Fotografie spezialisiert hatte.“ Man möge dies nicht vergessen!

Dutton selbst behauptet: „Ich entnahm der angeblichen Korrespondenz von Jack the Ripper an die Polizei und andere Institutionen und Personen 128 Musterexemplare und fertigte davon Mikro-Fotografien an. Mindestens vierunddreißig von ihnen wiesen dieselbe Handschrift auf ... nach den Mikro-Fotos zu urteilen verstellte der verbürgte Briefschreiber absichtlich seine wahre Schreibweise und verfiel dabei natürlich in den Fehler, seine C, H, R und T oft auf recht unterschiedliche Art zu schreiben.“

Dr. Dutton befaßt sich ausführlich mit dieser Korrespondenz und mißt ihr einen Wert bei, den sie sonst nirgendwo hat. Niemand hat auch nur im Traum behauptet, daß 34 Briefe von derselben Hand stammten, die auch das blutige Messer hielt. Aber Dutton bleibt eisern: „Nur durch den Vergleich von so vielen Briefen fiel auf, wie häufig bestimmte Buchstaben unterschiedlich geschrieben wurden; die Untersuchung der Mikro-Fotografien ermöglichte es, mit Sicherheit die winzigen Ähnlichkeiten in den Schriften zu entdecken..."

Dutton wußte, daß viele Briefe gefälscht waren, aber er beharrte auf seinem Standpunkt: „Die Tatsache, daß es mehr als einen Briefschreiber gab, schmälert nicht die Bedeutung der 34 von derselben Hand verfaßten Briefe. Und vierunddreißig ist die Mindestzahl der Briefe, die Jack schrieb. Die Mikro-Fotografie steckte in den achtziger Jahren noch in den Kinderschuhen, und ich war nur ein Amateur. Aber ich wage zu behaupten, daß moderne Methoden bewiesen hätten, daß mehr Briefe das Werk desselben Mannes waren."

Das sind schwerwiegende Behauptungen. Noch wirkungsvoller ist Duttons Enthüllung, daß er die berühmte Inschrift auf der Mauer in der Goulston Street tatsächlich fotografierte: „Die Juhden sind Die Männer, Die nicht umsonst Beschuldigt werden." Bis zum Erscheinen vonMcCormicks Buch nahm man immer an, daß die Inschrift ausgelöscht worden war, bevor noch jemand die Möglichkeit gehabt hatte, sie zu fotografieren. Das war offenbar nicht der Fall. Der erstaunliche Dr. Dutton war mit seiner erstaunlichen Ausrüstung eingetroffen, um die Worte für die Geschichte aufzuzeichnen. Er sagte angeblich wörtlich: „Die Polizei ersuchte mich, die Nachricht zu fotografieren bevor man sie abwusch; doch Sir Charles Warren beharrte darauf, daß die Nachricht in keiner Form erhalten bleiben dürfe und befahl der Polizei, die ihr von mir zugesandten Abzüge zu vernichten. Doch die von mir gemachte Mikro-Fotografie bestätigte eindeutig, daß es sich um diesselbe Schrift wie in einigen Briefen handelte." Ein weiterer bemerkenswerter Punkt.

Dieser Arzt erweckt sicherlich den Eindruck eines Mannes, mit dem man rechnen muß, und wenn er bestätigt, daß ein Dr. Pedatschenko der Ripper *war*, so müssen wir jedem seiner Worte Gehör schenken. Schließlich handelt es sich um Le Queux' Behauptung, und nun stellt Abberlines „Berater" das gleiche fest. Doch erstaunlicherweise erst, nachdem Le Queux den Namen veröffentlicht hatte. Laut McCormick enthielt Duttons Tagebuch aus dem Jahr 1924 folgenden Passus: „Eine neue Ripper-Theorie. Diesmal von William Le Queux in *Things I Know*. Es ist schade, daß er den nützlichen Hinweis nicht weiterverfolgte. Dadurch und durch die Tatsache, daß er das Rasputin Manuskript unbesehen glaubte, machte er sich lächerlich. Weitere Untersuchungen hätten vielleicht ergeben, daß Pedatschenko Klosowskis Doppelgänger war. Es besagt nichts, daß Pedatschenko Arzt in einer russischen Klinik war. Le Queux hätte vielmehr herausfinden sollen, daß Pedatschenko 1888 als Feldscher für einen Friseur namens Delhaye in der Westmoreland Road, Walworth, arbeitete."

Wie wir bereits gesehen haben, hielt Abberline eine Zeitlang Klosowski/Chapman für den „blutigen Jack". Dutton bringt den Barbier Delhaye und die Idee der „Doppelgänger" ins Spiel und löst dadurch Abberlines Konflikt; er versichert uns, daß der Chefinspektor Klosowski und Pedatschenko als ein und denselben Mann betrachtete.

Dutton nennt einen Mann namens Levisohn als Zeugen, der beim Chapman-Klosowski-Prozeß ausgesagt hatte. Nach dem Prozeß empfahl Levisohn Abberline, nach einem Russen zu suchen, der in Walworth lebte; dieser Russe führte unerlaubt medizinische Behandlungen durch und entfernte in Friseurläden Warzen und Muttermale. Daran war nichts Ungehöriges, warum sollte sich also ein Chefinspektor damit befassen? Weil, so argumentierte angeblich Levisohn, sich dieser Russe in der Nacht des Mordes in der Berner Street in der Commercial Street in Whitechapel aufhielt.

Dutton verbindet diese Andeutung in Levisohns Aussage mit einer weiteren Aussage, die einem Russen namens Lave zugeschoben wird. Lave war Mitglied des Internationalen Arbeiter Klubs nahe der Berner Street. Er behauptete, daß er in der Nacht, in der Stride ermordet wurde, im Klub einen verdächtigen Fremden mit einem dunklen Schnurrbart gesehen hatte, der sich als Pole ausgab - was Lave allerdings bezweifelte. Der Mann war zwischen 30 und 35 Jahre alt und betrieb angeblich in einem Kellergeschoß in George Yard ein Friseurgeschäft.

Laut Dutton nahm die Polizei davon Notiz: Schließlich war „der erste" Ripper-Mord in George Yard geschehen. Die Polizisten waren jedoch erstaunt, als sie das Friseurgeschäft im Kellergeschoß aufsuchten und dort tatsächlich einen Polen mit dunklem Schnurrbart vorfanden; aber er war jünger, erst 23, und Lave gab zu, daß dies nicht der Mann war, den er im Klub gesehen hatte. Trotzdem sollte man sich auch an diesen Polen als Mörder erinnern. Er wurde unter dem Namen Chapman gehenkt. Er war natürlich Klosowski.

Man muß darauf hinweisen, daß es in den Aufzeichnungen der Polizei keine Bestätigung für diese beiden Berichte gibt und auch kein anderer bekannter Schriftsteller sie erwähnt; sie beruhen einzig und allein auf Duttons Behauptung. Unter Duttons Bearbeitung führen diese seltsamen Bruchstücke in die zwei Reviere Pedatschenkos, in sein Mordrevier in Whitechapel und in die Westmoreland Road, Walworth, wo er die Pläne schmiedete.

Pedatschenko lebte nicht nur mit seiner Schwester in der Westmoreland Road, wie Le Queux feststellt, sondern er arbeitete dort auch an zwei verschiedenen Adressen. Im Rahmen seiner harmlosen Arbeit entfernte er in William Delhayes Friseurladen Muttermale und Warzen. Im Krankenhaus, das dem Newington-Arbeitshaus auf Nr. 190 angeschlossen war, plante er seine unheilvolle Arbeit; er half dort zeitweise einem der Ärzte, ohne Lohn zu erhalten, und benützte seine Vertrauensstellung, um sich einigen weiblichen Patienten zu nähern. Martha Turner war eine von ihnen; auch Annie Chapman, Mary Nichols und Mary Kelly gehörten dazu. Während sie mit ihm tratschten, taxierte Pedatschenko sie, fand heraus, wo sie sich herumtrieben, und merkte sie für ein künftiges Abschlachten vor - das will uns Dutton jedenfalls glauben machen.

Wenn Pedatschenko der Ripper war, warum hörte er mit Kelly auf? Dutton weiß dafür keine Erklärung. Er stellt nur fest, daß Pedatschenko nach dem Mord an Kelly das Krankenhaus nicht mehr aufsuchte, und der Arzt, dem er geholfen hatte, sah ihn nie wieder. Ein „offizieller" russischer Polizeibericht greift die Geschichte angeblich nach 1888 auf, doch auch dieses Dokument schweigt darüber, wie und wohin der Mörder verschwunden ist:

KONOWALOW, Wassilli, alias PEDATSCHENKO, Alexej, alias LUISKOWO, Andrej, in Twer beheimatet, wird jetzt offiziell für tot erklärt. Alle seine Akten oder ihn betreffenden Informationen sollten aus den Distriktbüros an den Moskauer Zentraldistrikt der Ochrana geschickt werden. Solche vielleicht noch vorhandene Informationen, Fotografien oder Details zur Identifizierung können sich auf KONOWALOW, PEDATSCHENKO oder LUISKOWO als Individuen oder auf alle drei zusammen beziehen.

Auch wenn in Ihrem Besitz befindliche Dokumente keinen dieser Namen enthalten, so sollten sie trotzdem nach Informationen über einen Mann überprüft werden, auf den die Beschreibung des oben Erwähnten paßt; er wird wegen des Mordes an einer Frau in Paris im Jahr 1886 gesucht und außerdem wegen des Mordes an fünf Frauen im East End von London im Jahr 1888 und einem weiteren Frauenmord in Petrograd im Jahr 1891. KONOWALOWS Beschreibung lautet wie folgt: Geboren 1857 in Torschok, Twer. Mittelgroß. Augen dunkelblau, Beruf: Unterarzt. Allgemeine Beschreibung: Trug für gewöhnlich schwarzen Schnurrbart, gedreht und an den Enden gewachst. Buschige, schwarze Brauen. Breite Schultern, aber schlank. Ist bekannt dafür, sich gelegentlich als Frau zu verkleiden und wurde in Petrograd in Frauenkleidern festgenommen, bevor er in eine Heilanstalt eingewiesen wurde, wo er starb.

Dieser Bericht über Pedatschenkos Taten und sein Ende erschien angeblich im Januar 1909 in einer Ausgabe der vertraulichen Publikation der Geheimpolizei, mit dem Titel *Ochrana Gazette.* Die Ochrana war der zaristische Vorläufer der Tscheka, der OGPU etc. Dies war McCormicks zweite unabhängige Beweisquelle für die Pedatschenko Theorie.

Die *Gazette* erschien vierzehntägig und wurde nur an die Abteilungsleiter innerhalb der Ochrana verteilt; die *Gazette* sollte sie auf dem laufenden halten. Wie konnte McCormick daraus zitieren, wenn es eine geheime Zeitung mit einer beschränkten Auflage war? Seinen Angaben zufolge besaß der verstorbene Fürst Sergej Belloselski ein Exemplar und stellte diese Übersetzung zur Verfügung. Darüber hinaus hatte der Fürst noch eine persönliche Note hinzugefügt und enthüllt, daß Myednikow, der Leiter der Moskauer Ochrana, ihm tatsächlich erzählt hatte, wieso sie über Pedatschenkos englische Heldentaten Bescheid wußten. Ein Lette namens Peter Straume, der einst in London gelebt hatte, hatte die Einzelheiten geliefert. Mit solcher Unterstützung gewinnt „Rasputins Ripper" an Substanz.

Ich habe die Pedatschenko-Geschichte vereinfacht, denn in McCormicks Bearbeitung wurde sie unnötig umfangreich und verwirrend. Doch alles Wesentliche ist erhalten geblieben; ich habe nichts von Bedeutung weggelassen. Wir können nun die Frage stellen, ob die Dokumentation glaubwürdig und akzeptabel ist. Vielleicht sollten wir mit dem Fürsten beginnen.

Belloselskis Parade-Beweisstück, die *Gazette*, wirkt echt. Sie ist nicht sensationslüstern, der Ton nicht aggressiv, der Stil bürokratisch, knapp und eindrucksvoll. Dennoch erwähnt die Übersetzung des Fürsten zweimal die Stadt Petrograd. Kein echtes Dokument aus dem Jahr 1909 konnte einen Namen verwenden, der erst nach dem August 1914 in Verwendung kam. 1909 trug die Stadt den altehrwürdigen Namen St. Petersburg. Diesen Namen und keinen anderen hätte der Fürst vor Augen gehabt. Mit diesem Namen war er aufgewachsen, er war tief in sein Gedächtnis eingraviert. Es wäre kein Fehler möglich gewesen.

Damit schwebt eine dunkle Wolke des Verdachts über unserem Fürsten. Sie wird noch dunkler, wenn wir seine Handlungen überdenken, besser gesagt seine nicht erfolgten Handlungen. Man macht uns weis, daß er ausreichend motiviert war, um Le Queux über Pedatschenko zu schreiben. Wenn das stimmt, so befremdet es, daß Le Queux diese zusätzliche Information niemals verwendete. 1923 gab es für seinen russischen Ripper keinerlei Beweise und dieser Mangel bewirkte, daß man sich über seine Behauptung lustig machte und sie ablehnte. Hätte ihm der Fürst tatsächlich geschrieben und ihm von der bestätigenden *Gazette* erzählt, Le Queux wäre damit sofort in Druck gegangen und hätte seinen Kritikern triumphierend die Meinung gesagt; das schuldete er seiner Eitelkeit. Doch es existiert keine Spur einer öffentlichen Verteidigung, und auch keine Spur davon, daß Le Queux von der wertvollen Unterstützung des Fürsten wußte.

Und nun zum Fürsten selbst, wo sind seine öffentlichen Erklärungen? Er hat die Angelegenheit angeblich sowohl mit Le Queux als auch mit McCormick besprochen. Er war davon überzeugt, Informationen von höchstem Interesse zu besitzen, und dennoch schrieb er niemals an die Presse oder lud einen Reporter zu einem Interview ein. Demnach hätte er tatenlos zugesehen, wie die Zeitungen eine Theorie nach der anderen über den Ripper kolportierten. Das gibt es nicht. Die Geschichte ist zu widersprüchlich, um akzeptabel zu sein.

Im Zusammenhang mit der *Ochrana Gazette* des Fürsten taucht ein weiteres Problem auf. Es gibt einen Widerspruch zwischen dem Text der *Gazette*, wie ihn Richard Deacon in seiner *History of the Russian Secret Service* zitiert und McCormicks Ripper-Buch. Es geht hier nicht um zwei einander widersprechende Autoren, denn Richard Deacon und Donald McCormick sind ein und dieselbe Person! Der Widerspruch ist also beunruhigend. In Deacons *History* heißt es: „Die *Gazette* enthielt einen besonders aufschlußreichen Punkt, der ein wenig Licht auf die von Jack the Ripper begangenen Morde wirft. Dabei handelt es sich um die offizielle Bekanntgabe, daß der unter den Namen Pedatschenko, Luiskowo, Konowalow und Ostrog bekannte Mann 'offiziell für tot erklärt wird'." Ursprünglich wurden nur *drei* Namen angegeben - Konowalow, Pedatschenko und Luiskowo. Aber Deacon/McCormick fügt jetzt noch einen vierten - Ostrog - hinzu, der seiner Versicherung nach in der *Gazette* von 1909 erwähnt sein soll. Das stimmt nicht. Ostrog wurde als Ripper-Verdächtiger erst in Betracht gezogen, nachdem die Unterlagen von Polizeichef Macnaghten im November 1959 offen erörtert wurden. Den Namen hier zusätzlich anzufügen ist eine völlig unakzeptable Vorgangsweise. In dem Augenblick, in dem ein Autor ein Zitat verändert, selbst wenn es ein gefälschtes war, büßt er damit das Recht ein, ernst genommen zu werden, ganz gleich, welche Gründe ihn dazu veranlaßt hatten.

Trotzdem werden wir McCormick noch eine Weile ernst nehmen. Sein stärkster Verbündeter, der bemerkenswerte Dr. Dutton, zwingt uns dazu. Doch auch der Doktor hat etwas Unwirkliches an sich, wenn man die Schilderung in McCormicks Buch näher betrachtet. Keiner der ehemaligen Polizisten und Journalisten erwähnt Dutton in seinen Erinnerungen. In den offiziellen Ripper-Akten taucht er nicht auf. Dieser hervorragende Experte hat seine Geheimnisse scheinbar zu gut gehütet. Wie der Fürst so war auch er offensichtlich gewillt, die Welt in Unwissenheit zu lassen, während er sich in aller Ruhe seines persönlichen Wissens erfreute. Auch das klingt unglaubwürdig, aber wir müssen noch mehr über den Mann herausfinden. Vielleicht enthalten seine Schriften Hinweise, die bisher übersehen wurden?

Ein Punkt seiner Schriften sticht für mich besonders hervor. Er behauptet, als einziger von allen Ripperologen eine Unzahl von Ripper-Briefen fotografiert und 34 davon als authentisch identifiziert zu haben. Er sagt präzise: „Ich fertigte von 128 Briefen Mikro-Fotografien an ..." Immer wieder kommt er auf die Mikro-Fotografien zu sprechen. Er weist sogar darauf hin, daß „die Mikro-Fotografie in den achtziger Jahren noch in den Kinderschuhen steckte".

Diese Worte brandmarken Dutton als erstklassigen Scharlatan. Die Mikro-Fotografie ist ein besonderer Zweig der Fotografie, mit deren Hilfe große Motive auf kleinste Formate auf Film oder Fotoplatte *verkleinert* werden. Denken wir an die Mikro-Punkte, die Spione oft verwenden, um ein Beispiel aus unseren Tagen zu bringen. Die Mikro-Fotografie eignet sich exzellent zur Aufbewahrung umfangreichen Informationsmaterials, aber 1888 wäre sie für das sorgfältige Studium von Dokumenten nutzlos gewesen. Niemand mit fotografischen Kenntnissen hätte diesen Ausdruck verwendet, um das System zu beschreiben, dessen sich die Mikroskopischen Gesellschaften bedienten, auch die, der Dutton angehört hatte. Sie verwendeten die sogenannte Fotomikographie, die ganz anderer Art war. Das Ziel dieses Verfahrens lag darin, Vergrößerungen von mikroskopisch kleinen Gegenständen zu erhalten, wobei diese durch ein mit der Kamera verbundenes Mikroskop fotografiert werden. Pollenkörner, Blutzellen, Fliegenaugen und andere mikroskopische Herrlichkeiten ließen sich ideal damit fotografieren. Doch in der modernen Kriminologie ist der Anwendungsbereich dieses Verfahrens zur Studie von Dokumenten nur begrenzt; man setzt es zur Vergrößerung einzelner Buchstaben zum Beispiel auf einem Scheck oder Paß ein und kann dadurch mögliche Veränderungen oder Überlagerungen sichtbar machen.

Wenn man 1888 dem Arzt wirklich gestattet hatte, die „Ripper-Korrespondenz“ zu fotografieren, dann war seine Aufgabe damals einfach. Er benötigte für seine Arbeit nur eine Plattenkamera mit ausziehbarem Balg. Damit hätte er Negative in der Orginalgröße der Briefe angefertigt, und alle feinen Details wären erhalten geblieben. Die Platten konnten nach Bedarf vergrößert oder durch Projektion als Positive genau studiert werden. Weder die Mikro- Fotografie noch die Fotomikographie besitzen demgegenüber Vorteile - im Grunde wäre es ein Rückschritt gewesen, sie anzuwenden.

Ist noch ein endgültiger Beweis für die Scharlatanerie notwendig, so kann auch der geliefert werden. Dr. Dutton bekundet, daß er die Inschrift in der Goulston Street mikro-fotografierte. Hätte er es getan, so wüßte er genau, wie die Inschrift lautete. Offensichtlich tat er es nicht, denn McCormick gibt sie wie folgt wieder: „Die Juuden [Anmerkung: im Orginal „Jewes“] sind nicht die Männer, die umsonst beschuldigt werden“, das ist nicht nur vom Wortlaut her falsch; der springende Punkt ist die schlechte Orthographie, und auch die ist falsch wiedergegeben. Es ist nichts als eine stümperhafte Version eines der stümperhaften Berichte, wie sie nach der gerichtlichen Untersuchung des Mordes an Catherine

Eddowes zirkulierten. Dutton stempelt sich selbst zum Lügner, wenn er von Jack sagt: „Er schrieb 'Juuden' ['Jewes'], als er seine Botschaft mit Kreide auf die Mauer schmierte, und die Polizei war so dumm, es zu löschen." Hätte Dutton die Schrift wirklich gesehen, so hätte er gewußt, daß die ursprüngliche Schreibweise „Juhden" [„Juwes"] war. Das bestätigte seinerzeit Sir Charles Warren und so scheint es auch auf der Kopie in den Akten von Scotland Yard auf.

Das zeigt deutlich, warum McCormicks Theorie vollkommen unhaltbar ist. Sie geht von vornherein zu weit, denn es gibt eine Grenze, bis zu der eine unbestätigte Aussage noch mit Recht verwendet werden kann - und McCormick hat diese Grenze klar überschritten. Wenn sich nun eine unbestätigte Aussage als kraß unrichtig erweist, erheben sich neue Zweifel, und neuerliche Nachforschungen bestärken diese Zweifel.

Die Nachforschung beschäftigt sich mit dem Artikel, den McCormick im Kapitel „Das Ende der Suche" anführt; der Artikel war im *Sunday Chronicle* bald nach Dr. Thomas Duttons Tod im Jahr 1935 erschienen. Bis jetzt hatte jedermann vertrauensvoll McCormicks Version geglaubt. Doch meine Entdeckung der Spalte ergibt ein völlig anderes Bild. Der Artikel stützt sich auf ein Interview mit Miss Hermione Dudley. McCormick bezeichnet sie als Patientin Duttons, aber wie aus dem Artikel hervorgeht war sie mehr als das: Sie war auch Duttons Freundin, und das ist wichtig. Warum es verbergen? McCormick äußert folgendes über Miss Dudley: „... die Patientin [Miss Hermione Dudley] gab den Namen des Mörders nicht preis. Sie dürfte auch höchstens gewußt haben, daß Dutton behauptete, die Identität des Rippers festgestellt zu haben, denn ihre nachträgliche Geschichte (die sie bei einem Interview erzählte) ist der Theorie von Leonard Matters sehr ähnlich. Wahrscheinlich hatte sie Mr. Matters' Buch gelesen und seine Version mit der Duttons durcheinandergebracht.

Das ist eindeutig ein Versuch, Miss Dudleys Wissen herabzusetzen, doch sie erklärt überzeugt, den Inhalt von Duttons Tagebüchern zu kennen. Wieso ist sie so sicher? Weil die Frau nicht irgendeine Randfigur war, sondern der eigentliche *Eigentümer der Tagebücher*. Dies sind ihre Worte: „Einer der wenigen Männer, denen er diese Unterlagen zeigte [die Tagebücher], war mein Vater, und aufgrund meines Interesses für die Tagebücher übergab sie mir Dr. Dutton vor einiger Zeit." (*Sunday Chronicle* 17. November 1935.)

Und was erzählt uns Miss Dudley, die Eigentümerin, über die Tagebücher? Sie führt dazu aus: „Er sagte mir oft und wiederholt es auch in seinem Tagebuch - daß er die Identität von Jack the Ripper kannte. Er beschrieb ihn als Arzt mittleren Alters." Dann stellt sie klar, daß Dr. Dutton, obwohl er Jacks Identität kannte, ihr nie seinen Namen nannte und diesen auch im Tagebuch nicht erwähnte. Darüberhinaus ähnelt der Tagebuchbericht über den Ripper und seine Motive in keiner Weise der Pedatschenko-Geschichte. Duttons Kandidat war demnach einfach ein Arzt, darauf aus, sich an Prostituierten zu rächen.

Ich fürchte, das ist nun wirklich das Ende des Kunterbunts um Pedatschenko; die Geschichte ist so tot wie Rasputin.

7
Die Leiche in der Themse

Noch viele Jahre nach dem letzten angeblichen Mord dominierten hauptsächlich zwei Theorien: Der Mörder lebte entweder in einer Irrenanstalt, oder er hatte sich in einem lichten Moment der Reue das Leben genommen. Letztere Theorie nennt als Todesart meist Ertrinken. Es gab gute Gründe dafür, die weitverbreitete Version des „Ertrunkenen“ als Ripper zu akzeptieren, denn aus Polizeiquellen waren immer wieder Bruchstücke von Informationen durchgesickert, die alle auf die Themse als den Ort der Buße wiesen.

Major Arthur Griffiths gab in Band 1 von *Mysteries of Police and Crime* erstmals den deutlichsten Hinweis auf ein wässriges Ende. Griffiths war früher Gefängnisinspektor gewesen und hatte als solcher gute Verbindungen zu den hohen Polizeibeamten, so auch zu Macnaghten. Das verleiht seinen Beobachtungen ein gewisses Gewicht; er beschäftigt sich nicht mit Gerede, sondern berichtet über feste Ansichten, für die es vielleicht gute Gründe gab.

Griffiths führt aus, daß die Polizei nach dem letzten Mord mehrere Personen besonders verdächtigte:

> *... sie sind alle als mordende Verrückte bekannt, und gegen drei von ihnen liegen plausible und vernünftige Verdachtsmomente vor. Das Beweismaterial gegen zwei von ihnen war dürftig, obwohl es auf vielsagenden Fakten beruhte.*
>
> *Einer war ein polnischer Jude, ein polizeibekannter Verrückter, der sich zur Zeit der Morde im Bezirk von Whitechapel herumtrieb; er hatte mörderische Neigungen entwickelt und wurde später in eine Irrenanstalt gesperrt. Der Polizeiwachtmeister im Mitre Court, der einzige Mensch, der den Mörder kurz gesehen hatte, meinte, daß der Pole dem Mörder ähnelte.*
>
> *Der zweite mögliche Verbrecher war ein russischer Arzt - ebenfalls geisteskrank -, der sowohl in England als auch in Sibirien Strafgefangener gewe-*

Suchte der Ripper in den Fluten des Flusses seine Sühne?

sen war. Er hatte die Gewohnheit, chirurgische Messer und Instrumente in seinen Taschen bei sich zu tragen; sein Vorleben war denkbar schlecht, und zur Zeit der Whitechapel-Morde lebte er versteckt, oder man wußte zumindest nie genau, wo er sich aufhielt.
Die dritte Person gehörte zum gleichen Typ, doch verdichtete sich in diesem Fall der Verdacht, und wahrscheinlich hegten seine eigenen Freunde schwerwiegende Bedenken ihm gegenüber. Auch er war Arzt und stand im besten Mannesalter; man hielt ihn für geisteskrank oder zumindest für einen Grenzfall, und er verschwand unmittelbar nach dem letzten Mord in Miller's Court am 9. November 1888. Am letzten Tag des Jahres, also sieben Wochen später, fand man seine Leiche in der Themse; sie lag angeblich seit einem Monat im Wasser. In diesem Fall lautete die Theorie, daß er nach seiner letzten Untat, der grauenhaftesten von allen, vollkommen den Verstand verlor und Selbstmord beging.

Jahre später schloß sich Macnaghten mit folgender Aussage den Selbstmordgedanken an: „Ich wurde sechs Monate nach dem Selbstmord von Jack the Ripper Kriminalbeamter und konnte mich nie an diesem faszinierenden Individuum versuchen." Ein weiterer ehemaliger Polizist gab der Selbstmorderklärung neuen Auftrieb, diesmal in den dreißiger Jahren. Der ehemalige Kriminalbeamte Sergeant Edwin T. Woodhall drückte sich deutlicher aus als Griffiths und Macnaghten; er nannte keinen Namen, gab aber eine volle Beschreibung des Verdächtigen.

Die Polizei stieß zum ersten Mal auf den Mann, als sie Beschwerden aus Stepney und Spitalfields verglich. Ein großer Mann mit „furchterregendem Gesicht" sprang immer wieder aus den Torwegen und erschreckte die vorbeigehenden Frauen zu Tode. Er wurde „schließlich auf frischer Tat ertappt, konnte aber erst nach einem Kampf überwältigt werden". Man band ihn auf einen der damals üblichen Ambulanz-Handwagen und brachte ihn auf das Polizeirevier. Woodhall berichtet:

... noch ehe der Arzt den Mann gesehen hatte, stand fest, daß dieser geisteskrank war. Aber sein Irrsinn machte ihn extrem gefährlich und tückisch; aus einer rasenden, wütenden „menschlichen Bestie" verwandelte er sich plötzlich in ein sanftes - offensichtlich normales - höfliches „menschliches Wesen". Das unheimliche Aussehen des Gefangenen beeindruckte alle Anwesenden. Sein Gesicht war vollkommen schwarz und beide Augen

waren von großen, weißen Kreisen umrahmt, ebenso die Stirn, die Nase, der Schnurrbart und der Mund, alles in der gleichen Farbe; im Dunkeln entstand der Eindruck eines unheimlichen Totenkopfes oder einer Totenmaske.

War der schwarzgesichtige Mann schon sonderbar, so war die Aufmerksamkeit, die man ihm schenkte noch sonderbarer. Woodhall setzt seine Geschichte fort: Scotland Yard beauftragte die Polizei im East End, den Verdächtigen ins Hauptquartier im West End zu bringen, damit Experten ihn befragen konnten - ein höchst ungewöhnlicher Schritt. Sobald der Mann im Yard eintraf, geleitete man ihn in ein Zimmer. Zwei nicht genannte Regierungsbeamte erwarteten ihn dort, und man ließ sie mit dem jetzt friedfertigen Mann allein. Doch kaum hatte man die Türe geschlossen, brach die andere Seite des Verrückten wieder durch. Er griff sich ein großes, zylindrischen Richtmaß aus Ebenholz vom Schreibtisch und verwendete es als Schlagstock. Er schlug wild auf die Beamten ein, und als diese vor Schreck und Schmerz zurücktaumelten, stürzte er aus dem Zimmer, rannte durch die Korridore und entkam aus dem Gebäude.

Drei Wochen später wurde ein am Waterloo Pier liegender Raddampfer verlegt. Unter dem Rad hatte sich eine aufgequollene Leiche verfangen. Sie trieb an die Oberfläche und die Flußpolizei barg sie. „Die Spuren des schwarzen, angesengten Korks und die weiße Farbe waren auf den bereits verwesenden Zügen noch abscheulich sichtbar... es blieb ein vollkommenes Rätsel, wer er war und woher er kam, man wußte nichts über ihn, denn man fand an seiner Leiche keinerlei Hinweise. Es erhob auch niemand Ansprüche auf die Leiche."

Woodhall behauptete sogar, er hätte eine Polizeifotografie der Leiche dieses ertrunkenen Ripper-Verdächtigen gesehen. Jedoch niemand außer ihm kannte das Foto. Gibt es für diese äußerst seltsame Geschichte eine zeitgenössische Bestätigung? Die gibt es, zumindest zum Teil. Die *Illustrated Police News* vom Samstag, den 17. November 1888, bringt folgenden Bericht:

Die Verhaftung eines Mannes mit geschwärztem Gesicht verursachte Sonntag nacht (11.11.) kurz vor 22.00 Uhr im East End große Aufregung; er behauptete von sich öffentlich, „Jack the Ripper" zu sein. ... Zwei junge Männer, einer davon ein ehemaliger Soldat, ergriffen ihn, und die Menge ...

brüllte „Lyncht ihn!" Die Leute ergriffen Stöcke und stürzten sich wild auf den Mann. Wäre die Polizei nicht rechtzeitig eingetroffen, er wäre ernsthaft verletzt worden. Die Polizei brachte ihn auf das Revier in der Leman Street. Er weigerte sich, einen Namen anzugeben, behauptete aber, Arzt im St. Georg's Krankenhaus zu sein... Vier Wachleute und vier Zivilisten waren erforderlich, um ihn auf das Polizeirevier zu bringen und vor der wütenden Menge zu beschützen. Er befindet sich immer noch in Haft, und die Polizei mißt seiner Verhaftung offensichtlich Bedeutung bei, da auf ihn die Polizeibeschreibung eines gesuchten Mannes paßt.

Nach dieser kurzen Erwähnung verschwindet der schwarzgesichtige Mann von der Bildfläche. Könnte es sein, daß das Fiasko bei Scotland Yard zu peinlich war, als daß man es damals veröffentlichte? Untermauern die wenigen Zeitungsberichte wirklich Woodhalls Behauptung? Gibt es anderswo Hinweise auf dieses Rätsel innerhalb eines Rätsels? Einige Zeilen von Macnaghten könnte man als verschlüsselte Information auslegen, und wir wollen später darauf eingehen. Im Augenblick ist die Schlußfolgerung berechtigt, daß von jeher viel für die Selbstmordtheorie sprach und daß die neuen Informationen, die Woodhall 1937 preisgab, diese Theorie erhärteten.

Bis 1959 geschah nichts; damals fing dank der Initiative von Daniel Farson ein neues Kapitel an. Farson begann, sich für den Ripper zu interessieren, als er Colin Wilson interviewte, der zu jener Zeit an seinem Roman *Ritual in the Dark* arbeitete, der sich an den Ripper anlehnte. Farson verfiel Wilsons ansteckendem Enthusiasmus, und bald war auch er ein Whitechapel-Fanatiker. Farson ließ sich 1958 im East End nieder und geriet damit mitten in das Ripper-Territorium. Danach war es nur natürlich, daß er die Mordfälle in seine TV Serie *Farson's Guide to the British* einbezog. In einer Folge ersuchte er um Informationen und erhielt Berge von Briefen. Die meisten Schreiber zeigten lebhaftes Interesse, nicht viel mehr; doch ein Brief befand sich darunter, der später noch große Bedeutung erlangte. Er kam von einem Mr. Knowles, der in den zwanziger Jahren einige Zeit in Australien verbracht hatte. Dort hatte er Unterlagen mit dem Titel *The East End Murderer - I Knew Him* zu Gesicht bekommen; ein Mann namens Fell hatte sie in Dandenong privat gedruckt. Knowles konnte sich an den Namen des Autors nicht mehr genau erinnern, er hieß entweder Lionel Druitt, Drewett oder Drewery.

Ich bin bis zum heutigen Tag davon überzeugt, daß sich Dan Farson ohrfeigen könnte. Statt postwendend einen mit Fragen gespickten Antwortbrief loszuschicken, legte er Knowles' Brief in einem Ordner ab und unternahm nichts. Leider wurde dieser Ordner, der weitere Briefe und Material über den Fall enthielt, aus dem Television House gestohlen. Genaugenommen „entlieh“ eine unbekannte Person den Ordner; doch da keine Bestätigung ausgestellt und der Ordner niemals retourniert wurde, handelt es sich ohne Zweifel um Diebstahl.

Die Bedeutung von Knowles' Brief wurde Farson im Jahr 1959 bewußt. Er war bei Lady Rose McLaren zu Gast und erwähnte, daß er einige Programme über den Ripper zusammenstellte. Wie es das Schicksal wollte, sollte Lady Rose an diesem Nachmittag ihre Schwiegermutter besuchen, und ihre Schwiegermutter war Christabel Aberconway, die Tochter des verstorbenen Sir Melville Macnaghten. Lady Aberconway war außerordentlich verständnisvoll. Sie grub ihr Exemplar der privaten Notizen ihres Vaters über den Ripper-Fall aus und gestattete Dan Farson, eine Kopie davon anzufertigen; neue Möglichkeiten winkten.

Als seine Sendereihe schließlich ausgestrahlt wurde, kam man Lady Aberconways Wünschen nach und hielt den Namen des Selbstmörders im Fluß zurück. Man nannte nur die Initialen des Mannes: M. J. D.; sie paßten auf niemanden, den die bekannten Berichte erwähnt hatten. 1965 wurde schließlich die Identität des mysteriösen Mannes enthüllt und es zeigte sich, daß es einer der drei Hauptverdächtigen war, genau wie Griffiths vermutet hatte. Die Notizen Macnaghtens, in der im Besitz seiner Tochter befindlichen Fassung, erläutern: „... gegen niemanden konnte jemals ein Beweis erbracht werden, obwohl viele mordende Wahnsinnige das eine oder andere Mal in Verdacht gerieten. Ich meine damit im besonderen die drei Männer, die der Polizei aus gutem Grund sehr verdächtig waren. Nach sorgfältigen und besonnenen Überlegungen bin ich persönlich geneigt, zwei von ihnen zu entlasten. Aber bezüglich Nr. 1 hatte ich immer eine bestimmte Meinung, und je mehr ich die Sache bedenke, desto mehr erhärtet sich diese. Die Wahrheit wird jedoch niemals ans Tageslicht kommen; wenn meine Überlegungen richtig sind, so lag sie einst auf dem Grund der Themse.“

Nach dieser kurzen Einleitung stellt Macnaghten seine Verdächtigen vor:

Nr. 1: Mr. M. J. Druitt, ein Arzt im Alter von etwa 41 Jahren, aus ziemlich guter Familie, der um die Zeit des Mordes im Miller's Court verschwand; seine Leiche wurde am 3. Dezember in der Themse gefunden, das sind sieben Wochen nach dem erwähnten Mord. Angeblich war die Leiche einen Monat oder länger im Wasser - der Tote hatte eine Fahrkarte von Blackheath nach London bei sich. Privaten Informationen zufolge bin ich fast sicher, daß seine eigene Familie vermutete, der Mann sei der Mörder von Whitechapel; wahrscheinlich war er sexuell krankhaft veranlagt.
Nr. 2, Kosminski, ein polnischer Jude, der im Herzen des Bezirks wohnte, in dem die Morde begangen wurden. Nachdem er viele Jahre lang der Masturbation gefrönt hatte, war er wahnsinnig geworden. Er empfand tiefen Haß auf Frauen und sogar ausgeprägte Mordgelüste. Etwa im März 1889 wurde er in eine Irrenanstalt gesteckt (und ich glaube, er ist immer noch dort). Dieser Mann ähnelte in seinem Aussehen sehr jenem Individuum, das der Wachtmeister der City Polizei in der Nähe des Mitre Square gesehen hatte.
Nr. 3, Michael Ostrog, ein verrückter russischer Arzt und Strafgefangener, unzweifelhaft ein mordlustiger Wahnsinniger. Angeblich hat dieser Mann die Frauen immer grausam behandelt; lange Zeit war er dafür bekannt, daß er chirurgische Messer und andere Instrumente bei sich trug. Er hatte das übelste Vorleben und sein Aufenthalt zur Zeit der Whitechapel-Morde konnte nie zufriedenstellend geklärt werden. Er ist noch am Leben.

Montague Druitt: Macnaghten erwähnte seinen Namen, andere verleumdeten ihn. Wußte Macnaghten (rechts) wirklich, wer der Ripper war?

Diese Notizen tauchen mit geringfügigen Fehlern in Farsons und ebenso in Tom Cullens Buch auf. Speziell das Datum von Druitts Tod wird fälschlich mit dem 3. Dezember angegeben und ebenso falsch mit dem 13. Dezember (in Farsons Bearbeitung). Diese Fehler tun jedoch der Tatsache keinen Abbruch, daß Macnaghten eindeutig Druitt als den wahrscheinlichen Mörder nennt - aber nur in diesen Notizen. Zwischen diesem Exemplar und den offiziellen Notizen Macnaghtens in den Akten von Scotland Yard besteht ein wesentlicher Unterschied.

Die Notizen in den Akten beginnen mit dem Hinweis auf einen Artikel in der *Sun* aus dem Jahr 1894, in dem als große Sensation Thomas Cutbush als der Mörder genannt wird. Macnaghten widerspricht der *Sun*: „... ich möchte drei Männer erwähnen; jeder von ihnen kann diese Serie von Morden eher begangen haben als Cutbush." Mit anderen Worten, Druitt ist einer von drei möglichen Tätern, und Macnaghten vermeidet es in den Notizen, eine Wahl zu treffen, wen er mit größerer Wahrscheinlichkeit für schuldig hält. Keiner wird freigesprochen. Alle drei werden als potentielle Schuldige nebeneinandergestellt. So steht es in den offiziellen Aufzeichnungen, doch dem widersprechen Macnaghtens Memoiren. In den Memoiren hält er den Selbstmörder für den Mörder.

Gibt es Gründe dafür, in Druitt den Hauptkandidaten zu sehen? Macnaghten nennt keine, und die Polizeiberichte geben keinen Aufschluß. Macnaghtens Hinweis auf private Informationen unterstellt, daß er sich nicht auf Polizeiberichte bezieht, sondern auf etwas, was ihm ein Außenseiter, vielleicht Druitts Familie, zutrug. Selbst in diesem Fall stellt er bei Druitt einzig und allein als belastend fest, daß er sexuell krankhaft veranlagt war. Doch was bedeutet das? Macnaghten ist kaum die richtige Person, um ein Urteil über sexuelle Angelegenheiten zu fällen. Bedenken wir, was er über Kosminski zu sagen hat: Er behauptet, der Mann wäre verrückt geworden, weil er zu viel masturbierte. Wenn er eine so uralte pseudo-medizinische Vorstellung akzeptiert, wie brauchbar ist dann seine Diagnose über Druitts Eigenarten? In jenen Tagen betrachteten viele ehrbare Familien alles außer der heterosexuellen Missionarsstellung als wilde Perversion.

Abgesehen davon stehen Macnaghtens Aufzeichnungen im Widerspruch zu den Behauptungen in seiner Autobiographie *Days of My Years*. In diesem Buch sagt er: „Ich neige zu der Annahme, daß das Individuum, das London in Schrecken versetzte, bei seiner eigenen Familie wohnte;

zeitweise verschwand er von zuhause, und um den 10. November 1888 beging er Selbstmord ..." Das paßt nicht auf Montague Druitt. Druitt lebte nicht zuhause bei seiner Familie, sondern er wohnte privat in London, und Selbstmord beging er am 1. Dezember oder danach - das ist das Datum auf der Bahnkarte in seiner Tasche. Wen meint also Macnaghten? Seine abschließenden Worte geben uns ein Rätsel auf, denn er sagt, sein Kandidat beging Selbstmord „... nachdem er einen Polizeichef niedergeschlagen und einen der wichtigsten Staatssekretäre Ihrer Majestät beinahe unschädlich gemacht hatte."

Vergleichen wir diese Worte mit Woodhalls Geschichte aus dem Jahr 1937 über den schwarzgesichtigen Mann und den Angriff mit dem Richtmaß aus Ebenholz. Woodhall behauptet, daß Macnaghtens Autobiographie seine Geschichte bestätigt; verraten uns also diese Sätze etwas? Keineswegs. Woodhalls Bericht war eine melodramatische Erfindung, sonst nichts. Er hat sich alles ausgedacht. Denn in Wirklichkeit konnte man den schwarzgesichtigen Mann identifizieren, und die Polizei im East End entließ ihn schon nach wenigen Stunden. Die *Globe* vom 12. November 1888 nennt uns seinen Namen: Dr. Holt aus Willesden, der im St. Georg's Hospital arbeitete. Er spielte Amateurdetektiv und hatte sein Gesicht mit Ruß geschwärzt, um weniger aufzufallen. Macnaghten hatte eindeutig nichts mit Woodhalls verrückten Ideen zu tun, aber wie verläßlich sind seine Ripper-Theorien? War er konsequent? Revidierte er seine Theorien zu einem späteren Zeitpunkt und ersetzte Druitt durch einen anderen Selbstmörder? Farson hatte diese Fragen nie gestellt.

Vom heutigen Standpunkt betrachtet, gab es für jeden Anwärter nur dürftige Vorgaben. Als Farson seine Jagd begann, war er dennoch davon überzeugt, daß es zusätzliche Beweise *gab*, die Druitt mit den Morden in Verbindung brachten. Der Brief von Knowles war zwar verlorengegangen, aber die australische Spur wirkte trotz allem verlockend: Ein Brief von Maurice Gould aus Bexleyheath stellte unabhängig davon eine Verbindung zwischen den Namen Fell, Druitt und Dandenong her.

Maurice Gould, „ein Amateurkriminologe", war von 1925 bis 1932 in Australien gewesen. Dort hatte er zwei Männer kennengelernt, die über die Identität von Jack the Ripper Bescheid wußten - so sagten sie zumindest. Sie bezogen ihr Wissen aus Papieren, die einem Mr. W. G. Fell aus Dandenong gehörten. Die Geschichte ist ein wenig verworren, aber der Mann behauptete, Fell habe einmal einen Mann namens Druitt beherbergt, der bei ihm Papiere zurückließ, die die Identität des Rippers bewiesen. Fell war bereit, die Papiere für 500 Pfund herzugeben. Einer der Männer, Edward MacNamara, war freier Journalist und hätte die Papiere liebend gerne erworben, doch 500 Pfund überschritten seine Mittel. Die einmalige Gelegenheit blieb ungenützt, und offenbar griff niemand anderer Fells Angebot auf. Das sollte man nicht vergessen!

Wenn Farson Zweifel hegte, so nur nebensächliche. Er fand heraus, daß ein Dr. Lionel Druitt Montagues Vetter war. Dr. Lionel hatte einige Jahre lang in London praktiziert - ein wichtiger Punkt - und sich 1887 wieder in Australien niedergelassen. Ein atemberaubender Zusammenhang! Der Vetter des Hauptverdächtigen hatte gewußt, wer der Mörder war. Hatte er dieselben Informationen besessen wie Macnaghten? Mit der großen Hoffnung, dort die Antworten zu finden, flog Dan Farson 1961 nach Australien.

In Australien erzählte er den Zeitungen und dem Fernsehen von seiner Suche. Dann fuhr er in Begleitung von Alan Dower, dem Sonderkorrespondenten der Melbourner *Truth* hinaus in die Dandenong Ranges. In Lang-Lang, wo W. G. Fell angeblich gelebt hatte, stieß Farson tatsächlich auf einen Kaufmann dieses Namens, doch die Spur war falsch. Der Kaufmann Fell wußte nichts über einen Drucker Fell, dem Mann hinter Lionels Geheimnis.

Doch ein positiver Anhaltspunkt ergab sich: Farson machte eine ältere Frau ausfindig, die sich an Dr. Lionel erinnerte. In Drouin, in der Nähe von Lang-Lang, lebte eine Miss Stevens; sie erzählte, daß der Doktor 1903 in ihrer Stadt praktiziert hatte und erinnerte sich auch an seine Tochter namens Dorothy. Spätere Nachforschungen bestätigten, daß Dorothy 1899 geboren wurde, ergaben aber auch, daß Lionel 1903 noch zwei Töchter hatte - eine wurde 1889 geboren, die andere 1891. Seltsam, daß die Frau diese vergessen hatte; immerhin konnte eine Verbindung zur fraglichen Gegend hergestellt werden. Ab diesem Punkt ging es jedoch nicht mehr weiter. Es war unmöglich, Fell aufzuspüren. Die Dokumente tauchten nicht auf. Es meldete sich niemand, der über Informationen aus erster Hand, ja nicht einmal aus zweiter Hand, verfügte.

Eine Reihe von Leuten stellten in den darauffolgenden Jahren separate Nachforschungen nach dem verschwundenen Fell und seinen Dokumenten an. Im Grunde hätte es einfach sein sollen. Fell lebte zu einer Zeit, als es bereits Vorschrift war, Geburten und Todesfälle zu registrieren. Es gab Wahllisten, die diese grundlegenden Eintragungen ergänzten und zusätzlich die verschiedenen städtischen und regionalen Adressen- und Firmenverzeichnisse. Logischerweise hätte man erwarten können, unter W. G. Fell mehrere Eintragungen zu finden. Und dennoch fand man nicht eine einzige. Als Paul Bonner von BBC die australische Rundfunkgesellschaft um Unterstützung bat, erhielt er folgende Antwort: „... Eine Durchsicht der Adreßbücher aus der Zeit um 1890 erbrachte keinen Hinweis auf eine Person namens W. G. Fell." Bei einer Überprüfung der in der Zeit von 1933 bis 1937 eingetragenen Todesfälle stieß man auf keine Sterbeurkunde, obwohl Fell angeblich 1935 gestorben war.

Was das Dokument betrifft, so wird es nirgends erwähnt. Ein mit den Nachforschungen betrautes ABC-Team legte im April 1973 folgenden Bericht vor: „...*The East End Murderer - I Knew Him* ... wir haben die Bibliotheken von Sidney danach durchsucht und verbrachten in Melbourne drei Tage damit, alle nur möglichen Quellen zu überprüfen: Bibliotheken, historische Gesellschaften, Kriminologen, Archivare, private Sammler, Verleger und Zeitungen. Druitts Veröffentlichung scheint in australischen Bibliographien nicht auf ..."

Man kann einwenden, daß es sich bei diesem Dokument um eine private Sache handelt, die der öffentlichen Aufmerksamkeit und Erfassung entging. Aber eine private Veröffentlichung ist keineswegs eine *geheime* Veröffentlichung. In dem Augenblick, da jemand mehr als ein Exemplar anfertigen läßt, ist es klar, daß er sein Wissen teilen möchte. Warum hat dann *nirgendwo* jemand den Text gelesen? Knowles behauptet, die Unterlagen gesehen zu haben, beschreibt aber nicht annähernd ihr Aussehen. War es ein gefaltetes Flugblatt, ein Pamphlet oder ein kleines Buch? Was den Inhalt angeht sagt er - nichts. Sollen wir glauben, daß er den aufsehenerregenden Titel und sonst nichts gelesen hat? Das übersteigt sogar den Rahmen der Leichtgläubigkeit.

Maurice Gould ist der einzige Mensch auf der ganzen Welt, der anscheinend über die Papiere Druitts Bescheid weiß. Aber ist Mr. Gould ein verläßlicher Zeuge? Nach seinen anderen Aussagen zu urteilen würde ich das bezweifeln. Schauen wir uns einmal die seltsame Geschichte des Leiters der Bibliothek von Poplar an. Gould studiert voll Begeisterung die Whitechapel-Morde; als er erstmals an Farson schrieb, sandte er ihm sogar sein Manuskript über Jack: Sein Kandidat war ein namenloser Geistlicher. Gould war sich also sehr wohl bewußt, wie wichtig Namen, Daten und Orte bei der Behandlung dieses Problems waren. Nachdem er erfahren hatte, daß Farson eine Verbindung zwischen den Druitts und der Minories in der City von London gefunden hatte, stellte er „... unzählige Anfragen und verbrachte viel Zeit mit dem früheren Leiter der Bibliothek von Poplar, der begeisterter Ripperologe war ... In einem Winkel der Bibliothek stöberte er entweder ein altes Wählerverzeichnis oder ein Adreßbuch auf, in dem M. J. Druitt als in der Minories lebend aufschien. Diese Tatsache ergab zusammen mit der von Ihnen ausgegrabenen Information über Druitt eine so gute Verbindung, daß wir ihn mit Sicherheit als den von uns gesuchten Mann ansahen. Dieser Druitt lebte zwar in der Minories, war aber, soweit ich mich erinnere, nicht als Arzt eingetragen." Das sind Goulds Worte aus seinem Brief an Farson vom 6. April 1971. Aber Farson gelang es später nicht, diese wichtige Eintragung aufzuspüren, und der ehemalige Bibliothekar war verstorben.

Wieder stehen wir einer unglaublichen Geschichte gegenüber. Nach ungezählten Anfragen und beachtlichem Zeitaufwand stieß Gould schließlich auf den von ihm gesuchten Beweis. Aber hielt er Namen, Ort und Datum der Erscheinung dieser wichtigen Namensliste fest? Machte er eine Fotokopie als Beweis? Nichts davon. Das an sich untergräbt seine Glaubwürdigkeit. Um ehrlich zu sein, wenn man soviel Zeit und Hingabe investiert hat, scheint mir eine derartig beiläufige Einstellung unbegreiflich. Wie kann man Goulds so wenig stichhaltige Aussagen dazu verwenden, um eine Theorie zu untermauern?

Bei Knowles ist es etwas anders. Der Mann ist wahrscheinlich tot und kann seinen ursprünglichen Erkenntnissen nichts hinzufügen. Sind Farsons Erinnerungen richtig, so stellte Knowles eine Verbindung zwischen dem Namen Druitt und Jack her, doch erst Jahre später wurde dieser Zusammenhang veröffentlicht; eine nachträgliche Einsicht ist daher auszuschließen. Doch wie ergab sich ein Zusammenhang zwischen diesen Namen, noch ehe Macnaghtens Unterlagen veröffentlicht wurden? Farson kannte den Namen ebensowenig wie einer der anderen Ripperologen, die ausfindig gemacht werden konnten.

Eine Lösung dieser verzwickten Lage setzt einen weiteren Ripper-Schwindel voraus. Es ist möglich, daß ursprünglich der ehemalige Kriminalbeamte Leeson die Druitt-Ripper-Theorie ursprünglich nach Australien exportierte. Leeson war während der berühmten Belagerung der Sidney Street im Jahr 1911 so schwer verletzt worden, daß er nicht weiter bei der Polizei bleiben konnte und pensioniert wurde. Er blieb bis nach dem Prozeß gegen die Verdächtigen aus der Sidney-Street-Affäre in England, wanderte dann nach Australien aus und freute sich auf ein gesünderes Klima.

Sein Ruhm reiste mit ihm. Offenbar wollte jeder seine abenteuerlichen Geschichten über die englische Kriminalität hören. Die Australier waren gerade von dem Gedanken fasziniert, daß Jack the Ripper eigentlich aus Melbourne stammte: Das war eine Reaktion auf die Veröffentlichung von Forbes Winslows Brief von „Jacks Freundin aus Melbourne“. Demnach drehten sich die Gespräche mit Leeson unvermeidlich um die Frage der Identität des Rippers.

Zufällig war auch Leeson besonders an den Morden des Rippers interessiert. Ein Kapitel seines Buches *Lost London* erklärt warum. Im Jahr 1891 trug er noch Uniform und patrouillierte einmal die Gegend von The Mint. Eine Polizeipfeife schrillte, und Leeson rannte dem Ton nach. Er fand Wachtmeister Thompson neben einer noch lebenden Frau - Frances Coles. Ihre Kehle war durchschnitten und ihr Körper verstümmelt. Für die beiden Wachtmeister war es klar, daß der Ripper immer noch am Werk war.

Da Leeson persönlich mit „dem Ripper“ zu tun gehabt hatte, dachte er oft und intensiv darüber nach, was für ein Mann so barbarisch handeln konnte. Das führte natürlich dazu, daß er sich mit den vielen Kandidaten, die als Mörder in Betracht gezogen wurden, auseinandersetzte. Auch Druitt befand sich unter den Namen, auf die er damals gestoßen war, und der Name fiel ihm immer ein, wenn er die Liste der Verdächtigen durchging. Als er in Australien über Whitechapel sprach, fiel der Name vielleicht einem unternehmungslustigen Journalisten auf, und dieser fragte sich, ob der verstorbene Dr. Druitt damit in Zusammenhang stehen konnte, zumal der Familienname selten ist. Aus diesem unbedeutenden Anfang kann sich ein falsches „enthüllendes Dokument“ entwickelt haben, das schließlich Thema einer „Insider-Geschichte“ wurde.

Wenn diese Vermutung stimmt, so dürfte die falsche Geschichte nicht sehr überzeugend gewesen sein, denn niemand griff sie auf; hätte sie Zündstoff besessen, die Zeitungen hätten sich um die Rechte geprügelt. Laut Goulds beiden Informanten betrug der geforderte Preis 500 Pfund.

Wie wir später noch sehen sollen, war der *Daily Express* im Jahr 1931 bereit gewesen, diesen Betrag nur für den *Namen* des Rippers und nichts weiter zu bezahlen.

Für den Augenblick muß das alles nur Vermutung bleiben. Wenn wir uns jedoch für die gegenteilige Erklärung entscheiden, nämlich, daß es ein echtes, von Dr. Lionel Druitt geschriebenes Dokument gab, das Fell im Jahr 1890 privat druckte, so werden die Probleme unüberwindbar.

Zum ersten, welchen Grund gab es für eine Veröffentlichung, wenn die Familie Druitt verzweifelt versuchte, das Geheimnis zu bewahren? Montagues Bruder, der Anwalt William Druitt, hatte bei der gerichtlichen Untersuchung über seinen Bruder sogar gelogen. William beeidete, der einzige Bruder zu sein und verbarg somit die Tatsache, daß es noch einen Bruder und auch Schwestern gab. Wahrscheinlich wollte er die anderen beschützen und sie vor der Qual einer Aussage und eines Kreuzverhörs bewahren. Aber warum? Vielleicht weil die „krankhafte sexuelle Veranlagung“, von der wir gehört haben, zu schändlich war, um öffentlich oder privat erörtert zu werden. Es besteht auch die Möglichkeit, daß Montagues Eigenartigkeit in seiner Familie den Verdacht erregte, er könnte mit Prostituierten und den Mordfällen zu tun haben. Viele andere Familien hegten in bezug auf ihre mißratenen Angehörigen ähnliche Vermutungen. In diesem Fall könnte man im Selbstmord eine Bestätigung des Verdachtes sehen.

Es wäre noch hinzuzufügen, daß Montagues jüngerer Bruder, Hauptmann Edward Druitt, im Jahr 1889 nach Australien kam, um hier seinen Dienst bei der Verteidigungstruppe von Queensland anzutreten; er blieb bis 1892 in Australien. Ist es wahrscheinlich, daß sein Vetter Lionel etwas veröffentlichte, das nicht nur die Familie in England beunruhigte, sondern gleichzeitig auch Edwards militärische Karriere gefährdete?

Wenn das angebliche Dokument den Namen Montague nannte und wenn es wirklich von Lionel veröffentlicht wurde, dann wäre es ein grausames, herzloses und vollkommen unnötiges Hirngespinst, das Lionel als extrem unverantwortlich abstempelt, denn er hatte keine Möglichkeit zu beweisen, daß sein Vetter der Ripper war. Jede seiner Informationen konnte nur aus zweiter Hand sein, also von seiner Familie in England stammen. Doch die Familie wollte vor allem die Geheimhaltung wahren, um ihre Verdächtigungen in aller Stille nähren zu können; denn im Grunde hatten sie nichts anderes als Verdächtigungen. Sogar Macnaghten konnte nur sagen, daß sie „glaubten, einen Verdacht zu haben". Nicht ein einziges Mal erwähnte er, daß sie auch nur den Funken eines Beweises besäßen. Nichts, was man über Lionel in Erfahrung bringen kann, läßt vermuten, daß er fähig war, seiner Familie solchen Kummer zuzufügen. Zusammen mit der Tatsache, daß in keinem der bekannten Berichte das Dokument oder sein Drucker erwähnt werden, bedeutet dies, daß die „australischen Beweise" nicht berücksichtigt werden können.

Es bleibt nicht viel übrig, nur ein erfundenes Rätsel um die Druitts und die Minories. Als Daniel Farson entdeckte, daß Dr. Lionel einmal eine Praxis in der Minories hatte, war er sicher, „auf ein entscheidendes Beweisstück gestoßen zu sein". Doch das war im Jahr 1879 gewesen: Welche Verbindung zu den Morden in Whitechapel sollte sich daraus ergeben? Für Farson schon: „Das ist die erste Verbindung zwischen [Montague] Druitt und dem East End von London, deren Fehlen uns bis jetzt so verwirrte."

Farson sah in der „Verbindung mehr als einen bloßen Zufall". Verbindung? Ihr Vorhandensein entgeht den meisten Menschen, aber Farson bemüht sich sehr, seine Sache zu beweisen: „Es gibt stichhaltige Gründe für die Annahme, daß Montague und Lionel einander kannten. Lionel war vier Jahre älter als Montague. Es ist leicht möglich, daß er es als seine Pflicht ansah, sich um den Jungen zu kümmern, als sie beide noch in London waren. Lionel war Arzt, lebte in der Minories auf Nummer 140 und assistierte Dr. Thomas Thynne. Vielleicht besuchte Montague seinen Vetter Lionel hier; dadurch wäre auch erklärt, wieso er den Bezirk gut kannte. Es ist denkbar, daß er selbst hier lebte, nachdem Lionel weggezogen war, und daß Lionel eine Zeitlang Grund hatte, ihn zu verdächtigen."

All das ist mehr als rätselhaft. Man kann die Minories sein Leben lang täglich besuchen, und trotzdem nichts über das restliche East End wissen. Abgesehen davon geht aus dem Medizinischen Register des Jahres 1879 nur hervor, daß Lionel eine kurze Zeit, vielleicht nur ein paar Monate, als Assistent eines praktischen Arztes in der Minories arbeitete; er hielt sich nur in jenem Jahr hier auf. Seine ständige Anschrift lautete Strathmore Gardens 8, W8, in der Nähe der Kensington Church Street.

Warum bemüht sich Farson dann so intensiv, dieser schwachen Verbindung zu der Minories Gewicht zu verleihen? Die einfache Antwort darauf lautet: fehlerhafte Nachforschungen. Er war nicht imstande, wichtige Spuren zu entdecken, gewann daraus falsche Zuversicht und interpretierte einige gefälschte Ripper-Briefe vollkommen falsch, so daß er zu folgendem Schluß kam: „Die Minories ist nicht nur deshalb von Bedeutung, weil sie im East End liegt. In der Geschichte des Rippers kommt ihr eine ganz besondere Stellung zu. Der Ripper schrieb am 29. September 1888 aus Liverpool: 'Vorsicht! Ich werde am 1. und 2. zuschlagen, in der Minories um zwölf Uhr Mitternacht, und ich werde den Behörden eine gute Chance geben, aber es ist nie ein Polizist in der Nähe, wenn ich arbeite.'"

Für Farson eine aufschlußreiche Nachricht, da Catherine Eddowes am 30. September am Mitre Square ermordet wurde und Mitre Square nur eine kurze Wegstrecke von der Minories entfernt ist. Er nennt es „eine Minute", was zweifelhaft, aber nicht von Belang ist. Wichtig jedoch ist sein Zitat aus dem zweiten Brief aus Liverpool. Das unvollständige Zitat lautet: „Was für Narren die Polizisten sind! Ich nenne ihnen sogar die Straße, in der ich wohne." Das erweckt den Eindruck, daß es sich bei der erwähnten Straße um die Minories aus dem ersten Brief handelt. Nichts dergleichen. Farson hat den ersten Teil dieser höhnischen Bemerkung weggelassen. Es fehlt die Straße, auf die Bezug genommen wird: „Prince William Street, Liverpool."

Farson hält die zwei Briefe für wichtig und behauptet, daß Druitt entweder jemandem den Auftrag erteilte, sie in Liverpool aufzugeben, oder zu diesem Zweck selbst nach Liverpool fuhr. Beide Vorstellungen sind absurd. In ganz London gibt es Briefkästen, wozu also die Mühe, die Hauptstadt zu verlassen? Farson setzt voraus, daß die Briefe echt sind; und doch unterscheidet sie nichts von Hunderten gefälschten, verrückten Briefen, die Presse und Polizei erhielten. Die Minories ist nämlich der dünne Faden, den Farson zu stärken versucht. In seinem ersten Buch wiederholt er ihre Bedeutung noch zweimal und faßt zusammen: „... Einer der 'Briefe des Rippers' bezog sich auf die Minories, die nur wenige Gehminuten von den verschiedenen Mordschauplätzen entfernt liegt." Das unterstützt seine Vermutung, daß „Montague Druitt mit der Minories in Verbindung blieb und vielleicht sogar dort ein Zimmer mietete."

Die Kühnheit in seiner Beweisführung zwang Farson dazu, nach allem zu greifen, was seiner schwachen Argumentation helfen konnte. Das beweist sein Nachtrag zur Sphere-Ausgabe aus dem Jahr 1973; er enthält zwei köstliche Geschichten über Jack und die Minories.

Die eine Begebenheit handelt von einem gewissen Mr. Herbert Rowley und der Geschichte, die die Familie über eine Großtante erzählt. Die

Tante war Krankenschwester im London Hospital, lebte aber in der Minories. Es war in einer nebeligen Nacht des Jahres 1888, als der Ausbruch einer Fieberkrankheit zu einer Personalknappheit im Krankenhaus führte und ein Bote die Tante, die dienstfrei war, zur Arbeit holte. Sie trat hinaus in den Nebel und ging durch die verlassene Minories. Sie war noch nicht weit gekommen, als ein Mann aus dem Schatten t rat. Er stellte ihr Fragen und bot ihr schließlich an, sie zum Krankenhaus zu begleiten. Sie nahm sein Anerbieten an, und sie gingen schweigend zusammen bis zu den Toren des Krankenhauses. In seiner gebildeten Ausdrucksweise sagte der Mann, „Ich sehe, Sie sind eine anständige Frau“, wandte sich um, blieb dann noch einmal stehen und fügte hinzu: „Ich bin Jack the Ripper.“ Dann lief er weg. Die Krankenschwester fiel in Ohnmacht, und als sie wieder zu sich kam, war es zu spät, den Mann noch abzufangen. Man rief die Polizei und die Jagd begann, aber „... er war ’vom Erdboden verschwunden’ oder *in dem kleinen Zimmer in der Minories untergetaucht*“ (Farsons Kursivschrift).

Welches kleine Zimmer? Eine Geschichte über eine Krankenschwester in der Minories, die ohne den geringsten Beweis dafür damit endet, daß auch Jack dort war, und Farson nimmt sie ernst.

Noch komischer ist das „... aufregende, neue Beweismaterial von Frederick Pocock aus Romford, Essex“. Dabei geht es um eine Fischbraterei in der Minories in der Nähe des Eisenbahnbogens. Das Geschäft gehörte Pococks Verwandten und sie erzählten Pococks Mutter: „... dieser Mann namens Druitt hatte im Dachgeschoß (im dritten Stockwerk) ein Zimmer. Nach den Morden verbrannte er stets eine Menge Plunder im Keller, in dem Ofen, auf dem die Töpfe und das Kupfergeschirr mit dem geschmorten Aal standen.“ Farson faßt die Geschichte zusammen: „Am Aldgate, im Osten der Minories, machte sich ein Mann an Pococks Mutter heran, und sie hatte ihn im Verdacht, der Ripper zu sein. Sie erzählte den Vorfall ihren Verwandten von der Fischbraterei; ihre Beschreibung paßte überraschend gut auf den Mieter im Dachgeschoß.“

Wirklich, eine verdächtige Geschichte. Frederick Pocock wurde erst 1892 geboren, er hatte von dem Tratsch demnach erst Jahre nach dem letzten Mord gehört. Er war einundachtzig Jahre alt, als er Farson die Geschichte erzählte. Leicht möglich, daß er den Namen Druitt zu dieser Zeit bereits aus den Zeitungen und dem Fernsehen kannte und ihn mit den Phantastereien seiner Mutter durcheinanderbrachte. Aber Farson übersieht das bewußt. Todernst fügt er hinzu: „Mr. Pococks Geschichte bildet eine zusätzliche Verbindung zu der Minories, und die Schlinge um Montague zieht sich zusammen. 'Vorsicht!' schrieb der Ripper am 29. September. 'Ich werde wieder zuschlagen ... in Minories um zwölf Uhr Mitternacht.' Und später die hämische Prahlerei: 'Welche Narren doch die Polizisten sind. Ich nenne ihnen sogar die Straße, in der ich wohne.'" Dan Farson neigt zumindest dazu, dick aufzutragen.

Eine Ripper-Karikatur im *Punch* trägt den Untertitel *Die Nemesis der Unterlassung*, eine Phrase, mit der man auch die Legende rund um die Minories gut beschreiben kann. Farson unterließ es, die zeitgenössischen Zeitungen genau genug zu durchkämmen und ging dadurch in die Falle. Es *gab* eine Verbindung zwischen dem Ripper und der Minories; sie wurde eindeutig im September 1888 hergestellt. Aber sie hat nicht das geringste mit Montague Druitt zu tun. Es ging dabei um einen Mann, ein aggressives Individuum, der am Dienstag, den 18. September, verhaftet wurde.

Die *Penny Illustrated Paper* vom 22. September berichtet darüber:

Charles Ludwig, vierzig, ein ordentlich gekleideter Deutscher, der vorgab, kein Englisch zu verstehen und als seine Adresse Minories 1, angab, wurde am Dienstag am Thames Police-Court wegen Trunkenheit und einer Morddrohung gegen Alexander Finlay, Leman Street 51, Whitechapel, angeklagt. Der Kläger gab an, er wäre zeitig an jenem Morgen an einer Kaffeebude in der Whitechapel Road gestanden, als Ludwig betrunken daherkam. Da er betrunken war, weigerte sich die Serviererin, Ludwig zu bedienen. Darüber war dieser sehr verärgert und sagte zu dem Zeugen: „Was schaust du so?" Dann zog er ein Messer mit langer Klinge und versuchte, auf den Zeugen einzustechen. Ludwig verfolgte ihn rund um die Bude und versuchte mehrmals zuzustechen, bis der Zeuge drohte, eine Schüssel auf seinem Kopf zu zerschlagen. Ein Wachtmeister kam vorbei und Ludwig wurde verhaftet ... Der Zeuge, Wachtmeister Johnson, hatte schon zuvor erfahren, daß Ludwig von der City Polizei gesucht wurde, da er versucht hatte, einer Frau mit einem Rasiermesser die Kehle durchzuschneiden. Auf dem Weg ins Revier ließ der Gefangene ein geöffnetes Messer mit langer Klinge fallen; als man ihn durchsuchte, fand man ein Rasiermesser und eine lange Schere bei ihm ... In der Nachbarschaft entstand beträchtliche Aufregung, als bekannt wurde, daß der Gefangene - ein deutscher Friseur -

mit den jüngsten Morden in Whitechapel in Verbindung stand, und daß von seiner Verhaftung wichtige Entdeckungen zu erwarten waren ...

Tagelang kursierte das Gerücht, daß der Mann aus der Minories der Ripper war. Schließlich gab es andere Verdächtige, die Ludwigs Platz einnahmen. Doch zehn Tage bevor der erste Liverpooler „Ripper"-Brief geschrieben wurde, berichtete die nationale Presse über die Verbindung Ripper - Minories. Der Brief spiegelte einfach den herrschenden Zustand wider, weiter nichts.

Damit soll das letzte Wort zur Druitt-Theorie gesprochen sein, doch zum Abschluß wollen wir zugeben, daß sie sich von den anderen unterschied. Kurzzeitig sprach einiges für sie, vor allem aufgrund von Macnaghtens Unterlagen. Es stand dafür, die Spur zu verfolgen, doch nur bis zu dem Punkt, an dem der Schwindel klar zutage trat. Und dieser Punkt wurde schon vor langer Zeit erreicht!

8
Die Verbindung mit Chicago

„Wäre im November 1970 der Dritte Weltkrieg ausgebrochen, hätten die Schlagzeilen der Zeitungen aller Länder nicht größer und schwärzer sein können. WAR JACK THE RIPPER VON KÖNIGLICHEM GEBLÜT? Immer wieder wurde diese Frage gestellt."

Das sind die Worte Nigel Morlands, dessen Zeitschrift *Criminologist* diesen Sturm hervorrief, indem sie einen vollkommen unerwarteten Kandidaten für die Rolle des Rippers ins Gespräch brachte. Mehr als 3.000 Zeitungen übernahmen die Geschichte und für Ripper-Jäger dämmerte eine neue Ära. Doch es ist nicht sinnvoll, diese Spur zu verfolgen, ohne den genauen Sachverhalt zu kennen; dazu müssen wir bis 1895 zurückgehen.

Am 28. April 1895 brachte die Chicagoer Zeitung *Sunday Times Herald* einen erstaunlichen Artikel, in dem die Behauptung aufgestellt wurde, daß der Ripper 1888 entlarvt, gefangengenommen und eingesperrt worden war. Der Bericht, „Die Gefangennahme von Jack the Ripper" sollte sich auf die zukünftigen Nachforschungen bestimmend und negativ auswirken. Nachfolgend wird zum ersten Mal seit 1895 der vollständige Text dieser fundamentalen Darstellung gebracht:

Die Geschichte, die Dr. Howard, ein bekannter Londoner Arzt, William Greer Harrison vom Bohemian Club in San Francisco über das Schicksal von Jack the Ripper erzählte, damit es die Welt endlich erfährt, öffnete die Lippen eines Bürgers dieser Stadt; er ist somit in der Lage, der „Times-Herald" einen vollständigen, erschöpfenden Bericht über die ausgedehnten Nachforschungen der Londoner Kriminalbeamten zu geben, die nach Jahren beharrlicher Arbeit zum Ziel führten, nämlich die Identität des berühmten Whitechapel-Mörders zweifelsfrei festzustellen.
Der erwähnte Dr. Howard war einer jener zwölf Londoner Ärzte, die in einem medizinischen Untersuchungsausschuß oder als Fachkommission für Geisteskrankheiten tagten und über ihren Berufskollegen berieten,

denn endlich war der sichere Beweis erbracht worden, daß der gefürchtete „Jack the Ripper“ niemand geringerer war als ein angesehener Arzt, ja ein Mann, der sich der Achtung der besten Gesellschaft im West End von London erfreute. Als schließlich über alle Zweifel hinaus bewiesen war, daß der fragliche Arzt der Mörder war und seine Unzurechnungsfähigkeit von einer Commission de Lunatico Inquirendo bestätigt wurde, mußten sich alle Beteiligten, die davon Kenntnis hatten, zum Stillschweigen verpflichten. Bis zu den Enthüllungen Dr. Howards wurde dieser Eid streng eingehalten. Ein Londoner Klubmitglied, das jetzt in Chicago wohnt, kennt Dr. Howard; er glaubt, daß dieser im Ausland und vielleicht unter dem Einfluß von Wein eher dazu bereit war, plötzlich sein Schweigen zu brechen. In diesem Zusammenhang sagte er gestern zu einem Reporter der „Times-Herald“:
„Es fällt mir auf, daß Dr. Howard den Namen des Arztes, der die Morde beging, nicht nannte. Darüber muß er froh sein, denn das hätte den vollkommenen Ruin seiner Londoner Praxis zur Folge gehabt. Wie die Sache liegt, wird er zweifellos von der Königlichen Gesellschaft der Ärzte und Chirurgen einen internen Verweis erhalten, da ein unter solchen Umständen abgelegter Eid als unbedingt heilig und bindend erachtet wird.“
Dr. Howards Geschichte ist im großen und ganzen richtig, soweit er sie erzählte. Als „Jack the Ripper“ schließlich gefaßt wurde, entdeckte man, daß er ein angesehener Arzt mit einer ausgedehnten Praxis war. Seit seiner Studienzeit am Guy's Hospital war er begeisterter Anhänger der Vivisektion gewesen. Infolge eines ungewöhnlichen angeborenen Widerspruchs stimmte ihn der Anblick von Schmerz nicht weich, wie es bei den meisten Verfechtern wissenschaftlicher Experimente der Fall ist, sondern übte die entgegengesetzte Wirkung aus. Das nahm solche Ausmaße an, daß er die lebhafteste Freude dabei empfand, wenn er wehrlosen Tieren Qualen zufügte. Einer seiner Lieblingszeitvertreibe bestand darin, einem Kaninchen die Augenlider zu entfernen und es dann stundenlang in fixierter Stellung dem blendenden Sonnenlicht auszusetzen. Er nahm daneben Platz und vergaß über den intensiven Gefühlen, die ihn bei der Beobachtung der qualvollen Verrenkungen seiner Opfer erfüllten, die Zeit und alles um ihn herum.
Die Leidenschaft, Schmerz zuzufügen, wuchs in dem Mann, der später als Jünger der Grausamkeit mit Nero und Dschingis-Khan auf gleicher Stufe stehen sollte. Als er schließlich zum Mann herangewachsen war und seine sanftere Seite ihn dazu veranlaßte, eine Frau zu suchen, konnte er sich

kaum lange genug von seinen barbarischen Freuden zurückhalten, um eine Frau zu umwerben und zu gewinnen. Er war erst einen Monat verheiratet, als seine Frau entdeckte, daß er von der Manie besessen war, Schmerz zuzufügen. Vor der Untersuchungskommission machte sie folgende außergewöhnliche Aussage:

„Eines Abends saßen wir im Wohnzimmer. Es war ziemlich spät. Ich stand auf, um zu Bett zu gehen. Als ich im Obergeschoß anlangte, erinnerte ich mich, daß ich meine Uhr auf dem Kaminsims im Wohnzimmer liegengelassen hatte und ging hinunter. Als ich mich dem Wohnzimmer näherte, hörte ich das erbarmungswürdige Miauen einer Katze. Ich schaute zur Türe hinein, die zufällig offenstand, und sah mit Entsetzen, wie mein Mann eine Katze über die Flamme der Öllampe hielt. Ich hatte zuviel Angst, um etwas anderes zu tun, als mich ins Obergeschoß zurückzuziehen. Als mein Mann gegen Tagesanbruch zu Bett ging, hatte ich das Gefühl, das Bett mit einem Ungeheuer zu teilen. Später entdeckte ich, daß er nahezu die ganze Nacht damit verbracht hatte, die Katze zu verbrennen.

„Am nächsten Tag war er zärtlich und liebevoll wie immer. Später entdeckte ich, daß er das Opfer der unüberwindlichen Manie war, Schmerzen zuzufügen. Ich beobachtete ihn genau und konnte recht gut vorhersagen, wann ihn diese Stimmungen überfielen. Bei solchen Gelegenheiten warnte mich eine scheinbar banale Handlung. Er fing zum Beispiel eine Fliege, spießte sie auf eine Nadel und wirbelte sie herum. Er war auf eigenartige Weise widersprüchlich. Als unser vierjähriger Sohn ihn einmal in dieser Beziehung nachahmte, war der Vater schockiert und so verärgert, daß er dem Knaben eine Tracht Prügel verpaßte. Als der Knabe infolge der schmerzhaften Bestrafung brüllte, brach die grausame Seite der Natur meines Mannes durch. Wäre ich nicht eingeschritten, hätte er das Kind wahrscheinlich zu Tode geprügelt. In normaler Verfassung war er ein wunderbarer Ehemann und Vater und der sanfteste und fügsamste aller Männer. Ich habe oft gehört, wie er sein aufrichtiges Mitgefühl für Menschen ausdrückte, denen ein Unglück zugestoßen war.“

Die Umstände, die zur Entdeckung dieses unmenschlichen Monsters mit der Doppelnatur führten, sind außergewöhnlich und in der Geschichte des Verbrechens einmalig. Da Dr. Howard enthüllt hat, daß Jack the Ripper verhaftet und eingesperrt wurde, ist es nur richtig, den Mann zu würdigen, der die Londoner Polizei auf seine Spur brachte. Er selbst hat sein Versprechen geflissentlich gehalten - aus religiösen Bedenken hatte er sich geweigert,

Robert Lees - ein Meister der parapsychologischen Erfindung.

einen Eid abzulegen - und die Identität des Rippers nicht preisgegeben. Jahrelang konnten sich die Unglücklichen aus dem East End buchstäblich nur unter Lebensgefahr in die Nacht hinauswagen; daß sie heute vor den Attacken des Monsters sicher sind, verdanken sie Robert James Lees. Mr. Lees ist derzeit der Inhaber der neuartigen Anstalt zur Weiterbildung von Arbeitern in Peckham, einem Vorort von London. Mehr als 1.800 Arbeiter besuchen seine Kurse und er hat viel Geld in sein Unternehmen investiert, das jetzt bereits Profit abwirft. Mr. Lees gilt heute als einer der fortschrittlichsten Arbeiterführer in England und zählt zu den engen Freunden Kier Hardys, dem Führer der unabhängigen Arbeiterpartei. Er wohnt derzeit in The Gardens 26, Peckham Rye, London S.E.

In seiner Jugend entfaltete Mr. Lees außergewöhnliche hellseherische Kräfte, die es ihm ermöglichten, mit den Augen eines Sehers Dinge wahrzunehmen, die gewöhnlichen Menschen, die ohne diese Gabe geboren wurden, verborgen bleiben. Mit 19 Jahren wurde er nach Birmingham zur Königin gerufen, wo er seine hellseherischen Kräfte unter Beweis stellte und damit das größte Erstaunen Ihrer Majestät hervorrief. Da er über beträchtliche Mittel verfügte, widmete er sich der Literatur, beschäftigte sich eingehend mit Theologie und studierte schließlich Spiritismus und Theosophie. Er gilt heute als der anerkannte Führer der Christlichen Spiritisten in Großbritannien.

Zur Zeit der ersten drei Ripper-Morde befand sich Mr. Lees auf der Höhe seiner hellseherischen Kräfte. Eines Tages schrieb er in seinem Arbeitszimmer, als ihn die Überzeugung überkam, daß der Ripper im Begriff war, einen weiteren Mord zu begehen. Vergeblich versuchte Lees, das Gefühl loszuwerden. Er saß an seinem Arbeitstisch, und die Szene rollte vor ihm ab. Er sah zwei Personen, einen Mann und eine Frau, die eine ärmliche Straße entlanggingen. Mit seinen geistigen Augen folgte er ihnen und sah, wie sie einen engen Hof betraten. Er las den Namen des Hofes. In der Nähe befand sich ein hell erleuchtetes Ginlokal. Durch die Fenster sah er die Uhr auf 12.40 stehen; um diese Zeit schließen in London die Pubs.
Er bemerkte, daß der Mann und die Frau in einer dunklen Ecke des Hofes verschwanden. Die Frau war halb betrunken, der Mann vollkommen nüchtern. Er trug einen dunklen Anzug aus schottischem Tweed und über den Arm einen hellen Mantel; seine hellblauen Augen glänzten im Schein der Lampe, die den schmutzigen Schlupfwinkel des Paares schwach erleuchtete.
Die Frau lehnte sich an die Mauer und der Mann legte ihr eine Hand auf den Mund. Sie wehrte sich schwach, als wäre sie zu sehr vom Alkohol beeinflußt, um wirksamen Widerstand zu leisten. Der Mann zog ein Messer aus der inneren Westentasche und durchtrennte die Kehle der Frau. Das Blut strömte aus der Wunde und spritzte auch auf seine Hemdbrust. Er preßte die Hand so lange auf den Mund der Frau, bis diese zu Boden fiel. Dann entblößte der Schlächter die unteren Gliedmaßen seines Opfers und fügte ihr mit seinem langen Messer auf systematische Art mehrere Schnitte zu. Dabei legte er bestimmte Organe neben den Körper seines Opfers. Dann wischte er das Messer vorsorglich an den Kleidern der Frau ab, steckte es in seine Scheide und zog den hellen Mantel an. Er knöpfte ihn sorgfältig zu, um die Blutflecke auf dem Hemd zu verstecken. Danach verließ er ruhig den Mordschauplatz.
Diese außergewöhnliche hellseherische Vision spielte sich vor Mr. Lees' geistigen Augen ab. Er war von der Szene, die er auf so unerklärliche Weise beobachtet hatte, so beeindruckt, daß er sofort zu Scotland Yard ging und den Kriminalbeamten die ganze Angelegenheit im Detail schilderte. Da seit Monaten die unterschiedlichsten Verrückten Scotland Yard ihre Theorien über Jack the Ripper präsentierten, betrachteten die Beamten auch Lees als Narren und schenkten ihm wenig Aufmerksamkeit.
Der diensthabende Sergeant ertrug den Mann geduldig. Er hielt ihn für

einen harmlosen Irren und schrieb den Namen des Platzes auf, wo laut Mr. Lees das Verbrechen begangen werden sollte; er notierte auch, daß die Uhr des fiktiven Pubs in dem Moment, als der Ripper mit seinem Opfer den Hof betrat, 12.40 Uhr anzeigte.

In der nächsten Nacht betrat um 0.30 Uhr eine Frau das Pub, das auf den erwähnten Hof hinausging. Sie war schon betrunken, und der Barkeeper weigerte sich, sie zu bedienen. Fluchend und ordinär schimpfend verließ sie das Lokal. Ein weiterer Zeuge sah, wie sie gegen 0.40 Uhr den Hof in Gesellschaft eines Mannes in einem dunklen Anzug betrat, der über dem Arm einen hellen Mantel trug. Der Zeuge hielt ihn für einen Amerikaner, da er einen weichen Filzhut auf dem Kopf hatte; er fügte noch hinzu, daß er „wie ein Gentleman aussah".

Diese Aussage wurde vor dem Coroner gemacht, der die gerichtliche Untersuchung der Leiche der Frau vornahm; man hatte sie an genau dem Ort gefunden, den Mr. Lees beschrieben hatte, „ihre Kehle war von einem Ohr zum anderen durchschnitten und sie war auf unschickliche Weise entsetzlich verstümmelt" - um den Bericht des Coroners zu zitieren. Mr. Lees war äußerst erschüttert, als er am folgenden Tag von dem Mord erfuhr. In Begleitung seines vertrauenswürdigen Dieners suchte er den Schauplatz der Greueltat auf. Um seine eigenen Worte zu verwenden - „Ich hatte fast das Gefühl, Beihilfe geleistet zu haben. Es beeindruckte mich so tief, daß mein gesamtes Nervensystem ernsthaft erschüttert war. Ich konnte nachts nicht mehr schlafen, und auf Anraten eines Arztes reiste ich mit meiner Familie auf den Kontinent."

Während seines Aufenthalts in Europa wurde Mr. Lees nicht mehr durch seine seltsamen Halluzinationen beunruhigt, obwohl der Ripper während Lees' Abwesenheit der Liste seiner Verbrechen vier weitere grauenhafte Morde hinzufügte. Dann mußte Mr. Lees wieder nach London zurückkehren.

Als er eines Tages mit seiner Frau im Omnibus von Shepherd's Bush unterwegs war, hatte er wieder die seltsamen Empfindungen, die ihn schon beim letzten Mal vor seinem hellseherischen Zustand überkommen hatten. Der Bus fuhr den Notting Hill hinauf. Oben blieb er stehen, und ein Mann stieg zu. Sofort empfand Mr. Lees ein eigentümliches Gefühl. Er blickte auf und sah, daß der neue Fahrgast ein Mann von mittlerer Größe war. Er trug einen dunklen Anzug aus schottischem Tweed, darüber einen hellen Mantel und auf dem Kopf einen weichen Filzhut.

Seit der hellseherischen Vision von Mr. Lees war mehr als ein Jahr vergangen, aber das Bild des Mörders hatte sich ihm unauslöschlich eingeprägt. Er beugte sich zu seiner Frau und bemerkte ernst: „Das ist Jack the Ripper." Seine Frau lachte darüber und meinte, er solle nicht so dumm sein. „Ich irre mich nicht", antwortete Mr. Lees, „ich spüre es."

Der Omnibus fuhr durch die Edgware Road und bog bei Marble Arch in die Oxford Street ein. Hier stieg der Mann mit dem hellen Mantel aus.

Mr. Lees beschloß, ihm zu folgen. Er gebot seiner Frau, die Fahrt nach Hause fortzusetzen, er aber folgte dem Mann durch die Park Lane. Auf halbem Weg traf er einen Wachtmeister, dem er den Mann mit dem hellen Mantel zeigte und dem er mitteilte, daß das der gefürchtete „Ripper" war; er forderte den Wachtmeister auf, den Mann zu verhaften. Der Wachtmeister lachte ihn aus und drohte, „ihn einzulochen".

Der „Ripper" dürfte geahnt haben, daß er sich in Gefahr befand, denn bei Apsley House sprang er in eine Kutsche, die ihn rasch hinunter zum Piccadilly fuhr. Einen Augenblick später stieß Mr. Lees auf einen Polizeisergeanten, dem er seinen Verdacht anvertraute.

„Zeigen Sie mir den Wachtmeister, der sich geweigert hat, ihn zu verhaften!" rief der Sergeant. „Erst heute morgen erfuhren wir auf dem Bow Street Revier, daß der 'Ripper' in diese Richtung unterwegs ist."

An jenem Abend hatte Mr. Lees wieder eine Vorahnung, daß der „Ripper" knapp vor einem weiteren Mord stand. Der Schauplatz seiner Untat war diesmal nicht so deutlich auszumachen wie beim letzten Mal, doch das Gesicht der ermordeten Frau war klar erkennbar. Mr. Lees prägte sich das Aussehen des Opfers des „Rippers" genau ein. Die Verstümmelungen ähnelten jenen des ersten Opfers; eine Besonderheit bestand darin, daß ein Ohr völlig vom Gesicht abgetrennt war und das andere nur noch an einem Fetzen Fleisch hing.

Sobald Mr. Lees sich von seiner Trance und dem darauffolgenden Schock über die traumartig erlebte Tragödie erholt hatte, eilte er zu Scotland Yard; hier bestand er auf einem sofortigen Gespräch mit dem leitenden Polizeiinspektor. Dieser hörte sich mit ungläubigem Lächeln den ersten Teil der Geschichte seines Besuchers an, doch das Lächeln verschwand, sobald der Erzähler bei dem Punkt anlangte, wo es um das abgetrennte Ohr ging.

Nach Mr. Lees' Erzählung spiegelte sich deutlich Betroffenheit auf dem Gesicht des Beamten, und mit zitternder Hand nahm er eine Postkarte von seinem Schreibtisch und legte sie dem Besucher vor.

Es war eine gewöhnliche, mit roter Tinte geschriebene Postkarte. Zusätzlich wies sie zwei blutige Fingerabdrücke auf, die der Schreiber als eine Art blutiger Unterschrift auf die glatte Oberfläche gedrückt hatte.
Auf der Karte stand:

> *Morgen nacht werde ich wieder Rache üben und aus einer Klasse von Frauen, die mir überaus verhaßt ist, mein neuntes Opfer holen.*
>
> *JACK THE RIPPER*
>
> *P.S. Zum Beweis, daß ich wirklich Jack the Ripper bin, werde ich dem neunten Opfer die Ohren abschneiden.*

Kaum sah sich Mr. Lees dieser furchtbaren Bestätigung seiner zweiten Vision gegenüber, fiel er ihn Ohnmacht und blieb für alles, was um ihn herum vorging, vollkommen unempfänglich.
Man muß sich vor Augen halten, daß die ganze britische Hauptstadt, die sich damals bis zu dreißig Kilometern von Charing Cross ausdehnte und fast 7 Millionen Menschen beherbergte, durch die schreckliche Serie von Mordfällen eingeschüchtert war. Es gab keine Parallelen zur barbarischen Vorgangsweise, deren Häufigkeit und die scheinbar vollkommene Immunität des unmenschlichen Täters die gesamte Christenheit entsetzte.
Der Inspektor war ein religiöser Mann und betrachtete den außergewöhnlichen Zufall, daß er die Postkarte - deren Inhalt nur er kannte - und gleichzeitig Mr. Lees' Besuch erhalten hatte, als eine Warnung des Himmels und als göttliches Zeichen, nichts unversucht zu lassen, um das Monster der Gerechtigkeit zu übergeben. Den ganzen Tag konzentrierte er seine Energien auf das Problem, wie er das verzweigte Gebiet, das als „Bezirk Whitechapel" bekannt war, am besten schützen konnte. Fast 10.000 Polizisten standen unter seinem Befehl. Als der Abend des nächsten Tages dämmerte, durchstreiften 3.000 von ihnen in Zivilkleidung sowie 1.500 als Dockarbeiter und Handwerker verkleidete Kriminalbeamte die Gassen und Höfe von Whitechapel.
Trotz dieser Vorsichtsmaßnahmen durchbrach „Jack the Ripper" den Kordon, tötete sein Opfer und entkam. Der Inspektor wurde totenblaß, als er erfuhr, daß man das Opfer gefunden hatte: Ein Ohr war vollkommen abgetrennt, und das andere hing nur noch an einem Fetzchen Fleisch. Es dauerte geraume Zeit, bis er seine übliche Selbstbeherrschung wiedererlangte.
Diese neuerliche Tragödie beeinflußte Mr. Lees so sehr, daß er wieder auf

den Kontinent reiste. Während seiner Abwesenheit, beging der „Ripper" seinen sechzehnten Mord und teilte Scotland Yard kühl mit, daß er beabsichtige, zwanzig zu töten und dann aufzuhören.
Kurz darauf kehrte Mr. Lees nach England zurück. Hier machte er die Bekanntschaft von Roland B. Shaw aus New York - ein Effektenmakler aus der Bergwerksbranche -und Fred C. Beckwith aus Broadhead, Wis., - Finanzpromotor eines amerikanischen Syndikats in London.
Eines Tages speisten die drei Herren zusammen im „Criterion", als Mr. Lees plötzlich an seine zwei Begleiter gewandt rief:
„Guter Gott! Jack the Ripper hat wieder einen Mord begangen."
Mr. Shaw blickte auf die Uhr: Es war elf Minuten vor 20.00 Uhr. Um zehn Minuten nach 20.00 Uhr entdeckte ein Polizist die Leiche einer Frau in Crown Court, im Bezirk Whitechapel: Ihre Kehle war von einem Ohr zum anderen durchschnitten und die Wunden an ihrem Körper deuteten darauf hin, daß der Ripper am Werk gewesen war.
Mr. Lees und seine Gefährten begaben sich sofort zu Scotland Yard. Der Inspektor hatte die Nachricht über den Mord noch nicht erhalten, doch während Mr. Lees seine Geschichte erzählte, traf ein Telegramm mit den Details der Untat ein.
Der Inspektor fuhr sofort mit zwei Kriminalbeamten zum Crown Court; Mr. Lees und die beiden Amerikaner begleiteten ihn. Als sie den Hof betraten, rief Mr. Lees:
„Schauen Sie in die Ecke der Mauer. Dort steht etwas."
Der Inspektor lief hin; er hatte keine Laterne bei sich und zündete ein Streichholz an. Im Schein der winzigen Flamme wurden die Worte „Siebzehn, Jack the Ripper" deutlich sichtbar, sie waren mit Kreide auf die Wand geschrieben.
Der Inspektor war mittlerweile dem Wahnsinn nahe. Man muß bedenken, daß dieser Verrückte seit Jahren die größte Polizeiorganisation der Welt samt den ihr zu Gebote stehenden Hilfsmitteln zum Narren hielt; als die Polizei schließlich kapitulierte, riefen die britischen Behörden die erfahrensten Kriminalisten aus Frankreich, Deutschland, Holland, Italien, Spanien und Amerika zu Hilfe. Ungeheure Summen wurden aufgewandt, um den Unhold aufzuspüren, eine Belohnung von 30.000 Pfund und eine Lebensrente von jährlichen 1.500 Pfund waren für denjenigen ausgesetzt, der den schrecklichen „Ripper" der Gerechtigkeit auslieferte.
Wie schon erwähnt, sah der Inspektor in Mr. Lees ein Werkzeug der Vor-

sehung - und in diesem Augenblick beschloß er, sich diese wunderbare, wenn auch vollkommen unverständliche Kraft zunutze zu machen.
Auf die ernste Bitte des Inspektors hin erklärte sich Mr. Lees bereit zu versuchen, den „Ripper“ aufzuspüren - ähnlich wie ein Bluthund einen Verbrecher verfolgt. Eine Art magnetischer Wellen verband offensichtlich seinen äußerst feinen Sinn mit dem Flüchtigen. Die ganze Nacht unterwarf sich Mr. Lees diesem seltsamen magnetischen Einfluß und durchwanderte eilig die Straßen Londons. Der Inspektor und seine Leute folgten wenige Meter hinter ihm. Um vier Uhr morgens blieb der menschliche Bluthund mit blassem Gesicht und blutunterlaufenen Augen vor dem Tor einer Villa im West End stehen. Seine Lippen waren geschwollen und aufgesprungen, er keuchte und deutete auf ein Fenster im Obergeschoß, aus dem ein schwacher Lichtschein fiel.
„Dort ist der Mörder - der Mann, den Sie suchen.“
„Das ist unmöglich“, antwortete der Inspektor. „Hier wohnt einer der berühmtesten Ärzte des West End.“
Jetzt kommt der ungewöhnlichste Teil dieser nahezu unglaublichen Geschichte. Der Inspektor war so sehr von den hellseherischen Fähigkeiten Mr. Lees' beeindruckt, daß er entschlossen war, sie auf die entscheidende Probe zu stellen.
„Wenn Sie mir die Diele beschreiben“, sagte er, „so werde ich ihn verhaften; ich setze damit meine Stellung aufs Spiel, die ich mir durch zwanzig Jahre treuer Arbeit erworben habe.“
„Wenn man die Diele betritt, steht rechts ein hoher Stuhl aus schwarzem Eichenholz, am anderen Ende befindet sich ein buntes Glasfenster und eine große Bulldogge schläft im Augenblick am Fuß der Treppe“, antwortete Mr. Lees ohne zu zögern.
Sie warteten bis 7.00 Uhr; um diese Zeit beginnt die Dienerschaft in einem vornehmen Londoner Haus sich zu regen. Dann betraten sie das Haus und erfuhren, daß der Doktor noch im Bett war. Sie baten, seine Frau sprechen zu dürfen. Der Diener ließ sie in der Diele stehen, und Mr. Lees machte den Inspektor darauf aufmerksam, daß keine Bulldogge zu sehen war, obwohl die Beschreibung der Diele in allen anderen Belangen genau stimmte. Auf die Frage, wo denn der Hund sei, antwortete das Dienstmädchen, daß der Hund meist am Fuß der Treppe schlief, jeden Morgen aber in den Garten hinausgelassen wurde.
Als der Inspektor das hörte, rief er:

„Großer Gott!" und fügte leise zu seinen Begleitern hinzu: „Das ist die Hand Gottes."
Im Verlauf einer halbstündigen eingehenden Befragung gestand die schöne Frau des Arztes, daß ihr Mann ihrer Ansicht nach nicht ganz bei Verstand war. Es gab Augenblicke, in denen er sie und die Kinder bedrohte. Wenn das geschah, hatte sie sich angewöhnt, sich einzusperren. Voll herzzerbrechender Angst war ihr aufgefallen, daß ihr Mann nie zuhause war, wenn ein Mord in Whitechapel geschah.
Eine Stunde später hatte der Inspektor alles Notwendige zur Vernehmung des Arztes veranlaßt. Er hatte zwei der größten Experten der Stadt auf dem Gebiet der Geisteskrankheiten zu seiner Unterstützung angefordert. Als der Arzt beschuldigt wurde, gab er zu, daß sein Geist schon seit einigen Jahren gestört war und daß es seit kurzem Zeitspannen gab, an die er sich nicht erinnern konnte; er wußte nicht, was er während dieser Zeit getan hatte. Als man ihm mitteilte, daß er beschuldigt wurde, während der Erinnerungslükken die Morde in Whitechapel begangen zu haben, drückte er Reue und Abscheu vor solchen Taten aus. Er sprach von dem Mörder, als wäre es eine mit ihm nicht idente Person, und erklärte sich bereit, ihn der Gerechtigkeit auszuliefern. Er berichtete den Ärzten, daß er ein-oder zweimal in seinen Räumen zu sich gekommen war, als wäre er plötzlich aus einer langer Betäubung erwacht, und einmal hatte er Blut auf seinem Hemd gefunden, das er einem Nasenbluten zuschrieb. Ein anderes Mal war sein Gesicht ganz zerkratzt gewesen.
Als der Inspektor das vernahm, veranlaßte er eine genaue Durchsuchung des Hauses, bei der man ausreichende Beweise dafür fand, daß der Arzt der Mörder war. Unter anderem förderten die Kriminalbeamten den berühmten Anzug aus schottischem Tweed, den weichen Filzhut sowie den hellen Mantel zutage. Als er von seiner Schuld überzeugt war, bat der unglückliche Arzt, ihn sofort zu töten, er könne mit einem solchen Monster nicht unter einem Dach leben.
Wie am Beginn dieses Artikels bereits festgestellt, ergab eine eingehende Untersuchung in Gegenwart einer Kommission für Geisteskrankheiten, daß der Arzt einerseits ein höchst ehrenwerter Mann war, andererseits jedoch ein fürchterliches Monster. Er kam sofort in eine private Anstalt für Geisteskranke in Islington und ist dort der derzeit schwierigste und gefährlichste Verrückte.
Um das Verschwinden des Arztes aus der Gesellschaft zu erklären, wurden

sein Tod und eine Beerdigung vorgetäuscht. Der leere Sarg in der Familiengruft in Kensal Greens enthält angeblich die sterblichen Überreste eines großen Arztes aus dem West End, dessen frühen Tod ganz London betrauerte.
Keiner der Wärter weiß, daß der verzweifelte Irre, der sich in seiner Gummizelle von einer Seite auf die andere wirft und dessen durchdringende Schreie die langen Nachtwachen zur Hölle machen, der berüchtigte „Jack the Ripper" ist. Für sie und für die Inspektoren ist er einfach Thomas Mason, alias No. 124.

Die Sache mag melodramatisch gefärbt sein, aber abgesehen davon scheint alles genau zu stimmen. Die Details der Ereignisse sind in leicht verifizierbarer chronologischer Ordnung festgehalten, die Zeitpunkte genauestens bestimmt, Namen und Orte werden exakt angegeben. Aber wenn wir von dieser offensichtlichen Genauigkeit absehen - haben wir es wirklich mit einer authentischen Zusammenfassung zu tun?

9
Die Ananias Liga tritt auf den Plan

Die Enthüllungen aus Chicago beinhalten eklatant falsche Elemente. Schon der erste Absatz stellt ihre Glaubwürdigkeit in Frage. Man will uns weismachen, daß die wenigen kurzen Bemerkungen von Dr. Howard in San Francisco ausreichten, um das Schweigen eines Mitwissers von Lees in Chicago zu brechen. Das wiederum setzt voraus, daß Lees sein Versprechen der Geheimhaltung gebrochen und einem Mann von zweifelhafter Moral vertraut hat. Diese Argumentation könnte man noch weiter fortsetzen, aber es wäre reine Energieverschwendung. Tatsache ist, daß die Geschichte von Anfang bis Ende ein riesiger Schwindel ist. Nicht nur das, sie wurde bewußt als Schwindel konstruiert, der sich selbst entlarven sollte. Aus jedem Absatz geht deutlich hervor, daß er erfunden ist. In Wahrheit geht es in keinem einzigen Passus um einen der tatsächlichen Morde von Jack the Ripper.

Gehen wir chronologisch vor. Die Morde werden so dargestellt, als wären sie über einen Zeitraum von Jahren verübt worden, doch die wirklichen Ripper-Morde wurden in der kurzen Zeitspanne von nur wenig mehr als zehn Wochen begangen. Betrachten wir weiters die Zahl der Opfer. In Wirklichkeit starben fünf Frauen durch die Hand des Rippers, doch das Werk aus Chicago verbucht siebzehn Tote. Auch die sorgfältig angeführten Zeitangaben sind absurd. Nach Lees' „erster Vision" wurde ein Mord nachts um 0.40 Uhr begangen - keiner der Morde fand um diese Zeit statt. Seine erstaunliche hellseherische Leistung im Falle des letzten Mordes, die die beiden Amerikaner miterlebten, setzten den Zeitpunkt des Crown-Court-Mordes mit elf Minuten vor 20.00 Uhr fest. Auch um diese Zeit wurde kein Mord verübt, genausowenig wie es einen Ripper-Mord im Crown Court gab.

Die Geschichte mit der blutverschmierten Postkarte ist eine weitere drollige Erfindung. Die Polizei hat nie eine solche Karte erhalten; aber der Schwindler hat Lees eine Vision über ein abgetrenntes Ohr zugeschrieben, und die Karte verleiht dieser Vision Gewicht, ebenso wie der darauffolgenden Entdeckung des „neunten Opfers, ... dem ein Ohr vollkommen abgetrennt wurde ... während das andere nur noch an einem Fetzchen Fleisch am Kopf hing."

Auch die Park-Lane-Episode enthält eine krasse Absurdität. Lees verliert die Beute, die er verfolgt, weil ihm der patrouillierende Wachtmeister nicht glaubt. Kurz darauf ruft ein vernünftiger Sergeant aufgebracht: „Zeigen Sie mir den Wachtmeister, der die Verhaftung verweigerte! Erst heute morgen erfuhren wir auf dem Bow Street Revier, daß der 'Ripper' in diese Richtung unterwegs ist."

Die Polizei im West End wußte also, daß der Ripper an diesem Tag kommen würde. Aber warum an diesem Tag? Laut der Chicagoer Geschichte lebte und praktizierte der Ripper im West End, er war also jeden Tag in dieser Gegend und mußte nicht erst von außerhalb kommen.

Verrückt? Natürlich - aber die Schwindler beabsichtigten, das Produkt ihres Geistes so grotesk wie nur möglich zu gestalten, reihten fröhlich eine Absurdität an die andere, nur um zu sehen, was man ihnen alles abnehmen würde. Wer waren diese Schwindler? Welche Motive hatten sie? Bevor wir diese Fragen beantworten, müssen wir einen Blick auf die weit verbreitete, lange Tradition der Zeitungsenten in den USA werfen.

Fünf Jahre bevor dieser Schwindel in Chicago entstand, schrieb der amerikanische Schriftsteller Henry Clay Lukens: „Nirgendwo wird das leichtgläubige Leserpublikum mit soviel Erfolg hereingelegt wie in diesem Land ... Ananiase waren nicht selten ... die aufregende Falschmeldung des *New York Herald*, deren Schlagzeile über eine halbe Spalte ging, über die entkommene Menagerie im Central Park, sowie eine brasilianische Monte-Christo-Hochzeit, die in der *New York Times* mit reportagehafter Feierlichkeit und Präzision in allen Einzelheiten geschildert wird, beides sind Klassiker ihrer Art."

Vier Monate, nachdem Lukens diesen Kommentar abgab, veröffentlichte die *Daily Tribune* in Chicago eine überzeugende Geschichte über den indischen Seiltrick. Ein Mr. S. Ellmore hatte das Phänomen untersucht und mit Sicherheit festgestellt, daß es echt war. Zeichnungen und Fotografien untermauerten seine Berichte, und eine Zeitlang triumphierten die Anhänger okkulter und paranormaler Ereignisse. Hier war der großartige Beweis! Vier Monate später schwand die Aufregung, als die Zeitung am 6. Dezember zugab, daß die ganze Angelegenheit eine Erfindung war, um die Auflage zu erhöhen. Der Mann, der die Nachforschungen anstellte, war erfunden, schon sein Name verriet es dem intelligenten Leser [Anmerkung: S. Ellmore - sell more = verkaufe mehr]!

Die Tradition der Zeitungsenten blühte bis weit in das zwanzigste Jahrhundert. William Salisburys *The Career of a Journalist* ist eine wahre Enzyklopädie der Schwindeleien, an denen der Autor teilnahm oder über die er Bescheid wußte; Curtis MacDougall behandelt in seinem Buch *Hoaxes* ungefähr 180 Zeitungsenten, die hauptsächlich aus Amerika stammen. Dazu kommt die oft eng mit dieser Tradition verknüpfte amerikanische Vorliebe für Zusammenkünfte, auf denen unglaubliche Geschichten erzählt wurden sowie für Ananias- oder Lügnerklubs. Diese exzentrische Vorliebe wurde vor allem in den verschieden Bohemian Clubs des Landes gepflegt. Im Falle der Chicagoer Geschichte aus dem Jahr 1895 kam der ursprüngliche Anstoß vom Bohemian Club in San Francisco, der einer der berühmtesten war.

Als es um unglaubwürdige Geschichten um den Ripper ging, konnte es sich Chicago nicht leisten, ausgestochen zu werden, denn in Chicago hatte man die erste groteske Theorie über die Morde des Rippers erfunden. Am 3. Oktober 1888 behauptete Dr. J. G. Kiernan, der Herausgeber des *Medical Standard*, daß der Mörder von Whitechapel schlicht und einfach ein Kannibale sei. Auch die erste ausführliche Phantasiegeschichte über die Morde wurde in Chicago veröffentlicht: Die Eagle Verlagsgesellschaft in Chicago brachte 1889 ein Werk von E. O. Tilburn heraus, *The Whitechapel Mystery: Jack the Ripper, A Psychological Problem.* Darin wurde ein englischer Arzt als Mörder genannt, angestiftet und unterstützt von einem amerikanischen Polizisten. Von da an war den Bohemians aus Chicago das Londoner Rätsel sehr ans Herz gewachsen.

Nirgendwo in den Staaten wurde über das Thema öfter diskutiert, nirgendwo stellte man mehr Theorien darüber auf. Als logische Konsequenz gründeten die Ripper-Fanatiker einen einzigartigen Klub, der Jack the Ripper gewidmet war; logischerweise nannten sie ihn „Whitechapel Club“. Der Zeitungsherausgeber Julius Chambers gab einen Hauch der Klubatmosphäre wider, als er schrieb: „Der Whitechapel Club, Chicago ... lud mich zum Dinner ein. Ich saß unter einer Schlinge und trug eine schwarze Kapuze, die 'angeblich' einst das Gesicht eines in Joliet gehenkten Mörders bedeckt hatte. Die Whitechapel-Club-Mitglieder von damals waren drollige, übermütige Gesellen." Chambers verabsäumte zu erwähnen, daß der Eßtisch die Form eines riesigen Sarges hatte, mit einem Sargnagel für jedes Mitglied.

Der Journalist James Milne übertraf diese Schilderung mit seiner Erzählung: „In Chicago nahm man mich eines Abends in den Whitechapel Club mit, den die literarischen und künstlerischen Bohemians so getauft hatten, weil er nicht nur für seine zuvorkommende Gastfreundschaft, sondern auch für seine 'furchtbare' Atmosphäre bekannt war. Eine besondere Spezialität war es, die Mitglieder zu „unglaublichen Geschichten" zu animieren, die dann von einem ulkigen Chor niedergebrüllt wurden; eine Strophe lautete:

In den Tagen des alten Rameses, wißt ihr noch?
Erzählte man dieselbe Geschichte, dieselbe Geschichte.
In den Tagen des alten Rameses, da hatte die Geschichte schon einen Bart
Wißt ihr noch, wißt ihr noch, wißt ihr noch?

Der Whitechapel Club, Chicago, der die Schwindeleien perfektionierte.

Wir müssen nicht weiter nach den Schuldigen suchen, die hinter dem Schwindel von 1895 standen. Dieser ungewöhnliche, übermütige Klub war nicht nur Anziehungspunkt für gut informierte Ripperologen, sondern hier bastelte man auch an erfundenen Geschichten. Außerdem war er der bevorzugte Klub der Redakteure und Reporter der *Sunday Times-Herald*; die Klublokalitäten befanden sich an der Rückseite des *Times-Herald* Gebäudes. Die Kombination dieser drei Elemente führte mit Sicherheit dazu, daß die arrivierten Klubmitglieder sich zusammentaten und den Humbug-Bericht entwarfen. Denn erstaunlicherweise bedurfte es echten Fachwissens, um eine Ripper-Geschichte zu schreiben, die nicht ein einziges Bruchstück einer authentischen Information enthielt. Es wäre viel einfacher gewesen, die tatsächlichen Ereignisse zu nehmen und hier und dort Erfundenes hinzuzufügen; doch das hätte den Wert der Geschichte vermindert. Denn von einer guten Ulkgeschichte erwartete man eine gewisse Dreistigkeit. Nur so konnte das Heldenstück die uneingeschränkte Bewunderung der lustigen Gefährten erringen, die an dem Geheimnis teilhatten.

Die Enthusiasten, die dieses Werk verfaßten, waren nicht nur kühn, sondern hatten ihre besondere Freude daran, Hinweise und Anspielungen einzubauen, die jene, die sich mit den Verbrechen befaßten, leicht verstanden. Es lag etwa auf der gleichen Linie wie die klugen Spiele, die die Fans von Sherlock Holmes heute miteinander spielen. Hinter den groben Parodien in diesem Artikel kann man die Hinweise auf die Zeitungen erkennen, die als Inspiration dienten. Zum Beispiel die sadistischen Betätigungen des verrückten Doktors - die durchbohrten Fliegen, verbrannten Katzen, geblendeten Kaninchen und so weiter - gehen auf ein hypothetisches Porträt des Rippers zurück, das in der *Illustrated Police News* vom 6. Oktober 1888 erschien. Darin hieß es:

Es besteht jedoch kein Zweifel, daß es Menschen gibt, die ... schon in ihrer Kindheit Freude an Grausamkeiten erkennen lassen, was zweifellos angeboren ist. Dr. Savage hat Kinder gekannt, die bereits in sehr jungen Jahren den Fliegen die Flügel ausrissen, lebende Frösche brieten und Vögeln die Augen ausstachen. Ihre Untaten gipfelten darin, daß sie Katzen und Hunde zu Tode traten, kochendes Wasser über die Tiere gossen oder sie lebendig verbrannten ... es kommt nicht überraschend, wenn sie zu Mördern ihrer Mitmenschen heranwachsen ... Die offensichtliche Planlosigkeit

der Verbrechen, die uns in letzter Zeit schockierten, läßt darauf schließen, daß der Täter... tatsächlich zu jenen unglückseligen Kreaturen zählt.

Die gräßliche Postkarte, mit der Drohung, die Ohren des „neunten Opfers“ abzuschneiden, geht wiederum auf die zwei bekannten Briefe vom 25. September und 1. Oktober 1888 zurück. Der erste Brief kündigte an, „... die Ohren der Dame abzutrennen und sie den Polizisten zu schikken.“ Er war mit roter Tinte geschrieben. Die nachfolgende Postkarte hingegen besagte entschuldigend: „... hatte keine Zeit, die Ohren für die Polizei zu holen.“

Ähnlich verhält es sich mit der Schrift auf der Mauer und der übertriebenen Anzahl von Opfern: Sie geht auf Berichte zurück, die nach dem Chapman-Mord auftauchten. Das Gerücht ging um, daß auf das Tor zu Hanbury Street 29 eine Nachricht gekritzelt wurde: „Das ist die Vierte. Ich werde noch sechzehn umbringen und mich dann ergeben.“ Diese

„Inschrift“ entstammte ebenfalls nur einer erhitzten Phantasie. Ironischerweise führte also eine erfundene Nachricht zu einer weiteren erfundenen Nachricht.

Die Clowns aus Chicago hatten Glück. Es war die Blütezeit des Sensationsjournalismus. Sensationelle Spalten waren bei den Zeitungen sehr begehrt und das journalistische Berufsethos wurde auf bedenkenlose Weise vernachlässigt. Professor Edwin Emery stellt dies in seinem Buch *The Press and America*, einer Geschichte des Journalismus, fest. Er schreibt über die Schmieren-Journalisten: „Sie vertraten einen marktschreierischen, protzigen, sensationslüsternen, verantwortungslosen Journalismus, der die Leser mit allen nur erdenklichen Mitteln verführte. Er beeinflußte die Schreibweise sowie die Illustrations- und Drucktechnik, die der Stolz des neuen Journalismus waren, und die jetzt für die falschen Ziele eingesetzt wurden. Das große Drama Leben wurde so zu einem billigen Melodram und die Tagesereignisse wurden auf jene Form zurechtgebogen, die sich am besten dazu eignete, die Verkaufszahlen der schreienden Zeitungsjungen zu erhöhen. Und was am schlimmsten war, statt die Leser wirksam zu leiten, bot man ihnen Sünde, Sex und Verbrechen.“

„Sünde, Sex und Verbrechen“ - die Ripper-Geschichte beinhaltete alle drei, sowie zusätzlich ein übernatürliches Element und einen geheimnisvollen Arzt aus den oberen Kreisen. Noch etwas trug dazu bei, daß die Geschichte gerade zu diesem Zeitpunkt erschien. Die Presseleute hatten erfahren, daß der gesprächige Dr. Forbes Winslow auf dem Kongreß für Medizin und Rechtswissenschaften in New York den Vorsitz für das Gebiet der Geisteskrankheiten führen würde. Der *New York Herald* hatte sich schon früher eifrig um Winslow bemüht und seine Ansichten über die Ripper-Jagd gebracht. Sobald Winslow in New York war, würde man sicherlich hinter ihm her sein, um weiteres Material von ihm zu erhalten, einschließlich der neuesten Geschichten über das Rätsel von Whitechapel. Die Chicagoer Zeitung war folglich bereits gewarnt und brachte ihren „Ripper-Exklusivbericht“ sechs Tage bevor Forbes Winslow in den Staaten eintraf.

Das deckte sich vorzüglich mit der Philosophie, die Hearsts leitender Redakteur Arthur McEwen wie folgt zusammenfaßte: „Wir wollen die 'Na-Sowas-Reaktion'. Wir bauen unsere Zeitung so auf, daß der Leser, wenn er sie aufschlägt, 'Na sowas!' sagt.“

Und das wirkte sich sehr, sehr gut für die Auflage aus. Geld, nicht Qualität war der Gott jener Zeiten, wie Professor Emery bestätigt, wobei er das *New York Journal* als Beispiel verwendet: „... Der Historiker der Journalisten, Willard G. Bleyer, zitierte die Schlagzeilen des *Journal*, aus dem Herbst 1896 und hatte zweifellos recht, wenn er sie mit einem sprunghaften Anstieg der Auflage auf 125.000 Exemplare innerhalb eines Monats in Zusammenhang brachte: 'Echte amerikanische Ungeheuer und Drachen' - so war ein Bericht über die Entdeckung fossiler Überreste durch eine archäologische Expedition betitelt. 'Eine wunderbare Neuerung bei der Medikamenteneinnahme: Hervorragende Ergebnisse! Medizin in Röhrchen wird den Patienten in Trance nur gezeigt' - eine Schlagzeile, die die Mediziner entsetzte. 'Henry James' neuer Roman über Unmoral und Verbrechen: Der große Schriftsteller wechselt überraschend auf das Gebiet der Sensationsliteratur' - damit kündigte das *Journal* die Neuerscheinung *The Other House* an."

Alles begünstigte demnach die Schwindler, aber wie wollten sie die Rolle von Dr. Howard und R. J. Lees rechtfertigen? Vertrauten sie blind darauf, daß beide Männer stillschweigend zusehen würden, wie ihr Ruf in den Schmutz gezogen wurde?

10
Medium Rare?

Im Fall von Dr. Howard blieb ein Ausweg offen, denn es wurde nie ein Vorname genannt, nicht einmal ein Anfangsbuchstabe, auch die Adresse fehlte. Trotzdem nahmen informierte Leser an, daß es sich dabei um Dr. Benjamin Howard handelte, der im St. George's Club, Hanover Square, London, wohnte. Das war jedenfalls die Meinung der englischen Zeitung *People*; am 19. Mai 1895 kommentierte sie den Chicagoer Artikel wie folgt:

Vor kurzer Zeit erschien in einer Londoner Wochenzeitung die entsetzlich realistische Beschreibung eines kriminellen Irren, der in einer unserer Strafanstalten sitzt. Der Mann ist auf das Niveau einer nicht mehr der Sprache mächtigen Bestie herabgesunken. Angeblich war er der als „Jack the Ripper" bekannte Unhold ... Die Geschichte galt als Erfindung eines geschäftstüchtigen Schriftstellers. Trotzdem könnte sie wahr gewesen sein, und diese Möglichkeit präsentiert sich durch eine Aussage von Dr. Howard in San Francisco in neuem Licht. Dr. Howard ist ein anglo-amerikanischer Arzt und in London nicht unbekannt; ich glaube, er ist Mitglied des Königlichen Ärztekollegiums. Ich habe Dr. Howard früher sehr gut gekannt und seine intellektuellen Fähigkeiten immer sehr hoch eingeschätzt. Er hat dem Bohemian Club von San Francisco eine erstaunliche Geschichte erzählt, den wahren, peinlich genauen Hergang, wie „Jack the Ripper" gefangengenommen und eingesperrt wurde.Nach Aussage von Dr. Howard war „Jack the Ripper" kein anderer als ein bekannter Londoner Arzt, der als tot gilt. Im Interesse seiner Berufskollegen und aus anderen Gründen verschwand er von der Bildfläche, indem man seinen Tod vortäuschte und ihn beerdigte.Er lebt derzeit als gefährlicher Verrückter hinter Gittern. Dem Bericht von Dr. Howard zufolge war es ein gewisser Robert James Lees, ein Philanthrop und höherer Arbeiterführer sowie Freund von Keir Hardie, der durch seine außerordentlichen hellseherischen Fähigkeiten die Londoner Kriminali-

sten zum Haus des Mörders führte. Mr. Lees soll immer noch in The Gardens 26, Peckham Rye, leben. Er ist derzeit der Vorsitzende der „Christlichen Spiritisten Großbritanniens". Eine Commission de Lunatico Inquirendo stellte die Fakten gegen den Verbrecher zusammen, der zugab, daß sich sein Geist zeitweise verwirrte; dann lebte er ein anderes Leben und fand sich nach dem Erwachen in fremder Umgebung unter seltsamen Umständen wieder. Dr. Howard bestätigt, daß er Mitglied der Kommission war, die „Jack the Ripper" für den Rest seiner Tage in eine Heilanstalt sandte. Dr. Howard wird sich dafür verantworten müssen, warum er einen Eid gebrochen hat, den er zusammen mit seinen Kollegen seinerzeit ablegte, nämlich das Geschehene niemals zu enthüllen. Die Geschichte wird mit bemerkenswerter Ausführlichkeit erzählt, und Chicago veröffentlicht ein Bild von Mr. Lees, den man zu dem Thema auch befragen könnte. Wenn die ihm zugeschriebene Geschichte wahr ist, so handelt es sich um eine der erstaunlichsten hypnotischen Erscheinungen.

Als dieses erdrückende Material erschien, schwieg Dr. Benjamin Howard. Gab er damit seine Schuld zu? Weit gefehlt. Dr. Howard befand sich ganz einfach außer Landes und bekam die Verleumdung nicht zu Gesicht. Als er zurückkehrte, reagierte er schnell, um die Sache in Ordnung zu bringen. Er schrieb an den Redakteur und Herausgeber von *People* folgenden Brief:

St. Georges Club,
Hanover Sqr., W.
26. Januar 1896

Sehr geehrte Herren,
Einige Leute haben meine Aufmerksamkeit auf „eine aufsehenerregende Geschichte" in Ihrer weitverbreiteten Zeitschrift „People" vom 19. Mai 1895 gelenkt; ich werde darin direkt eines Eidbruchs etc. beschuldigt.
In dieser Veröffentlichung wird mein Name auf unehrenhafte Weise mit Jack the Ripper in Verbindung gebracht, auf eine Art, die - wenn es sich als richtig erwiese - wahrscheinlich dazu führen würde, daß die Britische Medizinische Gesellschaft mich auffordern würde, ihr Gründe darzulegen, warum mein Name mit den drei Titeln davor nicht aus dem offiziellen Register gestrichen werden soll.
Wenn es die andere Seite auch sehr bedauern wird, aber an diesem auf-

sehenerregenden Bericht entspricht, was mich betrifft, nicht ein einziger Punkt den Tatsachen.
Außer dem, was ich vielleicht in den Zeitungen gelesen habe, weiß ich nichts über Jack the Ripper. Ich habe niemals eine öffentliche Erklärung über Jack the Ripper abgegeben - und zu der Zeit, als ich das angeblich getan haben soll, war ich Tausende Meilen von San Francisco entfernt.
Während meiner Abwesenheit von London blieb die Erklärung so lange unwidersprochen, daß sich der Schaden vervielfachte und die privaten Möglichkeiten einer Richtigstellung überschritten wurden.

Ich verbleibe hochachtungsvoll,
B. Howard

Dr. Howard erhielt postwendend Antwort von dem Journalisten, der den Artikel geschrieben hatte:

31. Januar 1896

Sehr geehrter Herr Dr. Howard!
Den Inhalt der Geschichte über „Jack the Ripper" entnahm ich einem zweispaltigen Bericht in der „Chicago Times". Die Veröffentlichung erfolgte offensichtlich in so gutem Glauben, daß mir nie Zweifel kamen. Sie werden bemerken, daß ich von Ihnen nicht nur mit Respekt, sondern mit Bewunderung sprach.
Ich hoffe jedenfalls, daß der Vorfall zu einer Erneuerung unserer Freundschaft führen wird.
Teilen Sie mir bitte mit, was Sie von mir erwarten; ich werde Ihren Wünschen gerne nachkommen.
Ich werde Sie immer als einen verständnisvollen Bekannten meines geliebten Sohnes, den ich verloren habe, in Erinnerung behalten; Sie sagten ihm eine große Zukunft voraus.

Wollen Sie mich nicht besuchen?

Joseph Hatton

Der Briefwechsel bereitete dem ersten Teil des Schwindels mit Erfolg ein Ende: Bezeichnenderweise nannte niemand einen anderen Dr. Howard als den Schuldigen von San Francisco. Doch der Fall Lees lag anders. Er wußte genug über die Morde, um den Schwindel mit ein paar Tatsachen und Zahlen aufzudecken, aber der Mann schwieg. Es gab gute Gründe für Lees' Stillschweigen, denn er war schlau und erkannte, daß ihm der Artikel nützlich war. Gleichzeitig stellte er fest, daß seine Phantastereien sich an ihm rächten, denn er hatte vertraulich immer damit geprahlt, geheime Informationen über das Ende des Rippers zu besitzen. Es war also viel besser, würdiges Stillschweigen zu bewahren und es anderen zu überlassen, ihn als Mann zu sehen, der gewichtige Geheimnisse bewahren konnte. Auf diese Weise geriet er nicht in Gefahr.

Lees war kein Lügner im gewöhnlichen Sinn. Er glaubte, daß seine Aufgabe darin bestand, erbauend auf das Denken der Menschen zu wirken. Diese Überzeugung beherrschte sein gesamtes Tun und Predigen. Doch wie viele andere, die von ihrer Berufung zutiefst überzeugt sind, hatte er das Gefühl für die Realität verloren. Die Dinge, auf die er hoffte und nach denen er sich sehnte, entwickelten sich zu mehr als bloßen Vorstellungen. Für Lees wurden sie zu konkreten Erfahrungen und Leistungen. Er dachte über ein Problem und seine Lösung nach und gelangte oft zu der Überzeugung, daß seine geistige Intervention das Problem tatsächlich gelöst hatte. Die verschiedenen übersinnlichen Geschichten, die er erzählte, veranschaulichten diesen grotesken Prozeß deutlich.

Eine handelte von seinen Taten als Agent der Regierung Jahre *vor* den Ripper-Morden. Er beteuerte seiner Tochter Eva gegenüber, daß er im Jahr 1883 für die Verhaftung eines irischen revolutionären Bombentrupps verantwortlich war, hinter dem der überragende Geist des irischen Revolutionärs Dr. Gallacher stand. Lees vollbrachte seine Heldentat, nachdem er ein paar amerikanische Besucher zu den Sehenswürdigkeiten Londons geführt hatte. Eine innere Stimme drängte ihn, diese Touristen bei Scotland Yard zu melden. Das tat er und sprach bei seinem „alten Freund Anderson", dem Polizeichef, vor. Die Polizei trat in Aktion, durchsuchte die von Lees genannte Adresse in der Villiers Street, und der Bombenanschlag wurde vereitelt.

Es war Lees' Pech, daß gerade diese Angelegenheit äußerst gut dokumentiert ist. Die Berichte beweisen, daß der Scharfsinn von Georg Pritchard den Bombenanschlag verhinderte. Pritchard war Lagerarbeiter in Birmingham und besaß keinerlei übersinnliche Fähigkeiten. Die Attentäter hatten in der Ledsam Street 128, Ladywood, Birmingham, Nitroglyzerin erzeugt, wobei sie bei Pritchards Firma Glyzerin bestellten. Sie gaben an, es zur Erzeugung von Haaröl zu brauchen. Doch sie verlangten eine Qualität, deren chemische Reinheit selbst den für Luxushaaröl benötigten Reinheitsgrad weit überschritt. Pritchard vermutete, daß sie logen. Er überprüfte ihre Werkstatt und fand so viele Ungereimtheiten, daß eine Vorsprache bei der Polizei berechtigt war. Die Polizei verschaffte sich mit Hilfe von Nachschlüsseln Zutritt. Sobald sie drinnen waren, entdeckten sie eine Bombenfabrik, stellten aber fest, daß es zu früh war, um zuzuschlagen; sie zogen sich zurück und ließen alles unberührt. Eine von da an sorgfältig durchgeführte Überwachung und die Überprüfung abgefangener Briefe führten zur Verhaftung der ganzen Bande, einschließlich des in London von Dr. Gallacher angeführten Teams.

Eine andere phantastische Geschichte rankte sich um Lees' Bücher. Seinen Angaben zufolge hatten Geister sie ihm diktiert. Keine körperlosen, unsichtbaren Geister. Im Gegenteil, diese Geister von Verstorbenen nahmen in Lees' Arbeitszimmer Gestalt an, saßen als Geschöpfe von Fleisch und Blut auf Stühlen, räusperten sich und diktierten jede Zeile mit sonorer Stimme. Lees beteuerte sogar, daß er eine Fotografie von einem von ihnen besaß. Es gab tatsächlich eine Fotografie, die Lees neben einer seltsamen, weißumschleierten, halb transparenten Gestalt zeigte. Dieses Bild erschien im *Illustrated Leicester Chronicle* vom 28. November 1929 zusammen mit einem eigenartigen Interview.

In diesem Interview behauptete Lees, daß ein Mr. Boursnell aus Shepherd's Bush das Foto gemacht hatte; Boursnell war ein Fotograf, der sich für Spiritismus interessierte, jedoch keine Erfahrung darin hatte, wie spiritistische Fotos zu machen waren. Mr. Lees ermutigt ihn dazu, es zu versuchen und setzte sich vor seine Kamera. Boursnell stellte gerade die Schärfe ein, als Lees den Geist eines seiner besten Freunde wahrnahm; das veranlaßte ihn, bei der Entwicklung der Platte zuzusehen. Voll Staunen beobachteten die beiden Männer, wie zuerst ein fremder Schatten auf der Platte erschien, der sich dann langsam zum Bild des Geistes von Lees' Freund verdichtete, der neben dem Arbeitsstuhl stand.

Hier haben wir es mit zwei weiteren phantastischen Erfindungen zu tun, denn Boursnell hatte lange bevor Lees für ihn saß, „Geisterbilder" gemacht (besser gesagt gefälscht); der „Geist", der auf der Platte erschien, war kein Freund oder Vermittler, sondern einfach ein immer vorhandenes Requisit Boursnells - das Foto eines Gemäldes, das durch Doppelbelichtung hinzugefügt wurde. Darüber gibt es keinen Zweifel. Zufällig bin ich im Besitz einer Reihe von Fotografien, die einst Boursnell gehörten. Einer seiner Assistenten hat sie aufgenommen, und sie zeigen Boursnell, umgeben von den verschiedensten „Geister-Komparsen". In dieser Sammlung befindet sich auch ein Foto, auf dem Boursnell mit dem angeblichen „Vermittler" aus Lees' Bild zu sehen ist. Auf diesem Foto sind weniger Draperien verwendet worden, und sie sind anders arrangiert; au-

Das Komplott von Birmingham im Jahr 1883: die Küche des Whitehead-Hauses in Birmingham, die als Destillieranlage für Nitroglyzerin verwendet wurde.

ßerdem wurde das Requisitenbild seitenverkehrt verwendet, so daß es von rechts nach links schaut. Doch man sieht mehr von der Bekleidung, so daß sich der „Vermittler" als ein Porträt aus der Mitte des neunzehnten Jahrhunderts erweist.

Es bedarf keiner zusätzlichen Beweise dafür, daß keine von Lees' kühnen Hypothesen ernstzunehmen ist. Sogar Lees' Tagebucheintragungen aus dem Jahr 1888 widerlegen die Behauptung, daß er seit Jahren erfolgreich mit der Polizei kooperierte und mit Anderson bereits im Jahr 1883 zusammenarbeitete.

Dieses Tagebuch (es wird in Stansted Hall aufbewahrt) beweist, daß Lees erst am 2. Oktober 1888 an die Polizei herantrat, zwei Tage nach den Mordfällen vom 30. September. Das Tagebuch berichtet:

Dienstag, 2. Oktober. Bot der Polizei meine Dienste bei der Verfolgung der Morde im East End an - wurde als Narr und als Verrückter bezeichnet. Fand Spur des Mannes von der Berner Street. Mittwoch, 3. Oktober. Ging wieder zur City Polizei - wurde Irrer und Narr genannt. Donnerstag, 4. Oktober. Ging zu Scotland Yard - gleiches Ergebnis, versprachen aber zu schreiben.

Das sind keineswegs die Worte eines Menschen, der bereits Verbindung zur Polizei aufgenommen hat. Auch jemand, der zwei Morde vorhergesagt hat, würde anders sprechen. Sein Empfang bestätigt das. Wenn er auf zwei korrekte Vorhersagen verweisen könnte, wie es die Chicagoer Zeitung behauptete, hätte man ihn erfreut und mit Bewunderung und Respekt empfangen. Doch die aufgebrachte Polizei behandelte ihn genauso wie die übrigen medial veranlagten Menschen, die sich damals lautstark darum bemühten, daß die Polizei ihr „besonderes Wissen" zu Protokoll nahm und sich danach richtete. Es war überheblich von Lees, wenn er eine Sonderbehandlung erwartete, die seine Phantastereien als wertvoll einstufte. Tatsächlich galten Lees' Wahrnehmungen 40 Jahre lang nur für seine devoten Verehrer als wertvoll. Doch das änderte sich dramatisch nach seinem Tod im Jahr 1931.

Es begann mit einem Artikel in Lees' Lokalzeitung, der *Illustrated Leicester Chronicle.*

11
Die Fleet Street schließt sich dem Jux an

Der Artikel, der den Umschwung bewirkte, erschien am 23. November 1929 und berichtet über ein Interview mit Lees. Die ausschlaggebende Passage im Text lautete:

Als junger Mann war er Regierungsagent und seine übersinnlichen Fähigkeiten ermöglichten ihm die Lösung ungeklärter Fälle, nachdem sich Scotland Yard geschlagen gegeben hatte. Er ist tatsächlich einer der wenigen Menschen, die die Identität des berüchtigten „Jack the Ripper" kannten ... Ein Eid verpflichtete ihn, Stillschweigen über den Namen zu wahren. Da er sich als Staatsangestellter weigerte, die so dringend benötigte Information preiszugeben, wurde er für fünf Jahre von London nach St. Ives verbannt.

Dieser vielversprechende Leckerbissen erregte die Aufmerksamkeit der Massenpresse der Fleet Street, und eine Schar entschlossener Reporter fuhr nach Leicester, wo Lees wohnte; jeder war davon überzeugt, er könnte Lees den Namen des Mörders entlocken. Doch Lees weigerte sich zu sprechen, selbst als man die Scheckbücher zog. Die Bemühungen der Presse blieben ohne Ergebnis. Conan Doyle, ein Spiritistenkollege, versuchte ebenfalls sein Glück, aber auch er konnte Lees nicht dazu überreden, den Namen preiszugeben. Eine Zeitlang ebbte das plötzlich eingesetzte Interesse wieder ab. Im Januar 1931 starb Lees und der *Daily Express* ergriff die Chance. Vielleicht konnte man das Geheimnis aus Lees' Tochter Eva herauskitzeln? Sie hatte bis zu seinem Tod bei ihm gelebt und hatte ihm von all seinen Kindern am nächsten gestanden. Die Möglichkeit war verlockend.

Kriminalreporter Cyril Morton machte sich daran, das Geheimnis zu lüften; er war ein Schmeichler und Überredungskünstler. Er besuchte die redselige Eva Lees und unterhielt sich stundenlang mit ihr über das Leben ihres Vaters und seine Arbeit, doch als er sie schließlich um den Namen des Rippers fragte, hielt sich Eva zurück. Sie war der Meinung, daß es viel zu früh dafür war. Für den Augenblick wollte sie den Tod ihres Vaters nicht durch eine Verbindung zu den schmutzigen Greueltaten von Whitechapel überschatten.

Morton bot ihr 500 Pfund (damals eine stattliche Summe), aber Eva gab nicht nach; mit leeren Händen zog er wieder ab. Bevor er ging, durchblätterte er kurz die Zeitungsausschnitte auf Evas Tisch, unter denen sich auch ein Artikel aus der Chicagoer *Sunday Times-Herald* befand. Besiegt und niedergeschlagen kehrte er in die Fleet Street zurück. Diesmal hatten seine Überredungskünste versagt. Seine Träume über einen exklusiven Ripper-Artikel waren zerronnen. Auf bemerkenswerte Weise lachte aber dann dem *Express* doch noch das Glück. Ein „guter Freund von Lees" tauchte plötzlich mit einem geheimen Dokument auf, das Lees diktiert und zur sicheren Aufbewahrung bis nach seinem Tod hinterlegt hatte. Das behauptete zumindest der *Express*, denn am 7. März 1931 brachte er folgende Geschichte:

Der „Daily Express" wird ein erstaunliches Dokument veröffentlichen, das seit langer Zeit geheimgehalten wurde und das beschreibt, wie ein Hellseher das Rätsel um die Verbrechen von „Jack the Ripper" löste und die Identifizierung und Verhaftung des grausamen Mörders ermöglichte.
Kürzlich verstarb in Leicester Mr. Robert James Lees, der bekannte Spiritist und Hellseher, im Alter von einundachtzig Jahren; mit seinem Tod erhebt sich neuerlich die Frage, wer denn „Jack the Ripper" wirklich war. Vielleicht findet sich jetzt eine Antwort.
Ein Freund von Mr. Lees, der dessen volles Vertrauen besaß, stellte dem „Daily Express" kurz nach Lees' Tod ein Dokument zur Verfügung. Mr. Lees hatte angeordnet, daß dieses Papier erst nach seinem Tode in diesem Land veröffentlicht werden soll. Diesem Wunsch wurde entsprochen.
Bei diesem Dokument handelt es sich um eine der bemerkenswertesten Erzählungen, die je eine Redaktion erreichten. Punkt für Punkt, mit genauen Orts- und Zeitangaben, erzählt Mr. Lees, wie es ihm durch seine hellseherischen Fähigkeiten gelungen war, „Jack the Ripper" zu identifizieren und „wie ein Bluthund" die Polizei zur Wohnung des Mörders zu führen, wo man diesen festnahm.

Das von Mr. Lees diktierte Dokument ist der Bericht über die Rolle, die er seiner Behauptung nach in diesem erstaunlichen Drama gespielt hat.

In diesem Ton geht es fort, und der Artikel endet: „Bestimmt hat die Welt zu diesem Thema nichts annähernd so Aufregendes gehört wie die Geschichte dieses außerordentlichen, hervorragenden Mannes, der von so großer Hingabe und solchem Glauben an seine übernatürlichen Kräfte erfüllt war." Der erste Teil des geheimen Dokuments erschien am 9. März 1931 und der zweite Teil einen Tag später.

In jüngster Vergangenheit wurden der Öffentlichkeit einige beachtliche Schwindeleien vorgesetzt. Denken wir zum Beispiel an die Mussolini Papiere, an die Memoiren von Howard Hughes und die Hitler Tagebücher. Aber in diesen Fällen ging man geschickt mit dem gefälschten Material um, und besonders die Dokumente über Hughes und Hitler wurden mit großer Sorgfalt vorbereitet. 1931 setzte man sich noch keinen so hohen und strengen Maßstab. Das „geheime Dokument" des *Express* war nur ein entsetzlich billiger Hochstaplertrick. Es war nicht geheim, es war nicht neu, Lees hatte es nicht diktiert, und es wurde auch nicht von einem Freund des Mediums zur Verfügung gestellt. Es war nur eine schlaue, raumfüllende Sensation, die Morton verfaßt hatte.

Bevor er Leicester verließ, hatte Cyril noch das Erscheinungsdatum der Chicagoer Zeitung notiert. Er besorgte sich ein Exemplar des Textes aus den USA und ließ alles weg, was auf den amerikanischen Ursprung hindeutete. Die Einleitung fiel weg und mit ihr Dr. Howard. Er strich die verräterischen Sätze, die die Geschichte mit „einem Mann dieser Stadt", also Chicago, in Verbindung brachten. Die Erzählform in der Vergangenheit wurde wo notwendig durch das Präsens ersetzt, und eine neue neunzeilige Einleitung kam hinzu. So unglaublich es auch scheinen mag, aber diese kosmetisch hergerichtete Version des Chicagoer Schwindels aus dem Jahr 1895 wurde zum „geheimen Dokument". Von winzigen Änderungen abgesehen stimmt der im *Daily Express* gedruckte Text Wort für Wort mit dem der *Sunday Times-Herald* vom 28. April 1895 überein.

Man sollte meinen, daß dieser doppelte Schwindel innerhalb weniger Tage öffentlich angeprangert wurde, aber weit gefehlt. Eva Lees äußerte sich ihren Freunden gegenüber wütend, nicht aber in der Öffentlichkeit. Alle Kriminalreporter des Landes litten offensichtlich in bezug auf die tatsächliche Whitechapel-Affäre an kollektivem Gedächtnisschwund. Es war nicht zu fassen, die Geschichte erwachte zu neuem Leben und wurde immer gewichtiger.

Die Franzosen griffen sie bereitwillig auf, als sie in ihren Zeitungen erschien. Die spiritische Bewegung brachte sie in Australien in Umlauf, und James O'Neil veröffentlichte sie später in einem Pamphlet, in dessen Vorwort es anerkennend hieß: „Dem verstorbenen Mr. R. J. Lees wurde Einblick in das unheimliche Rätsel gewährt, das Jack the Ripper und seine Untaten umgab, so daß er der Welt die Wahrheit über diesen Unhold enthüllen konnte." William Boyle Hill gab die Geschichte 1938 in seinem Buch *A New Earth and a New Heaven* wieder. Rupert Elsmore ist derjenige, der in diesem Buch Ermittlungen anstellt, und ihm verschlägt es bei der Geschichte die Rede: „Rupert saß von Entsetzen übermannt in seinem Stuhl und war sprachlos vor Erstaunen; schließlich fand er Worte ...' Was Sie mir heute vorgelesen haben, hat mich vollständig zum Glauben an die Hellseherei und ihre bemerkenswerten Kräfte und Möglichkeiten bekehrt.'" Sogar Dr. Nandor Fodor nahm eine Kurzfassung des Berichts in seine gewichtige *Encyclopaedia of Psychic Science* auf; die Geschichte wurde ohne Vorbehalte wiedergegeben, als handle es sich um ein getreues, zuverlässiges Stück aus dem wirklichen Leben.

Noch wichtiger war, daß der ehemalige Kriminalbeamte Sergeant Edwin T. Woodhall die Geschichte im Jahr 1935 in das Buch *Crime and the Supernatural* übernahm. Der gewitzte Woodhall hatte im Ruhestand eine neue Einkommensquelle entdeckt. Er konnte eine Menge Geld machen, wenn er aus seiner Zeit bei der Polizei und beim Geheimdienst der Armee während des Krieges Geschichten und Erfahrungen erzählte. Es spielte keine Rolle, wenn manche dieser Geschichten etwas fadenscheinig waren - er konnte sich immer auf seine Phantasie ausreden.

Woodhall schlug prompt aus der *Express* Geschichte Kapital; ja noch schlimmer, er verlieh ihr zusätzlich falsche Autorität, als er schrieb:

In einer schwarzen Lackschachtel irgendwo in den Archiven des britischen Innenministeriums liegen die vertraulichen Papiere über die Identität des rätselhaftesten und aufsehenerregendsten Mörders der vergangenen hundert Jahre ...

Bezüglich der Identität von „Jack the Ripper" grassierten immer viele Spekulationen. Er wurde nie der Gerechtigkeit überantwortet, und man nimmt

allgemein an, daß die Polizei genauso wenig wie die Öffentlichkeit wußte, wer dieser streunende, irre Schlächter war.
Doch schon damals gab es Beamte bei Scotland Yard, die über Vorstellungsgabe und Phantasie verfügten; als sie dann vollkommen verwirrt und ratlos waren ... stellte ihnen ein bekannter Hellseher gewisse Informationen zu Verfügung. Man ging der Spur nach, fand die Information bestätigt und

Edwin T. Woodhall: Er handelte mit unglaublichen Geschichten.

Scotland Yard konnte bei den Nachforschungen einen neuen Weg beschreiten ...
Noch nie wurden in diesem Land im Zusammenhang mit Verbrechen und übersinnlichen Wahrnehmungen derart gewagte Behauptungen aufgestellt. Die mächtigste Tageszeitung des Landes unterstützt mich dabei. Ich behaupte, daß ein Hellseher „Jack the Ripper" aufspürte und daß die Behörden seine Identität kennen ... Die Umstände, die zur Entdeckung dieses unmenschlichen Monsters führten, sind außergewöhnlich und alles in allem einmalig in der Kriminalgeschichte.

Als Woodhall Lees' Legende erzählte, fügte er noch eigene Kniffe hinzu. Vielleicht wußte er, daß es sich dabei um einen geistreichen Schwindel handelte und nicht um schmutzige Unwahrheit, vielleicht wußte er es nicht, jedenfalls war ihm klar, daß der Zeitablauf unsinnig war; er änderte daher mit Absicht Teile des veröffentlichten Textes, um sie mit den tatsächlichen Ereignissen des Jahres 1888 besser in Einklang zu bringen. Der nebulose, namenlose Ort, an dem das Medium seine erste Vision hatte, wurde nun zu „George Yard Buildings". Das ursprünglich fehlende Datum wurde ergänzt; es hieß nun: „... spät nachts am Bankfeiertag im August".

Der treuherzige Gauner Woodhall schloß sein Werk wie folgt:

Ich kann nicht beweisen, daß es sich um die Wahrheit handelt. Aber während meiner Jahre beim Yard wurde mir die Geschichte mehrmals in der Form erzählt, in der ich sie wiedergegeben habe. Ich zweifle nicht im geringsten daran, daß sie wahr ist und daß die Wissenschaft der Parapsychologie auch vor fünfundvierzig Jahren bereits in der Lage war, dort einzuhaken, wo die Polizei bedauerlicherweise versagte, und damit zur Entdeckung und Verhaftung eines der schlimmsten kriminellen Irren der Welt beitrug.

Woodhalls auffrisierte Version verlieh der Legende noch größere Glaubwürdigkeit. Die Zeitschrift *Prediction* druckte sie, sie erschien in Odhams *Fifty Strangest Stories Ever Told* und im Mellifont Taschenbuch *Jack the Ripper or When London Walked in Terror.* In den dreißiger Jahren konnte jemandem, der sich mit dem Rätsel von Whitechapel befaßte, Lees Geschichte nicht entgehen. Damals begann auch Dr. Stowell seine eigene, ausgefallene West End Lösung für dieses East End Rätsel auszuarbeiten.

12
Das Spiel mit der Einfalt

Die Lösung von Dr. Thomas Eldon Stowell eroberte im November 1970 die Schlagzeilen. Sein Artikel im *Criminologist* verschaffte der Zeitschrift unaufgefordert mehr Publicity als man für eine Million Pfund hätte erwerben können. Stowell gab seinem Verdächtigen keinen Namen - er nannte ihn einfach S. -, aber der Artikel enthielt so viele Details aus dem Leben und der Familie des Verdächtigen, daß nur der Herzog von Clarence gemeint sein konnte. Stowell schrieb:

Er war der Erbe von Macht und Reichtum. Seine Familie hatte seit fünfzig Jahren die Liebe und Bewunderung vieler Menschen erworben, da sie sich für alle Schichten einsetzte, besonders für die Armen, aber auch für die Industrie und die Arbeiter. Seine Großmutter überlebte ihn; sie war eine Vertreterin des viktorianischen Matriarchats und wurde allgemein tief verehrt. Sein Vater, dessen Titel er erben sollte, war ein lebenslustiger Kosmopolit, der viel dazu beitrug, den Status Englands international zu verbessern. Seine Mutter war eine ungewöhnlich schöne Frau mit großem persönlichem Charme, die von allen, die sie kannten, verehrt wurde.
Er genoß die für einen englischen Aristokraten traditionelle Erziehung; im Alter von etwas mehr als 16 Jahren trat „S." zusammen mit einigen gleichgesinnten Knaben seines Alters eine Reise um die Welt an. Er war vielleicht beliebter und geselliger als für ihn gut war. Es steht fest, daß er an vielen fröhlichen Parties an Land teilnahm ... und ich glaube, daß er auf einer dieser Parties auf den Westindischen Inseln mit Syphilis angesteckt wurde.

Stowells Ansicht zufolge beeinflußte die gefürchtete Krankheit auch seinen Verstand; „S." wurde zum kriminellen Irren, zum Schlächter von Whitechapel. Doch man vertuschte seine Schuld. Stowell faßte zusammen:

Die Anstrengungen von Sir Charles Warren und der Polizei zielten in erster Linie darauf ab, weitere Morde zu verhindern und in zweiter Linie darauf, die peinliche Situation zu vermeiden, zu der es gekommen wäre, wenn man dem Erben einer vornehmen, bekannten Familie wegen dieser Morde den Prozeß gemacht hätte. Er war eindeutig verrückt und für seine Handlungen nicht verantwortlich. Die öffentliche Empörung war jedoch so groß, daß nur die Todesstrafe das Volk befriedigt hätte.
Seine Familie wußte wahrscheinlich nach dem zweiten Mord Bescheid, vielleicht sogar schon nach dem ersten. Nach dem Mord an Annie Chapman verschwand er, und man hörte nichts von ihm; ein oder zwei Tage vor den Morden an Stride und Eddowes erhielt man von ihm in Liverpool aufgegebene Briefe, in denen er seine Absicht ankündigte.
Ich glaube, daß er innerhalb von ein oder zwei Stunden nach dem Mord an Eddowes am 30. September festgenommen und für geisteskrank erklärt wurde; er wurde entmündigt und in ein privates Sanatorium für Geisteskranke in den Home Counties - in der Nähe Londons - eingewiesen. Doch die Polizei war mit den Vorbereitungen für den Festzug des Oberbürgermeisters beschäftigt. Der Mörder entkam seinen Aufsehern und begab sich an seinen Lieblingsort, nach Whitechapel; hier ermordete er Mary Jane Kelly und verließ den Schauplatz am 9. November eineinhalb Stunden vor Sonnenaufgang.

Laut Stowells Bericht stand er ständig unter der Aufsicht des großen Arztes Sir William Gull. Diese Enthüllung hatte eine bedauerliche Nebenwirkung, denn gemäß der allgemein vertretenen Ansicht mußte der Ripper ein Arzt sein: Die Entfernung der Nieren und sonstigen Organe schien das zu bestätigen. Stowell stellte daher fest: „... es war nur natürlich, daß die Gerüchtemacher nun auf einen hervorragenden Vertreter meines Berufsstandes verfielen: Sir William Gull, Baronet, Doktor der Medizin, Mitglied des königlichen Ärztekollegiums und der Royal Society. Er war Arzt am Guy's Hospital, Leibarzt Ihrer Majestät der Königin Victoria und Seiner Königlichen Hoheit des Prinzen von Wales, sowie der Arzt vieler Aristokraten und reicher Leute, und, wenn meine Schlußfolgerungen stimmen, auch der Familie von Jack the Ripper ...".

Stowell verstand sehr gut, warum manche Leute zu diesen wilden Annahmen gelangten: „Mehr als einmal wurde behauptet, daß Sir William Gull in der Nacht eines Mordes in der Nachbarschaft gesehen wurde. Es würde mich nicht überraschen, wenn er dort gewesen wäre, um die Geisteskrankheit des Mörders zu attestieren; in diesem Fall konnte man den Mörder entmündigen, wie dies bei anderen Verrückten getan wurde, die man in Zusammenhang mit Mordfällen verhaftete."

Nachdem er Gull einmal ins Spiel gebracht hat, geht Stowell einen Schritt weiter und macht Gulls Haus zur „Villa des Arztes" aus Lees' Geschichte. Hierzu argumentiert er:

In seinem Buch [Ghost Detectives] erzählt Fred Archer die interessante Geschichte, daß die Polizei das Medium Lees ersuchte, seine „übersinnlichen Fähigkeiten einzusetzen, um ihnen zu helfen". Lees führte sie zu „einer stattlichen Villa im West End". Es war die Villa eines angesehenen Modearztes ... Ich finde die Überlegung interessant, ob die „stattliche Villa", zu der Lees die Polizei führte, vielleicht das Haus von Sir William Gull in der Brook Street 74, Grosvenor Square, war, und ob Mr. Archers Geschichte eine Variante jener Geschichte ist, die mir Sir William Gulls Tochter Caroline erzählte...

In Mrs. Aclands Geschichte ging es darum, daß zur Zeit der Ripper-Morde ihre Mutter, Lady Gull, eines Nachts über den unangemeldeten Besuch eines Polizeibeamten sehr verärgert war; der Beamte befand sich in Begleitung eines Mannes, der sich als „Medium" bezeichnete. Sie war über die Unverschämtheit der beiden Männer empört, ihr eine Reihe ungehöriger Fragen zu stellen und antwortete darauf mit unverbindlichen Phrasen wie „Ich weiß es nicht", „Das kann ich Ihnen nicht sagen", „Ich fürchte, diese Frage kann ich nicht beantworten"...

Später kam Sir William ebenfalls herunter, und als Antwort auf die Fragen gab er an, daß er gelegentlich unter „Gedächtnisschwund" litt, da er im Jahr 1887 einen leichten Schlaganfall gehabt hatte; er fügte hinzu, daß er einmal Blut auf seinem Hemd entdeckt hatte. Das ist nicht verwunderlich, wenn er nach einem der Morde den Ripper untersucht hatte.

Es mag sein, daß sich Stowell seiner Sache sehr sicher war, aber gibt es Beweise, die diese Gewißheit rechtfertigen? Hier stoßen wir auf ein Problem, denn einen Tag nach seinem Tod wurden Stowells Unterlagen vernichtet; seither hat sich seine Familie beständig geweigert, über die Angelegenheit mit Reportern oder mit Personen, die mit Nachforschungen betraut sind, zu sprechen. Das ist vielleicht verständlich, denn die Angelegenheit brachte der Familie ungemein viel unerwünschte Publicity und viele Belästigungen. Vielleicht ist sie auch der Ansicht, daß der Tumult nach der Veröffentlichung Dr. Stowells Leben verkürzt hat. Dr. Stowell starb nur acht Tage nachdem seine Theorie in Druck gegangen war. Doch auch wenn die Unterlagen nicht zugänglich waren, so ergibt sich durch sorgfältiges Sondieren, daß Stowells Geschichte nicht stichhaltig war und daß sich Stowell selbst als unverläßlicher Verfechter seiner Theorie erweist.

In seinem langatmigen Artikel äußert er sich hinsichtlich der Daten und der Dauer von Ereignissen wiederholt ungenau, und zwar in einem Ausmaß, daß man sich darüber wundert, wie oft er sich geirrt hat. An einem Punkt macht er viel Aufhebens davon, daß er Clarences Charakter nach seiner Kleidung beurteilen konnte: „Ich habe ein Foto meines Verdächtigen gesehen, das allein durch die extravagante Kleidung, deretwegen er angeblich auch zur Zielscheibe des Spottes wurde, auf Paranoia schließen läßt. Auf dieser Fotografie sitzt er mit einer Angelrute am Fluß; er trägt einen erstklassig sitzenden Knickerbocker-Anzug aus Tweed, an dem kein Bug am falschen Platz und nichts verdrückt ist. Auf dem Kopf trägt er eine fast zu korrekt aufgesetzte Tweed-Mütze;er hat einen kleinen Schnurrbart. Er trägt einen 10 bis 12 Zentimeter hohen steif gestärkten Kragen, seine Manschetten stehen an beiden Handgelenken 5 Zentimeter vor (Leute, die älter sind als ich, erzählten mir, daß er den Spitznamen 'Kragen und Manschetten' hatte)."

Man kann sich vorstellen, wie Stowell aufgeregt über diesem Bild brütete; er untersuchte es bis ins Detail, auf daß ihm auch nicht die kleinste Information entging, die seinem Zweck dienlich sein konnte. Trotzdem war er nicht fähig zu berichten, was er sah. Es gibt viele Fotos von Clarence, aber nur ein einziges mit einer Angelrute am Fluß; und auf diesem Foto trägt Clarence keine Knickerbockers. Seine nackten Knie schauen unter einem Kilt hervor, der mit einer Felltasche mit Dachskopf verziert ist. Es ist bezeichnend für Stowells Verfassung, daß er dieses überaus auffällige Detail übersehen oder übergehen konnte.

Wie verläßlich war also sein Verstand? Nigel Morland bezeichnete ihn als normalen, höflichen Mann; er war beeindruckt von Stowells „sorgfältiger Forschungsarbeit, seiner ruhigen Autorität und der vollkommenen Sicherheit, soweit es die Identität des Rippers betraf." Doch ich fürchte, Nigel Morland war zu vertrauensselig, leicht zu täuschen und in der Beurteilung der Qualität von Nachforschungen anderer unzuverlässig; das beweist auch seine Begeisterung über Frank Spierings Fiasko.

Das Foto des Herzogs von Clarence - Eddy -, das Stowells Beschreibung Lügen straft.

Wir können annehmen, daß Stowell ein Gentleman und wahrscheinlich ein vorbildlicher Mediziner war, aber wir müssen der Wahrheit ins Auge sehen: Wenn er sich mit dem Ripper-Rätsel befaßte, verlor er jedes Maß und verfiel den gleichen Einflüssen, die schon frühere Theoretiker wie Forbes Winslow, Leonard Matters, Le Queux, Woodhall und andere korrumpiert hatten. Das Urteil über Stowell ist hart. Kurz gesagt: Er wurde zum Lügner und Phantasten.

Über seine Lügen besteht keinerlei Zweifel. Alle seine Informationen beschäftigen sich, obwohl sie ungenau sind, mit einer einzigen Person: Eddy, Herzog von Clarence. Die Fotografie und ihre Interpretation allein wären schon aufschlußreich genug, aber zehn Jahre bevor er den Artikel veröffentlichte, hat er unter anderem Colin Wilson sogar *erzählt*, daß Clarence der Ripper sei. Am 2. November 1970, nach der Veröffentlichung, trat er im Fernsehen auf und erhob keinen Einwand, als der Interviewer Kenneth Allsop von Clarence als dem Mörder sprach. Er widersprach ihm kein einziges Mal. Doch am 5. November sandte er folgenden Brief an die *Times* (er wurde am 9. veröffentlicht): „Sehr geehrter Herr, ich habe Seine Königliche Hoheit, den verstorbenen Herzog von Clarence, niemals mit den Morden von Whitechapel in Verbindung gebracht oder angedeutet, daß der Mörder von königlichem Geblüt war. Ich bin nach wie vor der Meinung, daß der Mörder der Sproß einer vornehmen Familie war ... Hochachtungsvoll, ein Loyalist und Royalist, Thomas E. A. Stowell."

Er erfand diese Lügen, um seine fixe Idee zu schützen, daß er eine esoterische Information, die nur wenige verstehen, erfolgreich entziffert hatte. Zum Glück beinhaltet fast jedes Hirngespinst einen Hinweis auf sein Zustandekommen. Wenn wir hier nach Hinweisen suchen, so stoßen wir auf das Ausgangsdatum, das uns weiterhilft: 1960 gab Stowell zu, daß ihm die ursprüngliche Enthüllung zu Beginn der dreißiger Jahre bewußt geworden war.

Zu jener Zeit gab es für Ripper-Jäger nur zwei neu erschienene Veröffentlichungen von Interesse. Zuerst kam die *Express*- Geschichte und ihre Wiederholung durch W. B. Hill und Woodhall. Dann erschien Michael Arlens satirischer Ripper-Roman *Hell! Said the Duchess*. Doch auf welche Weise genau beeinflußten diese Versionen Stowells Überlegungen?

Stowells tatsächliche Verfassung läßt sich am besten verstehen, wenn man an jene Gelehrten denkt, die sich in eine vollkommen verlorene Sache verstricken, wie die Bacon-Shakespeare Auseinandersetzung oder der Mythos „Großbritannien ist Israel“. Die Helden auf diesen wundersamen Schlachtfeldern geben sich große Mühe, um vielsagende Hinweise, versteckte Anspielungen und sogar Geheimschriften zu finden, die ihre Annahmen bestätigen und stärken sollen. Es ist traurig, aber eine solche Hingabe führt leicht zu Fanatismus und Unaufrichtigkeit.

Stowell erwähnt im Jahr 1970 Fred Archers Buch tatsächlich auf unaufrichtige Art. Er vermittelt den Eindruck, daß ihm die Lees-Legende neu ist, obwohl diese, wie ich bewiesen habe, für Ripperologen seit mehr als vierzig Jahren nicht zu umgehen war. Als Stowell in den dreißiger Jahren das erste Mal von der Geschichte hörte, war sie der Anstoß zu seiner abwegigen Spekulation. Ein Arzt aus dem West End? Ein angesehener Mediziner ... der sich der Gönnerschaft der besten Gesellschaft erfreute? Ein solcher Mann wäre Stowells Freund und Lehrer, Theodore Dyce Acland, zwangsläufig bekannt gewesen. Wer konnte es sein? Auf diese Fragen hagelte es in Arlens Roman bald eine Vielzahl aufreizender Hinweise.

Hell! Said the Duchess spielt in der Gegenwart. Ein paar Persönlichkeiten aus dem wirklichen Leben kommen vor, Oswald Mosley zum Beispiel und Winston Churchill; alle anderen sind, den Worten des Autors gemäß, „kurioserweise reine Erfindung“. Die Geschichte dreht sich um eine Serie von Morden im Ripper-Stil im West End, aber der Mörder ist offensichtlich eine Frau. Ein großes Haus am Grosvenor Square steht im Mittelpunkt der Geschichte von Ripper-Jane; hier lebt die Verdächtige, die Herzogin von Dove [Anm.: Taube], zusammen mit ihrer Cousine Miss Gool. Es geht um eine gestohlene Fotografie der Herzogin, die ein Fotograf namens Clarence gemacht hat. Später wird die Verdächtige im Interesse ihrer eigenen Sicherheit in eine Pflegeanstalt gebracht und dort dem alten Dr. Lapwing [Anm.: Kiebitz] überwantwortet. Zum Schluß wird aufgedeckt, daß der sexuell unersättliche Mörder männlichen Geschlechts ist und die Fähigkeit besitzt, sich vor jedem Mord in das genaue Ebenbild der Mary Dove zu verwandeln.

Stowells Hirngespinst mag als heiteres, verrücktes Drama begonnen haben: Die Verdächtige und ihr Arzt tragen Vogelnamen, das betreffende Haus steht am Grosvenor Square. Grosvenor Square? Das ist doch dort, wo die liebe Caroline Acland wohnte, als sie noch als Caroline Gull

[Anm.: Möwe] bei ihrem Vater lebte. Und ihr Vater, Sir William Gull, war zweifellos „ein angesehener Arzt - der sich der Gönnerschaft der besten Gesellschaft erfreute". Waren die Vogelnamen ein Hinweis? Sollte Gool eine Andeutung auf „Gull" sein? Und der Mörder? Könnte das Argument der Bisexualität ein Fingerzeig auf den echten Ripper des vergangenen Jahrhunderts sein? Könnte der echte Ripper ein geistesgestörter Patient von Gull gewesen sein? Ein Mann von so hoher Abkunft, daß man ihm nach seiner Verhaftung keinen Prozeß machte, sondern ihn in eine Privatklinik brachte, wo sich der alte Dr. Gull um ihn kümmerte? Könnte es sein vornehmer Patient gewesen sein, der bisexuelle Clarence? Wenn ja, was veranlaßte ihn zu den Morden?

In ihrem Anfangsstadium verlief die Geschichte ungefähr auf dieser Linie. Doch wenn sie auch heiter begann, sie endete Jahre später als grimmige, dogmatische Gewißheit.

Wir können Stowells Gedankengänge nicht mit Sicherheit nachvollziehen, aber wir wissen genau, daß er schließlich ein unwirkliches, verrücktes Bild entwarf. Das beweist er im Jahr 1970 hinreichend mit seiner einführenden Aussage über Gull: „... es war nur natürlich, daß die Gerüchtekocher auf ein angesehenes Mitglied meines Berufsstandes - Sir William Gull - verfielen ..." Darin liegt nicht ein Körnchen Wahrheit, in den 82 Jahren bis zu Stowells Behauptung verbindet nicht die leiseste Spur eines Gerüchtes den Namen Gull mit den Morden. Ich habe nachgeforscht und andere auch; unser gemeinsames Urteil lautet - Unsinn.

Stowells präzisester Hinweis ist ebenfalls unsinnig. Er schrieb: „Angeblich wurde Sir William Gull in der Nacht eines Mordes in der Nachbarschaft gesehen." Wer hat ihn gesehen? Wo ist die Aussage darüber? Wieder können auch intensive Nachforschungen keine einzige solche Begegnung bestätigen. Niemand hat je ausgesagt, Gull im Lauf des Jahres 1888 in Whitechapel gesehen zu haben, schon gar nicht an den jeweiligen Mordtagen. Doch Stowells großartiges Phantasiegebilde würde ohne diese Erfindungen seine kuriose innere Logik verlieren. Für Stowell war es wichtig, die Widersprüche zwischen den beiden Komponenten seiner Theorie zu beseitigen. Lees' Geschichte konnte nicht unverändert übernommen werden, sonst hätte er einen Mörder-Arzt auf dem Halse gehabt: Das war bei Gull undenkbar. Aber wenn man Gull einfach als das Opfer von Gerüchten hinstellte und ihn *unschuldig* mit Whitechapel in Verbindung brachte, dann verschwand vielleicht das Problem. Doch auch dann bedurfte es eines Zusatzes, etwa einer direkten Aussage von Gulls eigener Familie, um die Entlastung zu vervollständigen. Caroline Gull hatte Stowells Freund Acland geheiratet, der Konsulent in einem Londoner Sanatorium war. Stowell erfand daher ein neues Ende für die Lees Saga und schrieb diesen Schluß Gulls Tochter zu.

Eines ist sicher, Stowells Geistesblitze haben sich nicht weit von seinen fiktiven Quellen entfernt. Wer das Ungewöhnliche sucht, hat „die Enthüllung der Wahrheit" nicht selten in Geschichten entdeckt, die zugegebenermaßen erfunden waren. Nehmen wir als Paradebeispiel die Verfechter der Theorie „hohle Erde". Bulwer Lyttons Roman *The Coming Race* wurde in Nazideutschland von Eingeweihten als Werk von überragender Bedeutung ernstgenommen. Eine Vril-Gesellschaft wurde gegründet, die nach Lyttons übermenschlicher, psychischer Kraft benannt war, einer imaginären Kraft, die von einer *innerhalb* der Erde lebenden Zivilisation beherrscht wurde. Mitglieder der Vril Gesellschaft glaubten, „sie verfügten über geheime Kenntnisse, die es ihnen ermöglichten, ihre Rasse zu ändern und den in den Eingeweiden der Erde versteckten Menschen gleich zu werden." Andere „Anhänger der hohlen

Lord Lytton, besser als Sir Edward Bulwer Lytton bekannt, der Verfasser von Zanoni und Master of the Mage, Tautriadelta. Weiße Magie, Schwarze Magie - der wirkliche Ripper lernte beide durch Lytton kennen.

Erde" fanden ihre „verborgenen Beweise" in Romanen wie Willis Emersons *The Smoky God* oder in den grotesken Horrorgeschichten der Zeitschriften, *The Shaver Scripts.*

Auf höherer Ebene verwenden verschiedene Sekten den auf einer Dokumentation des Anglia TVs zum 1. April basierenden Roman *Alternative Three*, um zu beweisen, daß Wissenschafter gewaltsam entführt wurden, um eine Kolonie auf dem Mars zu bemannen.

Auf dem untersten Niveau haben wir das Beispiel der erbärmlichen antisemitischen *Protokolle der Weisen von Zion*, die auf einer erfundenen politischen Satire beruhen. Sie werden jedoch geglaubt und haben unendliches Leid verursacht. Die Protokolle wurden sogar verwendet, um unsinnige Theorien über die Ripper-Morde zu unterstützen, wie wir später noch sehen werden.

Dr. Stowell war nicht der erste Ripperologe, der Opfer seiner fiebrigen-Phantasie wurde, aber er war bei weitem der einflußreichste. Eine neue Welle seltsamer Theoretiker trat auf, und das ging auf seine Inspiration zurück.

13
Die Herausforderung eines königlichen Champions

Michael Harrison führte diese neue exotische Welle an. Theoretisch hätte er ein ausgezeichneter Anwalt sein müssen. Er ist ein bekannter Autor von Detektivromanen, und als 1972 seine Clarence-Biographie erschien, konnte er auf eine Reihe von über 40 Büchern zurückblicken. Leider kommt bei produktiven Schriftstellern die Forschungsarbeit oft zu kurz, wie es auch bei Harrison der Fall ist; er ist dafür bekannt, daß er Erkenntnisse, die seine Lieblingstheorie zum Wanken bringen könnten, außer acht läßt.

Trotzdem waren Harrisons Grundideen zweifellos neu. Er nahm sich Stowells Argumente vor und versuchte zu beweisen, daß sein Verdächtiger nicht Clarence gewesen sein konnte. Ja, Clarence war in die Geschichte verwickelt, aber nur weil der Verdächtige „... in einer wichtigen Beziehung Eddy nahegestanden haben muß ... so daß eine Verwechslung mit Eddy möglich wurde." Harrison fand den ausschlaggebenden Hinweis auf die Identität dieses Verdächtigen in dem von Stowell verwendeten Buchstaben S. Er argumentierte wie folgt: „... Eine seltsame Tatsache erregte meine Aufmerksamkeit. Wenn Stowell andeutete, daß Eddy der Ripper war, warum sagte er dann: 'Was meinen Verdächtigen betrifft, so ziehe ich es vor, seinen Namen nicht zu erwähnen, sondern ihn S. zu nennen.' Warum S.?"

Harrison macht daraufhin eine tiefschürfende Bemerkung, gelangt aber zu einer naiven Schlußfolgerung. Er schreibt: „... bei jeder Entstellung der ursprünglichen Wahrheit bleibt doch etwas vom Original erhalten. Auf dieser Binsenwahrheit beruht die Tatsache, daß der menschliche Geist zwar eine Geschichte ausschmückt, aber an einer *Tatsache* festhält; so ist es Volkskundlern möglich, aufgrund der phantastischsten Geschichte die ihr zugrunde liegende Wahrheit zu entdecken, die wir dann 'historische Tatsache' nennen. So verhält es sich mit der Wahl des S."

Dadurch, daß Harrison vorschnell in diesem Initial den Schlüssel sah, setzte er sich selbst die Narrenkappe auf. Hätte er sich die Mühe genommen, sich bei Nigel Morland nach dem mysteriösen Buchstaben S. zu erkundigen, so hätte er herausgefunden, daß seine Vermutung irrig und wertlos war. Stowell wollte ursprünglich für den Ripper ein X. einsetzen, aber Morland hatte von diesem abgenutzten Hilfsmittel genug und ersuchte Stowell, einen anderen Anfangsbuchstaben zu verwenden, und wenn es sein eigener war. Stowell kam der Bitte nach und verwendete sein Initial. Das S. besitzt daher keinerlei Bedeutung. Es führt nirgendwo hin. Doch für Michael Harrison führte es direkt zum zweiten Sohn eines der berühmtesten Richter Großbritanniens, einem Mann, der einmal Eddys Studienleiter in Cambridge gewesen war, nämlich James Stephen.

Harrison brachte seine Beweise Schritt für Schritt vor. Zuerst zählt er einige von Stowells „Fakten" auf, die nicht auf Eddy zutreffen können. Dann demonstriert er, daß die Daten und die Dauer der Besuche von S. nicht zu den von Eddy bekannten Lebensdaten passen. Doch wenn sie nicht auf Eddy paßten, paßten sie denn auf jemand anderen? Dieser Frage weicht Harrison aus und geht stattdessen auf folgende Worte Stowells über: „Jack the Ripper war offensichtlich ein Patient von Sir William Gull, und Mrs. Acland erzählte mir, daß sie folgende Eintragung im Tagebuch ihres Vaters gelesen hatte: 'Informierte ..., daß sein Sohn bald an Syphilis des Gehirns sterben würde.'" Das kann Harrison nicht akzeptieren. Er fragte: „Welcher Arzt konnte im Jahr 1889 eine derartige Tagebucheintragung machen? Erst 1913 bewies Hideyo Noguchi, daß die Parese durch die überlebenden Spirochäten der Syphilis verursacht wird."

Von hier ausgehend setzt Harrison seine Argumentation fort: „Die Tatsache ist - die Tatsache *muß* sein - daß sich Mrs. Acland, die selbst nicht Ärztin war, sondern nur mit Ärzten in Verbindung stand, für Dr. Stowell 'erinnerte', und zwar im Licht eines Wissens, das erst lange nach dem Tod ihres berühmten Vaters im Jahr 1890 erworben wurde. Was sie gesehen hatte, war der Buchstabe S, nicht aber der ganze Name, sonst hätte Stowell nicht andeuten können, daß Eddy der Ripper war." Harrison zählte dann die Eigenschaften und charakteristischen Züge auf, die S. besitzen mußte. Dazu gehörte:

S. muß nicht nur in enger Verbindung zu Eddy oder seiner Familie gestanden haben, sondern er muß an sich ein bedeutender Mann gewesen sein, und hier liegt auch der Grund für die Vertuschung seiner Verbrechen.
Wenn S. persönlich nicht so bedeutend war, daß die Enthüllung seines Verbrechens (seiner Verbrechen) die Gesellschaftsordnung bedroht hätte, dann könnte vielleicht seine Familie oder ein Mitglied seiner Familie für den Staat von großer Bedeutung gewesen sein.
Wenn wir S. als Ripper annehmen, dann müßte eine Analyse über das Wesen des Rippers, nicht nur wie es sich durch die Morde offenbart, sondern wie es uns die umfangreiche exhibitionistische Literatur über den Verrückten darlegt, dazu beitragen, seine Identität zu enthüllen.
Es scheint, daß eine Verbindung zwischen der Regierung und dem Ripper bestand, da ein „Gedicht" des Rippers angeblich eine Anspielung auf einen Brief der Königin Victoria an den Innenminister beinhaltet. Dazu konnte es nur kommen, wenn der Ripper entweder hoch oben auf der gesellschaftlichen Leiter stand, oder wenn seine Familie in der Lage war, über die Briefe der Königin zu sprechen.

Die letzte Unterstellung ist unglaublich naiv. Harrison denkt dabei an das sogenannte Ripper-Gedicht, das Macnaghten im Jahr 1889 erhielt. Es ging wie folgt:

Ich bin kein Schlächter, ich bin kein Jud'
Bin auch kein fremder Skipper,
Bin euer frohgemuter Freund,
Ergebenst, Jack the Ripper.

Seltsamerweise nahm auch Colin Wilson diese Zeilen ernst; er bemerkt dazu: „Königin Victoria hatte vorgeschlagen, die Polizei sollte alle ausländischen Schiffskapitäne überprüfen, die an Land kamen. Das war nicht allgemein bekannt, doch Stephen konnte es durch den Herzog von Clarence leicht herausgefunden haben." Wirklich? Bei einigem Nachdenken stellt sich heraus, daß der Vers nur die drei damals am weitesten verbreiteten Spekulationen zusammenfaßte. Seeleute, vor allem ausländische Seeleute, waren zweifellos verdächtig. Und im Englischen reimt sich nun einmal von allen Rängen einer Schiffsmannschaft nur *Skipper* [Kapitän] auf Ripper. So einfach und unbedeutend ist das also.

Doch lassen wir die Kapitäne beiseite, nach Harrisons Vorstellung mußte es sich so abgespielt haben. Und wer paßte in diese Vorstellung? Für Harrison gab es darüber keine Zweifel:

... der einzige S., der allen Anforderungen entsprach, war ein S., der seit dem Sommer 1883 eng mit Eddy befreundet war: Jim Stephen. Während der „goldenen Wochen", in denen Stephen sich bemühte, Eddy für die Aufnahme ins Trinity College vorzubereiten, kam es zwischen den beiden eindeutig zu einer gewissen Vertrautheit, ganz gleich ob diese nun homosexueller Natur war oder nicht. Stephen war eifersüchtig und besitzergreifend, während Eddy ihn träge gewähren ließ.

Nachdem es Harrison gelungen war, Stephen zu identifizieren, deutete er an, daß die enge Vertrautheit der beiden Männer „ein Element enthielt, das vielleicht stärker war als sexuelle Anziehung". Er argumentiert, daß Stephens Familie äußerst ehrgeizig war und James Stephen fälschlicherweise annahm, er habe Eddy für sich eingenommen. Diese Illusion wurde zerstört, als Eddy Cambridge verließ und zur Armee ging und es danach kaum der Mühe wert fand, den Kontakt aufrechtzuerhalten. Man hätte erwarten können, daß Stephen schmollte, aber die Folgen waren viel bitterer und böser; ein heftiger Schlag auf den Kopf löste sie aus. Der Flügel einer Windmühle traf James, so heißt es in einer Version, nach einer anderen war die Türe eines fahrenden Zuges die Ursache. Doch unabhängig von der Ursache führte der Schlag zu einer Veränderung der Persönlichkeit und zu krankhaftem Rachedurst. Aus Rache wurde Stephen zu Jack the Ripper.

So unverhüllt ausgedrückt, wirkt diese These zu absurd, als daß man sie in Betracht ziehen könnte, doch Harrison kämpft tapfer für seine Theorie und setzt seine kriminalistische Findigkeit hemmungslos ein. Er durchkämmt Stephens Verse, um zu beweisen, daß dieser irrationalen Haß auf Frauen empfand und einen sadistischen Hang zur Bestrafung nährte. Diese Theorie kann man ohne weiteres akzeptieren. Sehen wir uns folgende Zeilen an:

O mögst du Qualen leiden ohne Ende,
Mög Satan dein Gehirn mit glüh'nden Zangen foltern,
Und Käfer sich an deinen schwarzen Zügen mästen!

Diese Zeilen waren an einen unbekannten Belgier gerichtet. Sein Verbrechen? Er trat aus Versehen auf Stephens Zehen - die Strafe entsprach also kaum seinem Vergehen. Damit bewies Harrison, wie recht er bezüglich Stephens Einstellung zu Strafen hatte. Leider wurde dieses Gedicht im Juli 1882 geschrieben, ein Jahr bevor die Beziehung zwischen Stephen und Eddy begann, und vier Jahre vor dem unglücklichen Schlag auf den Kopf. Wenn es etwas aussagt, so nur, daß Stephens Charakterfehler immer schon vorhanden waren. Darüber hinaus beweist es, daß seine Aggressionen rein verbaler Natur waren: Er griff den tollpatschigen Belgier nicht an, und es gibt keinen Beweis dafür, daß er jemals jemanden attackierte.

James Stephen - der gefürchtete Mörder der weißen Brotlaibe.

Auch Stephens offensichtlicher Frauenhaß beschränkte sich auf Worte; hier sein Gedicht „Ein Gedanke“:

Wenn all das Leid, das Frauen je getan,
Gebündelt würde und vereint,
Die Erde würde es nicht fassen,
Der Himmel könnt' es nicht bedecken,
Die Sonne könnt' es nicht erhellen, nicht erwärmen;
Die Menge von Bösem
Würde den Teufel verwundern!
Bis zum Ende der Zeiten besäße er Brennstoff.

Noch bösartiger war sein Urteil über eine namenlose Frau:

Ich möchte dieses Mädchen nie mehr wiedersehn,
Ich mocht' sie nicht; es kümmert mich auch nicht,
Wenn man sie umbringt, mordet oder wegschafft.
Sie diente keiner nützlichen Bestimmung;
Und eines ist gewiß: Sie war nicht schön.

Harrison betonte die zwei letzten Zeilen und kommentierte: „Stephens mörderische Eigenschaften könnten nicht klarer zum Ausdruck kommen." Vielleicht, aber wir haben es trotzdem nur mit Worten zu tun. Folgten ihnen Taten? Harrison besteht darauf, kann aber seine Behauptung nur mit seitenlangen Wortspielen untermauern. Zunächst verweist er mit Nachdruck auf die Tatsache, daß Stephen das obszöne Studentenlied „Kaphoozelum" kannte. Und „Kaphoozelum", so beteuert er, „... handelt von 'der Hure von Jerusalem', ein Ausdruck, der, ohne die Bedeutung zu verändern, in den achtziger Jahren auf jede Hure des East End paßte." Er geht auf acht Strophen näher ein und bemerkt zu einer davon: „... die nächste Strophe verdient unsere besondere Aufmerksamkeit":

Und zahlt er seine Frau'n auch gut,
Der syphilit'sche Höllensproß,
Stieß jedes Jahr aufs neue zu; die Stunde schlug,
Für zehn Huren von Jerusalem.

Was bedeuten diese Zeilen eigentlich? Für Harrison dreht sich alles um die Tatsache, daß sich das Gedicht auf „zehn Huren" bezieht. Das führt ihn zu der Frage, „... warum spricht Jack the Ripper in einem der vierunddreißig nachgewiesenen Briefe von '*acht* kleinen Huren'?" Wir sehen sofort, worauf Harrison hinauswill. Die angeblichen „vierunddreißig nachgewiesenen Briefe" kennen wir bereits aus Dr. Duttons Phantasiegespinst. Indem Harrison nun diesen Schwindel akzeptiert, kann er ein „Ripper-Gedicht" aus den „Dutton-Papieren" zitieren, das wie folgt lautet:

Acht kleine Huren, können nicht auf den Himmel hoffen,
Gladstone rettet vielleicht eine, dann sind noch sieben offen.
Sieben kleine Huren, betteln in einem fort,
Eine bleibt in Henage Court [sic], dort gibt es einen Mord.
Sechs kleine Huren, freu'n sich, daß sie leben,
Eine schleicht sich weg zu Jack, und fünfe sind es eben.
Vier und Hure reimt sich nicht
Und auch nicht drei und ich,
Ich stecke noch die Stadt in Brand,
Zwei bleiben über, welche Schand.
Zwei kleine Huren, die zitterten vor Furcht,
Versteckten sich in einem Tor, dort wo sie keiner sucht.
Jacks Messer blitzt, dann gibt's nur noch die letzte,
Und die war dann die reifste auch, als Jack sich dran ergötzte.

Dieses Gedicht verleitet Harrison zu folgender seltsamen Schlußfolgerung:

Anfang des Jahres 1888 gab es zwei Frauenmorde, die Ripper-„Experten" nicht der Ripper-Serie zuschreiben. Rechnen wir aber diese zwei Morde zu den fünf hinzu, die übereinstimmend dem Ripper angelastet werden, sowie die drei, die später verübt wurden ... und die manche ebenfalls als Ripper-Morde ansehen, so erreichen wir die Zahl zehn. Ronald Pearsall ... stellt eindeutig fest: „Jack the Ripper beging 1888 acht Morde ... den ersten im April; er wurde jedoch kaum beachtet." Das würde wunderbar zu Jacks „Acht kleine Huren, können nicht auf den Himmel hoffen", passen.

Verwirrend? Zweifellos, und um diese Verwirrung zu steigern, fügt Harrison hinzu: „Doch ich bin der Meinung, daß unabhängig von der Zahl der Morde, die man dem Ripper zuschreibt, ursprünglich zehn geplant waren ..." Dann kommt sein erstaunlicher Beweis: „... denn das [10] ist die Anzahl der Huren, die der 'syphilit'sche Höllensproß' erledigte."

Die ganze dramatische Theorie beruht konkret nur auf dem Text eines unflätigen Studentenliedes. Wir müssen uns aber noch länger mit unserem Theoretiker auseinandersetzen, da er mit weiteren Beweisen aufwartet. In der Folge stellt Harrison todernst fest: „... die Erwähnung von Heneage Court deutet auf eine Information hin, die der Ripper nur aus offiziellen Quellen erhalten haben kann." Das stimmt nicht. Da das Gedicht aus den nicht akzeptablen Dutton-Papieren stammt, gibt es dafür auch eine andere Erklärung. Ich vermute, daß das Gedicht im Jahr 1931, nach der Veröffentlichung des Briefes des ehemaligen Wachtmeisters Spicer über den Vorfall im Heneage Court entstanden ist. Ich möchte betonen, daß vor der Veröffentlichung dieser Verse im Jahr 1959 nicht die geringste Spur davon existierte; sie stehen somit in keinem Zusammenhang mit den Ereignissen von 1888.

Aber Harrison verfügt noch über zwei letzte Beweise. Einer beruht auf der dürftigen Beobachtung, daß nur einer der zehn Morde (er zählt den Doppelmord vom 30. September als nur ein Vorkommnis) während eines laufenden Cambridge-Semesters stattfand: Alle anderen wurden während der College-Ferien oder in den Ferien zwischen den Semestern verübt.

Der zweite Beweis umfaßt „... neues Material, das kaum zufällig sein kann." Dieses neue Beweismaterial veranlaßt Harrison zu der Annahme, daß es wirklich zehn Morde *waren* und darüber hinaus, daß Jack von Anfang an zehn Prostituierte töten wollte. Der Beweis besteht aus einer Liste der Opfer und ihrer Todesdaten und einer entsprechenden Liste von Veranstaltungen des Königshauses oder „klassischen" Veranstaltungen, die an diesen Tagen stattfanden.

Damit alles zusammenpaßt, nennt Harrison als siebentes Opfer Annie Farmer; doch zu schade für seine Theorie, daß sie nicht am 21. November 1888 ermordet wurde. An diesem Tag hatte sie einen Mann angesprochen und ein Bett mit ihm in der Herberge in der George Street 19 geteilt. Um 9.30 Uhr begann sie zu schreien und taumelte, aus einer Halswunde blutend, die Stiegen hinunter. Der Angreifer war spurlos verschwunden. Später stellte sich heraus, daß die Wunde nur oberflächlich war, und es ist äußerst zweifelhaft, ob überhaupt jemals ein „Überfall" stattfand. Die

Polizei entdeckte, daß sie im Mund einige Münzen versteckt hatte. Vielleicht hatte sich ihr Kunde dagegen gewehrt, daß sie ihn bestahl und der „Überfall" wurde als schneller Ausweg aus einer unangenehmen Gegenüberstellung inszeniert. Obwohl diese Fakten einfach festzustellen sind, scheint Annie Farmer auf Harrrisons Liste als eine der Ermordeten auf.

Die Liste ist zu langweilig, um sie Namen für Namen durchzugehen. Sie wirkt wie ein Übungsbeispiel fehlgeleiteter Erfindungsgabe. Nichts davon klingt wahr. Harrison versucht sogar, die Seelenqualen zu bestimmen, die das auslösende Moment für die Serienmorde waren. Er stellt sich vor, daß James Eddy mit einer Frau erwischte. „Das Trauma, Eddy mit einer Frau zu ertappen, mag eine wirkliche oder auch nur eine symbolische Erfahrung gewesen sein: 'Die Hure' kann tatsächlich eine Hure gewesen sein oder einfach eine Frau, die zwischen Eddy und Stephen trat; wahrscheinlich die Prinzessin von Wales. (Die aus einem der Leichname entfernte Gebärmutter steht symbolisch dafür, daß die Angriffe auf die Frauen nicht den Huren und auch nicht den weiblichen Wesen als solchen galten, sondern den *Müttern*)."

All das ist nichtssagend und wertlos. James war sicherlich geistig labil, aber das waren schließlich auch sein Vater Sir James Fitzjames Stephen und andere Mitglieder der Familie. Trotzdem hat sich James niemals wie ein mörderischer Irrer benommen, und an keinem der verhängnisvollen Tage wurde er in der Gegend von Whitechapel gesehen.

Selbst die später von Harrison entdeckte Tatsache, daß Stephen für gewöhnlich einen Stockdegen bei sich trug, stand in keinem Zusammenhang mit den Morden. Diese Degen sind zum Stechen bestimmt, nicht zum Aufschlitzen. Der Ripper verwendete ein Messer, das leicht zu verbergen war, keine lange Fechtklinge, das steht zweifelsfrei fest. Doch das hindert Harrison nicht daran, sich über seine bemerkenswerte Entdekkung zu freuen, denn er wußte auch, daß James die Klinge tatsächlich *verwendete.* Zugegeben, damals stieß Stephen die Klinge nur in einen Laib Weißbrot, doch für Harrison reichte das. Der Laib „verkörperte den Leib einer Frau - und Stephen symbolisierte damit seinen Wunsch, alle Frauen zu töten ... als er die scharfe Spitze seines Degens in den quellenden 'Busen' des Weißbrotes rammte." Und *das* ist möglicherweise der Höhepunkt von Harrisons Argumentation!

Es handelte sich um eine schwülstige Demonstration fehlgeleiteter Klugheit, aber der Autor war nicht klug genug. Harrison ließ sich von

Lees' falschem Bericht, Stowells Phantasterei und Duttons Schwindel täuschen. Dieser verworrenen Mischung entsprang die so herrlich tragische Figur des James Stephen, dem gefürchteten Mörder der weißen Brotlaibe.

Wer in aller Welt sollte eine solche Geschichte glauben und sie mit Respekt behandeln? Es ist erstaunlich, aber ein amerikanischer Schriftsteller tat es. Doch nur zum Teil, denn auch er hatte eigene, sonderbare Enthüllungen zu machen.

14
Ein Republikaner schlägt zurück

„Die Angst des britischen Establishments, daß die Wahrheit ans Licht kommen könnte, führte dazu, daß Premierminister, Mitglieder der königlichen Familie und Scotland Yard fast neunzig Jahre lang gemeinsam bestrebt waren, die Identität des berüchtigtsten Massenmörders der Welt zu verbergen." Das schreibt der amerikanische Schriftsteller Frank Spiering in seinem Buch *Prince Jack - the True Story of Jack the Ripper*. Auf dem Umschlag des Buches ist die englische Krone auf einem roten Kissen abgebildet. Davor liegt ein großes einschneidiges Schlachtmesser. Spierings Anliegen ist unmißverständlich.

Prince Jack wurde mit wirkungsvollen Behauptungen angekündigt. Der Verleger machte geltend, daß Spiering seine Argumente mit „einwand-

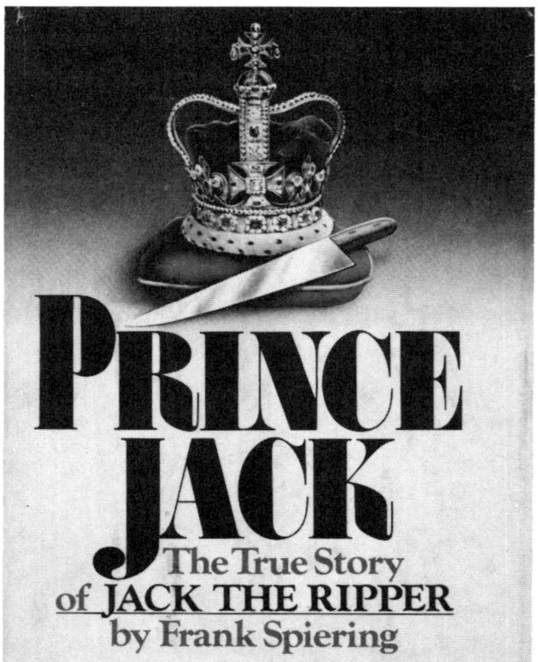

freien Nachforschungen“ untermauerte; auch „ein Exemplar von den Aufzeichnungen Sir William Gulls zählte dazu ... Die Unterlagen enthalten Details über Sir Williams sensationelle, vertuschte Entdeckungen, die er bei der Untersuchung des jungen Prinzen machte.“ Nigel Morland pflichtet im Vorwort des Buches dieser Feststellung bei: „... ich bin von Frank Spiering *sehr* beeindruckt. Als engagierter Schriftsteller, dem sorgfältige Nachforschungen über alles gehen, hat er den Ripper-Fall gründlich untersucht und ließ sich dabei nicht durch unbegründete Fakten beeindrucken; ich fürchte, er wird die heftige Kontroverse unbeabsichtigt neu entfachen. Es ist ein wichtiges Buch, und ich würde sagen, das letzte Wort über Jack the Ripper ist damit gesprochen.“

Als ich das Buch zum ersten Mal durchblätterte, stieß ich auf eine ganzseitige Fotografie von „Polizeikommissar Charles Warren“. Er wirkt nachdenklich und entschlossen, sein großer Schnurrbart ist nach unten gezwirbelt, seine Brust mit Orden behängt. Leider handelt es sich dabei um eine Fotografie von Generalmajor Sir Hector MacDonald, dem berühmten „Fighting Mac“. Dieser grobe Fehler ist charakteristisch für das ganze Buch, denn trotz der Lobreden, die man ihm zollte, bleibt die gesamte Forschungsarbeit unendlich armselig. Und die Schlußfolgerung? Wir wollen gerecht sein und zuerst sehen, was Spiering zu sagen hat.

Er gibt zu, daß es sich bei dem Buch in erster Linie um eine Rekonstruktion der Vorfälle handelt, so wie er sie sieht, doch es baut auf Material auf, das er - offiziell oder inoffiziell - gelesen hat. Er behauptet auch, Bedienstete im Buckingham Palace und Leute von Scotland Yard interviewt zu haben, um sicherzugehen, daß seine Schlußfolgerungen stimmten.

Spiering beginnt seine Geschichte damit, daß Eddy nach Mitternacht durch das Spitalfields genannte Viertel in Whitechapel wandert. Eddy hatte sich offenbar von seinen homosexuellen Freunden abgesondert und stieg nun allein in die scheußlichen Slums hinab. In der Nähe von Buck’s Row fiel sein Blick auf Barbers Pferdeschlächterei, und das mit Gaslicht beleuchtete Haus der Pein zog ihn magisch an.

Im Schlachthaus drängten sich die Fleischer. Gebannt beobachtete Eddy ihre blitzenden Messer: Bei jedem Schnitt ertönte ein Schrei, „... aber kein menschlicher Schrei, als das Blut aus den Kehlen der Hengste und Stuten quoll. Noch mehr Pferde wurden hereingebracht ... und das Ritual ging weiter - die Männer mit den blutgetränkten Lederschürzen fuhren in ihrer Arbeit fort und schlitzten die Kehlen auf ..." Eddy blieb stehen und war nicht fähig wegzusehen: „... systematisches Schlachten ist berauschend". Er schaute eine Ewigkeit lang unbemerkt zu. Er konnte die Gedanken der Pferde spüren: „Die Verwirrung, die Angst, die Schmerzen! Er hatte von einem solchen Ort geträumt, aber er war nie zuvor dort gewesen. Überall lagen Messer, auf Hockern, auf dem Boden. Er hob eines auf. Es hatte eine lange Klinge. Niemand beachtete ihn, als er wegging und das Messer mitnahm ... Er berührte die Schneide des Messers ... Er lächelte, es gab ihm ein Gefühl der Macht." Eddy hielt das Messer unter seinem Mantel versteckt und wartete auf eine Gelegenheit, um von dieser Macht Gebrauch zu machen. Mary Anne Nichols starb in derselben Nacht, morgens um 5.36 Uhr. Mit der ersten Untergrundbahn, die aus der Station Whitechapel hinausrasselte, verließ Eddy fluchtartig die Gegend. Das Messer hielt er immer noch unter seinem Mantel umklammert.

Der Appetit war geweckt und der Hunger kam wieder. Am 8. September stahl sich Eddy wieder hinaus ins East End und in der Aldgate High Street trieb er sich in der Nähe des jüdischen Schlachthauses herum. Er beobachtete die Vorbereitungen für das Schlachten und sah zu, wie die Tiere mit einem einzigen gekonnten Schnitt durch die Kehle erledigt wurden. Die rasiermesserscharfe Klinge drang bis zum Knochen durch, dann wurde der Kadaver aufgeschlitzt, die Eingeweide und inneren Organe herausgelöst und Herz und Lunge für die Inspektion freigelegt.

Mehrere Stunden sah er zu und geriet in höchste Erregung. Als sich Eddy schließlich davonschlich, nahm er eine der ledernen Schlächterschürzen mit. Niemand bemerkte den Diebstahl. Nun war er bereit für ein zweites Opfer: Diesmal würde das Ritual aufsehenerregend sein ... Mit ein paar Münzen lockte er sein Opfer in den verlassenen Hof hinter der Hanbury Street. Verwirrt starrte die Frau auf Eddy, als er sein Jackett auszog und darunter eine lederne Schlächterschürze umgebunden hatte. Die Verwirrung war nur kurzlebig. Das Messer schnitt ihr den Hals durch - bis auf den Knochen. Sie sank zu Boden. Dann ahmte Eddy die jüdischen Schlächter nach; er schlitzte und riß ihren Leib auf. Wieder gelang es ihm leicht zu entkommen. Als einzigen Hinweis ließ er die Lederschürze zurück, die unmittelbar neben dem Wasserhahn im Hinterhof liegenblieb. Als man sie fand, war sie mit Wasser vollgesogen und wies keine Blutspuren auf.

An diesem Punkt sollten wir kurz verweilen und zusammenfassen. Endlich wurde ein echtes Beweisstück vorgelegt - die Lederschürze. Eddy hatte sie gestohlen; Eddy hatte sie zum Ritual getragen und zurückgelassen. Decken wir die Lüge auf! Coroner Wynne Baxter hat die Schürze und die Frage, wem sie gehörte, am ersten Tag der gerichtlichen Untersuchung der Todesursache von Annie Chapman eingehend untersucht. Mrs. Richardson, die Katzenfleisch verkaufte, sagte aus, die Schürze gehöre ihrem Sohn John; er benutzte sie bei der Arbeit. Baxter fragte daraufhin: „Können Sie mir erklären, warum die Schürze unter dem Wasserhahn im Hinterhof lag, wo die Polizei sie dann gefunden hat?" Mrs. Richardson antwortete: „Das kann ich schon; vergangenen Donnerstag fand ich die Schürze im Keller, wo sie zu schimmeln begonnen hatte. Mein Sohn hat sie seit einem Monat nicht benutzt - so legte ich sie unter den Wasserhahn, um sie zu waschen, und ließ sie dort liegen." Eine weitere Frage ergab, daß die Schürze von Donnerstag bis Samstag dort gelegen war und daher nichts mit dem Mord zu tun hatte. Daß sie als abgelegtes Kleidungsstück von Clarence eine Rolle spielte, ist eine reine Erfindung Spierings.

Weitere Bespiele ähnlich „einwandfreier Nachforschung" finden sich an dem Punkt, an dem James Stephen in die Geschichte hineingezogen wird. Spiering hatte Michael Harrisons *Clarence* gelesen und beschlossen, dessen Argumentation zum Teil zu übernehmen. Eddy suchte Stephen zuhause auf und hatte ein geheimnisvolles Paket bei sich. Sobald er mit James allein war, öffnete Eddy das Paket und „ein blutiger Teil eines menschlichen Körpers" kam zum Vorschein. Zuerst lachte James, weil er glaubte, daß es sich dabei um einen sorgfältig ausgeklügelten Spaß handelte. Dann erkannte er, daß es Eddy sehr ernst damit war.

Eddy empfand das Bedürfnis zu gestehen; er mußte seine furchtbaren Geheimnisse mit seinem vertrautesten Freund teilen. Er sprudelte seine Geschichte heraus: „Er hatte zwei Frauen ermordet, zwei Prostituierte, die ihn im Elendsviertel von Spitalfields angesprochen hatten." Die erste wurde „in einem Augenblick plötzlichen Schmerzes, der in ihm tobte", getötet. Der Mord geschah fast zufällig. Aber bei der zweiten Frau war es anders. Er mußte sie töten, denn er wollte, daß alle von der Pein und dem Schmerz erfuhren, die er empfand.„ Er hatte mit dieser Frau etwas Besonderes entdeckt. Es war besser als jeder x-beliebige Liebesakt. „Dieser wilde Akt der Zerstörung ... hatte kein Ziel. Nachher zitterte er zwar vor Furcht, fühlte sich aber undendlich befreit, als wäre diese Person ein Teil von ihm gewesen, ein fürchterlich schmerzender Teil, den er herausschneiden und zurücklassen konnte."

James mußte diese Gefühle verstehen, denn er hatte doch auch diese Pein und Frustration in seine Gedichte einfließen lassen! Nach einer Weile begriff James. Ursprünglich hatte er geglaubt, Eddy wäre das Opfer einer Halluzination geworden - die Zeitungen hatten zweifellos genügend Einzelheiten gebracht, um Alpträume zu erzeugen -, doch langsam mußte er akzeptieren, daß er einem Mörder zuhörte, noch dazu einem Mörder, der nicht bereute.

Ohne das geringste Bedauern erklärte Eddy, daß die Frauen keinen Wert für die Gesellschaft besaßen: Sie hatten keine Zukunft, keine Hoffnung und kein Herz, sie stellten eine Gefahr dar. Vor Jahren hatte ihn eine solche Prostituierte angesteckt. Es war für diese Frauen besser, wenn er sie umbrachte - sie wären ohnehin gestorben.

James' Abscheu verwandelte sich in Verwunderung und dann in berechnenden Opportunismus. Nur er kannte das Geheimnis. Dieses Wissen verlieh ihm mehr Macht, als er sich je erträumt hatte. Und dennoch -

Eddys Geschichte erfüllte ihn mit Furcht für sich selbst. Ihm war bewußt, daß Wirklichkeit und Unwirklichkeit in seinem Innern irgendwie verschmolzen, daß er bald nicht mehr fähig sein würde, zwischen den beiden zu unterscheiden ... Schon seit langem gab es in seiner Familie Geisteskrankheiten, und zwangsläufig war auch er erblich belastet ... Eddy war etwas Reales, hatte real gewirkt und war jetzt vollkommen unwirklich. Er war ein Mörder, nicht mehr ein Prinz; er durchstreifte Whitechapel und brachte Huren um. Es war unbegreiflich, lächerlich, doch James fühlte, daß er sich ihm anschließen sollte ... es war an der Zeit, selbst etwas zu dem Aufsehen beizutragen - er konnte sich mit der Feder beteiligen und die traurige Berühmtheit vergrößern. Er würde rote Tinte verwenden ...

Hier läßt Frank Spiering James den berühmten „Lieber-Boss"-Brief an die Zentrale Nachrichtenagentur schreiben. Er stellt sich vor, wie James mit dem Problem der Unterschrift spielt: „Er brauchte einen Namen, der mit der Vergangenheit in Verbindung gebracht werden konnte. Dutzende Namen bekannter Krimineller kamen ihm in den Sinn: Jack Shephard, Flitzer-Jack, Drei-Finger-Jack, Schlüpfriger Jack. Er unterschrieb mit 'Jack the Ripper'." James zeigte Eddy den Brief, der gab keinen Kommentar ab, aber James kannte Eddys Pläne; Eddy schlug nur an Wochenenden zu. James schickte den Brief ab. Wenige Tage danach verfaßte er eine zweite Nachricht, und „am 30. September schickte er die Postkarte an die Zentrale Nachrichtenagentur ... an den unteren Kartenrand setzte James mit roter Tinte seinen Daumenabdruck."

Hier können wir wieder einen Hinweis überprüfen: das Datum der Postkarte. Entdeckt uns Spiering etwas, das sich aus den von ihm angestellten besonderen Nachforschungen ergab? Keineswegs. Er wiederholt einfach Fehler früherer Schriftsteller, denn tatsächlich wurde die Karte am 1. Oktober aufgegeben. Wie vorherzusehen war, sind alle Ereignisse, die zu dieser historischen Korrespondenz führten, reine Erfindung im Stil Spierings. Spiering nimmt sich sehr wenig Zeit für etwas so Langweiliges wie Tatsachen, das beweist sein Umgang mit Stephens Gedichten. Er überflog Harrisons Text und dabei entging ihm der Hinweis auf das anonyme Hurenlied.Im *Prince Jack* kommt Spierings Unwissenheit zutage, da er James Stephen als *Autor* des „Kaphoozelum" bezeichnet. Er zitiert fünf Strophen, von denen angeblich jede einzelne Stephens Geisteszustand zum Zeitpunkt ihrer Entstehung widerspiegelte!

Wenn Spiering auch bis jetzt hoffnungslos falsch lag, so steht doch noch sein vielversprechender Trumpf aus: Nur er kann sich auf den Text von Gulls Aufzeichnungen beziehen, die Papiere, die „... Details über Sir Williams sensationelle, verheimlichte Entdeckungen enthalten, die er bei der Untersuchung des jungen Prinzen machte."

Gull tritt zum ersten Mal am Nachmittag nach den Morden an Elizabeth Stride und Catherine Eddowes in Erscheinung. Königin Victoria machte sich um die Gesundheit ihres Enkels große Sorgen: Seine Hände zitterten, sein Gesicht war blaß, und er klagte über arge Kopfschmerzen. Eine gründliche Untersuchung war angebracht, und Eddy wurde zu Sir William in die Brook Street 74, Grosvenor Square, geschickt. Die Konsultation erfolgte zur rechten Zeit, denn Spiering zufolge diagnostizierte der königliche Leibarzt Anzeichen ausgeprägten Irrsinns, und die chronische Eiterung am Ohr war ein Symptom einer syphilitischen Kachexie, die sich auch auf das Gehirn auswirken konnte. Doch was verbarg sich hinter dem Irrsinn? Gull beschloß, es mittels Hypnose herauszufinden.

Unter Hypnose erzählte ihm Eddy zuerst von James, dann vom Zorn auf seinen Vater. Schließlich „wurden seine Augen glasig, als ein anderes Bild auftauchte, das Gull mit Besorgnis erfüllte. Eddy sprach von 'einem Messer' und einer Frau im Dunkeln. Entsetzt sah Gull zu, als ihm Eddy zeigte, wie er die Kehle der Frau durchschnitt. Das illusorische Messer sauste mit Wucht herunter." Gull wußte jetzt, was Eddys Wahnsinn zugrunde lag: Die Syphilis verursachte überspannte Wutanfälle. Seine Schmerzen führten zu Gewalttätigkeit. Eddy war über das Stadium der Phantasievorstellungen hinaus: „Er hatte seine Zwangsvorstellungen in die Tat umgesetzt. Der Wahnsinn, der von ihm Besitz ergriffen hatte, versetzte ihn in einen Zustand ständigen Deliriums. Er war nicht zurechnungsfähig, doch er hatte die Taten begangen. Gull sah keinen anderen Weg, als die Information weiterzugeben. Das ist der Grund, warum er Sir Charles Warren wissen ließ, daß er ihn sofort sprechen mußte."

Spiering, der, wie wir nicht vergessen dürfen, „Gulls Aussage" besitzt, berichtet weiter, daß Warren Gull aufsuchte und sich den Bericht über Eddys Beichte anhörte. Er erfuhr, daß der Prinz „...seinen ehemaligen Erzieher James K. Stephen als Verfasser der an die Zentrale Nachrichtenagentur gerichteten Briefe mit der Unterschrift 'Jack the Ripper' angegeben hatte." Warren hörte aufmerksam zu, und dann „... konfrontierte er Gull mit einer erstaunlichen Mitteilung. Nicht nur er wußte von den mörderischen Umtrieben des Prinzen, auch der Innenminister und der Premierminister teilten das Geheimnis."

Auf höchster Ebene sah man sich zum Stillschweigen gezwungen, und von da an wurde Gull in die Verschwörung miteinbezogen. Die Königin konnte nicht informiert werden, aber es war wichtig, Eddy zu isolieren, bis sein Vater alarmiert und „entsprechende Maßnahmen ergriffen" werden konnten. War Sir William in der Lage zu helfen? Er war es. Sofortige ärztliche Betreuung war erforderlich, und die konnte in aller Heimlichkeit in einem privaten Sanatorium, das Gull kannte, erfolgen. Der beratende Arzt des Sanatoriums „Haus der Ruhe" in Balham, Theodore Dyce Acland, war nicht nur ein verläßlicher Freund, sondern auch mit Gulls Tochter Caroline verlobt. Wer konnte das furchtbare Geheimnis besser bewahren?

Mit Warrens Zustimmung brachte man Eddy in das Sanatorium, wo die Behandlungen mit Kaliumjodid und anderen Medikamenten sowie eine Elektrotherapie begannen. Anfangs wirkte der Patient gedämpft und inkohärent. Doch in der zweiten Woche verschlechterte sich sein

Zustand: Er redete irre und wurde gewalttätig. Es hatte den Anschein, daß man wohl des syphilitischen Zustands Herr werden konnte, nicht aber des inneren Aufruhrs und des Wahns, die Eddy zum gefürchteten Ripper machten. Immerhin war er jetzt aus dem Verkehr gezogen und konnte keinen weiteren Schaden anrichten.

Sechs Wochen blieb der Ripper verschwunden. Am 8. November erhielt Sir William vom Direktor des Sanatoriums in Balham die entmutigende Nachricht: In einem rasenden Wutanfall war Eddy die Flucht aus der Anstalt geglückt. Er war wieder frei.

Sobald Eddy entkommen war, schwirrten in seinem verwirrten Kopf zwei Gedanken herum. Morgen, Freitag, war der Geburtstag seines Vaters. Die liebe Mutter und Georgie würden in Sandringham feiern; er wollte dabei sein. Doch zuerst mußte er James von seiner Gefangenschaft erzählen, von dem Komplott der Ärzte gegen ihn. In dunkler Nacht machte er sich also auf den Weg nach De Vere Gardens. Stunden später befand er sich bei James in Sicherheit, und hier brach er zusammen. Weinend brachte er seine erbitterten Anschuldigungen vor. Bei Tagesanbruch schlief er ein, und er schlief immer noch, als eine kleine, sorgsam ausgewählte Gruppe von Männern in De Vere Gardens auftauchte. Sir William hatte Sir Charles Warren geweckt und die Vermutung ausgesprochen, daß Eddy direkt zu Stephens gehen würde. James hatte keine andere Wahl, als sie einzulassen, aber als sie die Zimmer durchsuchten, mußten sie feststellen, daß Eddy inzwischen lautlos entkommen war. Nachdem die Polizei gegangen war, überprüfte James den Anrichteraum und bemerkte, daß eines der langen Messer fehlte.

Immer noch galt es, Stillschweigen zu bewahren, und Gull wußte, daß ihm die Bürde zufiel, Eddy wieder einzufangen. Er ließ sich in den Wagen helfen und der Kutscher mußte ihn nach Osten fahren, durch die schäbigen Straßen von Whitechapel. Es war ein undankbares Unterfangen, mit nur geringer Aussicht auf Erfolg, aber was konnte der alte Arzt anderes tun? Gull versagte jedoch, Eddy schlug zu, und Mary Kelly starb in ihrem schmutzigen Zimmer. Sobald der Anfall vorüber war, verbrannte Eddy seine blutgetränkte Kleidung in ihrem Kamin: „Er zog Frauenkleider an, die er in einer schwarzen Handtasche mitgebracht hatte, und hüllte sich in einen Schal." Er entkam durch das Fenster und traf zeitgerecht in Sandringham ein, um den Geburtstag seines Vaters zu feiern. Die Frauenkleider erklärte er damit, daß „... er am Abend zuvor eine Kostümparty besucht hatte. Er witzelte darüber, daß er als seine Großmutter verkleidet erschienen war." Kurz nach dem Mittagessen schickte der Prince of Wales Eddy mit der Kutsche nach London zurück. Die Ärzte erwarteten ihn in Gulls Haus. Wieder wurde er in Gewahrsam genommen.

An diesem Punkt läßt Spiering R. J. Lees an der Jagd nach dem Ripper teilnehmen. Er hatte das Medium schon früher mit der unter Spiritisten gängigen Geschichte über Lees' Zusammenkunft mit Königin Victoria vorgestellt. Jetzt geht die Geschichte einen Schritt weiter, aber man erkennt auf den ersten Blick, daß er keine neuen Unterlagen benutzt. Der Bericht ist im Grunde nichts weiter als eine Mischung aus der Version des *Daily Express* und Stowells Geschichte, „die von Caroline Gull stammte". Spiering schmückt die Geschichte mit einigen selbst erfundenen Details aus und folgt dabei dem Beispiel Edwin Woodhalls. Er schreibt: „Am Nachmittag des 9. Novembers sah er [Lees] aus dem fahrenden Omnibus einen Mann, der in der vornehmen Gegend Grosvenor Square ein Haus betrat ... Lees stieg rasch aus und sah sich nach einem Wachtmeister um. Er erzählte ihm, daß er soeben gesehen hatte, wie Jack the Ripper das Haus Brook Street 74 betrat. Der Wachtmeister lachte ihn aus und drohte, 'ihn einzulochen'. Lees eilte zu Scotland Yard und fand dort einen Inspektor, der bereit war, ihn am nächsten Morgen in die Brook Street 74 zu begleiten."

Der Besuch findet statt, und die Stowell-Version wird auf folgenden Schluß abgeändert: „Es konnte jedoch nichts unternommen werden, weil Gull nicht der Mann war, den Lees beim Betreten des Hauses beobachtet hatte, und Gull andererseits darauf bestand, daß weder er noch seine Familie wußten, um wen es sich handelte. Lees behauptete später, daß er aus der königlichen Privatschatulle Zahlungen erhielt, damit er Stillschweigen bewahrte. Wie vieles andere, so sind auch die Aufzeichnungen über diese Zahlungen verschwunden."

Frank Spiering machte sich bei der Ausschmückung seiner Version nicht die Mühe, die Route der damals verkehrenden Omnibusse zu überprüfen oder sich mit der Geographie der Gegend um die Park Lane zu befassen. Hätte er das getan, so hätte er festgestellt, daß weder durch die Brook Street noch über den Grosvenor Square Omnibusse fuhren, und daß man Gulls Haus von einem Omnibus aus, der am Marble Arch vorbei oder die Park Lane hinunterfuhr, nicht sehen konnte.

Trotz dieser Ungereimtheiten beharrt Spiering darauf, daß er die von

Gull hinterlassenen aufschlußreichen Papiere besitzt. Auf diese stützt sich seine Erklärung, daß sich Eddys Zustand durch eine Reihe von Drogen und durch hypnotische Behandlung stabilisierte. Mit der Zeit ging es ihm so gut, daß Eddy, „solange er unter Aufsicht stand und nichts selbständig unternehmen durfte, an offiziellen Diners teilnehmen und hohe ausländische Gäste begrüßen konnte; dabei erweckte er den Eindruck, genauso frei wie jeder andere königliche Prinz zu sein ..." Eddy besuchte Ägypten, bereiste Indien und ging dort auf die Jagd. „Neuntausend Kilometer entfernt stellte die Londoner Presse in der Zwischenzeit fest, daß es seit über einem Jahr keine Ripper-Morde mehr gegeben hatte."

Nach seiner Rückkehr aus Indien verliebte sich Eddy in Prinzessin Hélène von Orléans, eine verhängnisvolle Wahl. Hélène war römisch-katholisch, und die monarchistischen politischen Ambitionen ihres Vaters waren dem republikanischen Frankreich ein Greuel. Da Eddys Vater fest entschlossen war, zwischen Frankreich und Großbritannien dauerhafte Bande zu schmieden - eine Entente Cordiale - mußte Eddy von der störenden Familie Orléans losgeeist werden. Der Papst tat das Seine dazu, indem er Hélène über ihre Pflichten als Mitglied der alleinseligmachenden Kirche belehrte. Der Druck seitens Eddys Familie verstärkte sich, und schließlich führte seine eigene Unbeständigkeit das Ende der Werbung herbei. Es gab andere Frauen, die Eddys Herz schneller schlagen ließen, aber die Verlockungen der Liebe waren zu schwach, um den krankhaften Haß des Prinzen zu ersticken. Am 13. Februar 1891 zog es Eddy wieder auf die Straßen, und er tötete Frances Coles. Jetzt schloß das Establishment die Reihen, um die sich in die Länge ziehende, bedrohliche Angelegenheit zu beenden.

James Stephen wurde zuerst zum Schweigen gebracht. Am 21. November 1891 „... überantworteten ihn die Mächtigen, die England regierten, der Abteilung für Geisteskranke des St. Andrew Krankenhauses in Northampton." Eddy wurde körperlich immer schwächer. Spiering führt dazu aus:

Als Eddys letztes Lebensstadium dem Ende zuging, ist es leicht denkbar, daß man Mittel anwandte, um einen raschen Abschluß herbeizuführen. Statt der regelmäßig verabreichten Dosen von Kaliumjodid erhielt Eddy wahrscheinlich täglich eine Morphiuminjektion. Diese erlöste ihn von seinen Schmerzen und erzeugte einen tiefen Schlaf ... Als man ihn schließlich in ein Pflegeheim in Ascot brachte, wurde die Dosierung ständig erhöht, bis der Schlaf zu einem Dauerzustand wurde.

Offiziell starb Eddy am 14. Januar 1892 in Sandringham; als Todesursache gab man Grippe an. Spiering hält das für die unvermeidliche Tarnung und schreibt: „Kurz nach dem Tod von Eddy und seinem Geliebten James Stephen im Jahr 1892 wurde der offizielle Akt über Jack the Ripper von der Metropolitan Polizei und dem Amt des Innenministers Matthews geschlossen ... auf dem Deckel des Aktes war vermerkt: GEHEIM BIS 1992 - eine äußerst überzeugende Bestätigung für die Identität des Mörders."

Weite Kreise der USA halten *Prince Jack* für wahr, aber in Großbritannien ist das Buch nicht erschienen. Spiering vermutet, daß sich das Establishment verschwor, um der britischen Öffentlichkeit die Wahrheit vorzuenthalten. Vergessen wir daher aus Fairness gegenüber seinen schwerwiegenden Behauptungen kurz die Ungereimtheiten, und fragen wir statt dessen, ob sich Spiering an irgendeinem Punkt auf echte Quellen stützte. Verwendet er bis jetzt verheimlichte Beweise? Wenn das der Fall ist, könnte seine These immer noch von Bedeutung sein.

Eine genaue Untersuchung beweist, daß nirgends in seinem Buch auch nur ein Satz eines Palastbediensteten oder Polizeibeamten vorkommt, der seiner Geschichte Gehalt verleiht; diese Gruppe können wir damit als Quelle ausschließen. Somit *muß* alles von den von Sir William Gull hinterlassenen Unterlagen abhängen, doch was Gull wirklich *schrieb*, geht aus dem Text nicht hervor. Spiering führt nicht ein einziges direktes Zitat an. Aber er sagt uns zumindest, wo die maßgeblichen Papiere zu finden sind: „Es war ein außerordentliches Glück, daß ich ein Exemplar von Dr. William Gulls Aufzeichnungen auftreiben konnte: Sie befinden sich zusammen mit anderen Dokumenten in einer alten Mappe, ausgerechnet in der New Yorker Akademie für Medizin."

Ich habe an Frank Spiering geschrieben und ihm angeboten, für eine Kopie dieser Aufzeichnungen zu bezahlen. Da kaum jemand derart bedeutsame Schriften als Nebensächlichkeit behandeln würde, erschien es mir logisch, daß er eine Kopie behalten hatte. Doch er antwortete mir nicht, und das ist sehr befremdend. Spiering hätte stolz darauf sein müssen, beweisen zu können, daß sein Bericht auf soliden Fundamenten steht - jedoch er schwieg.

Die letzten Stunden des Herzogs von Clarence.

Für sein Stillschweigen gibt es einen guten Grund. Um ganz sicher zu gehen, ersuchte ich den Bibliothekar der New Yorker Akademie für Medizin, mir eine Fotokopie von Gulls Unterlagen zur Verfügung zu stellen. Die Angestellten der Bibliothek forschten nach, und ich erhielt folgenden mit 20. November 1986 datierten Brief.

Sehr geehrter Mr. Harris,
Unseres Wissens besitzt die Bibliothek keine Mappe mit Aufzeichnungen von Sir William Gull, die sich auf die Whitechapel-Morde beziehen. Das gesamte für Nachforschungen zugängliche Material unserer Sammlung, ist katalogisiert. Keine der Eintragungen in unserem Katalog betrifft Arbeiten von oder über Sir William Gull, die das Material enthalten, auf das sich Mr. Spiering bezieht.
In einer Bibliothek, so groß und so alt wie die unsere, ist es möglich, daß ein Satz Aufzeichnungen zusammen mit einem größeren Werk oder anderen Werken gebunden wurde und bei der Katalogisierung unbemerkt blieb, doch das ist höchst unwahrscheinlich. Mr. Spiering konnte sich an die Katalogeintragung nicht erinnern, die er zur Aushebung aus unserem Hauptmagazin vorlegte, und unter der er angeblich Gulls Aufzeichnungen fand. Genaue Nachforschungen unserer Mitarbeiter verliefen ergebnislos.

Hochachtungsvoll,
Brett A. Kirkpatrick, Bibliothekar

Daraus läßt sich nur ein Schluß ziehen - wieder einmal stehen wir einem kunstvoll aufgebauten Schwindel gegenüber. Am Anfang versprach er „die endgültige Lösung des Rätsels um einen Mörder: Die geheimnisvollen Umrisse von Jack the Ripper verwandeln sich in eine Figur königlichen Geblüts." Doch anstatt dieses so kühn skizzierten Porträts finden wir nichts als eine Sammlung wertlosen Yankee Gekritzels.

15
Knight - der Ritter in der gläsernen Rüstung

„Jack the Ripper war nicht ein einzelner Mann, es waren vielmehr drei Personen beteiligt, zwei Mörder und ein Komplize. Die Fakten um ihre Taten sind noch nie zuvor aus dem wirren Gewebe von Wahrheiten, Halbwahrheiten und Lügen, das um diesen Fall gesponnen wurde, herausgelöst worden. Bewußte und zufällige Lügen haben die Wahrheit hoffnungslos umstrickt." Mit diesen provozierenden Worten eröffnete Knight seine Präsentation von *The Final Solution*.

Seine Suche nach der Wahrheit begann, als BBC eine Serie über die Whitechapel-Morde plante. Ein Beamter des Yards hatte zu Beginn des Jahres 1973 dem BBC-Team einen Tip gegeben, und dieser führte zu einem Treffen mit einem Künstler namens Joseph Sickert, einem unehelichen Sohn des bekannten Malers Walter Sickert. Er hatte die ausführliche, haarsträubende Geschichte der Morde von seinem Vater Joseph erfahren. Das BBC Team schenkte Sickert bereitwillig seine Aufmerksamkeit, denn es war bekannt, daß Walter Sickert sich schon lange für den Ripper-Fall interessierte. Die Geschichte, die hier präsentiert wurde, betraf Josephs Mutter Alice und *deren* Mutter. Auch der Herzog von Clarence spielte darin eine Hauptrolle, nur lag diesmal die Sache völlig anders. Clarence wurde nicht mehr als Ripper oder dessen Gefährte dargestellt; er war nur noch die bemitleidenswerte Ursache der Bluttaten, ansonst aber völlig unschuldig.

Die ursprüngliche, beschnittene Version der Geschichte lautete, daß Clarence sich in eine Verkäuferin aus der Cleveland Street verliebt hatte. Sie heirateten heimlich und eine Kind kam zu Welt. Daraus ergaben sich natürlich für den Hof und den Staat Probleme.Die lächerliche Verbindung mußte daher zerschlagen werden. Das war nicht besonders schwierig, aber eine Freundin der Verkäuferin Annie entkam der von offizieller Seite gestellten Falle; sie floh nach Whitechapel, wo sie ein paar andere

Prostituierte in ihr Geheimnis einweihte. Sie dachten an Erpressung - und endeten im Leichenhaus. Die Freimaurer hatten sich der Sache angenommen!

In dieser Urfassung wurde „Sickerts Version" in die letzte Episode der BBC-Serie über *Jack the Ripper* eingebaut, die am 17. August 1973 lief. Einen Monat später besuchte Stephen Knight Josef Sickert, um ihn für den *East London Advertiser* zu interviewen; diese Zeitung war die einzige noch überlebende, die aus der Gegend von Whitechapel berichtete. Zuerst dachte Knight nur an einen Zeitungsartikel, doch während er Sickert zuhörte, erkannte er, daß die Geschichte zu gut war, um in einzelnen Zeitungsartikeln zu erscheinen. Nach vier Stunden entschied Knight, daß die Geschichte danach schrie, in Buchform behandelt zu werden.

Nachdem Knight alle Bedenken beschwichtigt hatte, begann er, ernstlich mit Sickert zusammenzuarbeiten, und die Nachforschungen setzten ein. Es gab viele Zweifel und Fragen; schließlich nahm die Suche in der Cleveland Street, W 1, ihren Ausgang - alle Wege führten dorthin.

Walter Sickert hatte in der Cleveland Street 15 ein Studio unterhalten, keineswegs sein einziges, aber das auf tragische Weise entscheidende. Entscheidend wurde es durch eine Kette von Ereignissen, die bis in die fünfziger Jahre des neunzehnten Jahrhunderts und bis nach Dänemark zurückreichten. Oswald Sickert, der Vater von Walter Sickert, hatte sich damals mit vielen Mitgliedern der dänischen Königsfamilie angefreundet. Als Hofmaler lernte er die spätere Königin von England - Alix, die Tochter von König Christian IX - kennen. 1863 heiratete Alix Edward, den Prince of Wales, und lebte fortan in England. Fünf Jahre später übersiedelte Oswald nach London und ließ sich hier nieder; seine alte Freundschaft mit Alix blieb bestehen. Auch sein Sohn Walter wurde zu gegebener Zeit in den privilegierten Kreis aufgenommen.

Anfang der achtziger Jahre begann Alix, sich um die persönliche Entwicklung ihres ältesten Sohnes Eddy Sorgen zu machen. Sein Vater mochte ihn nicht. Der Knabe wirkte schwer von Begriff, und es fehlte ihm an Vitalität; der eingeengte Umgang am Hof forderte ihn nicht und konnte auch seine Phantasie nicht anregen. Alix war zu der Überzeugung gekommen, daß er eine nicht entwickelte künstlerische Ader besaß; vielleicht würde sich seine Persönlichkeit in der Welt der Kunst entfalten und sein Sinn für Verantwortung würde sich regen.

Mit solchen Überlegungen wandte sich Alix an den jungen Walter Sikkert und bat ihn, „Eddy unter seine künstlerischen Fittiche zu nehmen“. Sickert half nur zu gerne. Er gab Eddy als seinen jüngeren Bruder Albert aus, und als Albert und Walter wanderte das Paar unbekümmert durch die Pubs, Kaffeehäuser und Ateliers der Künstlerkolonie von Nord Soho. Der Prinz verließ den Palast in einer königlichen Kutsche mit dem unverkennbaren Wappen. An einem vorher vereinbarten, ruhigen Platz schlüpfte Eddy hinaus und setzt die Fahrt in einer unauffälligen Kutsche fort, die der verläßliche John Netley fuhr.

Laut Knight funktionierte das Arrangement klaglos. Eddy blühte auf und entspannte sich, und keines seiner Abenteuer aus dieser Zeit bereitete dem Hof Probleme. Im Sommer 1884 kam es zu einem verhängnisvollen Treffen. Sickert stellte Eddy eines seiner jungen Modelle vor, und Eddy verliebte sich in sie. Das Mädchen hieß Annie Elizabeth Crook (auch als Cook bekannt) und arbeitete in einem Tabakladen in der Cleveland Street 22. Sie war Analphabetin und auch keine Schönheit, aber sie besaß gewinnenden Charme, und sie gewann. Als Beweis schenkte sie Eddy eine Tochter: Alice Margaret Crook.

Nach der Geburt im April 1885 lebte Annie weiterhin im Keller des Hauses Cleveland Street 6; sie ging auch weiterhin auf Nr. 22 zur Arbeit. Das war möglich, weil Sickert eine junge Irin als Kindermädchen bezahlte. Das Kindermädchen hieß Mary Kelly. Zuerst behielten alle Beteiligten das königliche Geheimnis für sich, auch Kelly. Selbst als sich Eddy und Annie trauen ließen, sickerte nicht ein Wort durch, obwohl die Zeremonie in der privaten Kapelle St. Saviour's stattfand, einer römisch-katholischen Kirche, und dadurch in direktem Widerspruch zum religiösen Bekenntnis der königlichen Familie stand.

Wenn wir uns mit den darauffolgenden Ereignissen befassen, dürfen wir vorderhand nicht urteilen, sondern müssen uns Sickerts Ansicht über das politische Klima der achtziger Jahre des vergangenen Jahrhunderts vergegenwärtigen: Der Ruf der Monarchie war derart schlecht, daß die republikanische Gesinnung sowie die noch bedrohlichere sozialistische Bewegung blühten. Dieser doppelten Bedrohung war einfach alles willkommen, was gegen die Krone verwendet werden konnte. Jeder Skandal um das Königshaus war Wasser auf ihre Mühlen, und ein Skandal, in den Eddy verwickelt war, ein Geschenk des Himmels. Warum?

Knight gibt Sickerts Ansicht weiter, wenn er sagt, „daß Eddy die einzige Hoffnung darstellte, den letzten Rest an Zuneigung zu retten, die der

Mann von der Straße der königlichen Familie entgegenbrachte. Eddy war jung und attraktiv, und das Volk hielt ihn für denjenigen, der als König den Thron wieder festigen konnte. Wenn auch er den abwärts führenden Pfad der Unmoral und Ausschweifung einschlug, so befürchtete (Premierminister) Salisbury, daß das Ende der Monarchie nahe war."

Was war nun an Eddys Torheit so Besonderes? Sickert sah es so:

> *... Eddy hatte eine größere Gefahr geschaffen, als wenn er in die schmutzigen Fußstapfen seines Vaters getreten wäre ... Die antikatholischen Gefühle waren damals so stark, daß Eddys Heirat auch ohne die Bedrohung durch den Sozialismus imstande gewesen wäre, eine Revolution heraufzubeschwören ... die Monarchie und die gesamte Struktur der britischen Politk schienen sich am Rande des Zusammenbruchs zu befinden ... in diesem gefährlichen Augenblick der Geschichte genügte Eddys Verhalten, um das Feuer der Revolution zu schüren.*

Premierminister Salisbury entschloß sich, rasch zu handeln. Die lästige Verbindung mußte ein für allemal zerschlagen werden. Am 2. April 1888 fand sich eine Gruppe Polizisten in Zivilkleidung an dem der Howland Street nächstgelegenen Ende der Cleveland Street ein. Sie waren alle als Rowdys gekleidet, und in echter Rowdymanier veranstalteten sie eine Straßenrauferei. Während sich die Bewohner der Gegend auf das Handgemenge konzentrierten, fuhren zwei Hansoms am anderen Ende der Cleveland Street vor dem Atelier vor. Walter Sickert stand vor dem Haus und sah, was geschah. Zwei Männer in braunen Tweeds sprangen aus einem Wagen und gingen in sein Atelier auf Nr. 15, in dem sich Eddy und Annie immer trafen. Bald darauf kamen sie mit Eddy in ihrer Mitte wieder heraus. Die andere Kutsche hatte mittlerweile vor Nr. 6 gehalten, und ein Mann und eine Frau stiegen in Annies Kellerwohnung hinunter. Gemeinsam zerrten sie Annie auf die Straße und zwangen die Widerstrebende, in die Kutsche zu steigen. Dann fuhren die Kutschen in entgegengesetzte Richtungen davon.

Walter Sickert hat Eddy nie mehr wiedergesehen. Er nahm an, daß man ihn zurück an den Hof gebracht und ihn dort unter strenge Aufsicht gestellt hatte, die nahezu einem Hausarrest gleichkam. Sickert traf Annie noch ein- oder zweimal, doch das sorglose Mädchen, das er gekannt hatte, gab es nicht mehr. Nach dem Überfall hatte man sie in das Guy's

Hospital gebracht, wo sie 156 Tage blieb. Nach einer Operation wurde sie entlassen: Sie war schwachsinnig und hatte epileptische Anfälle. Von da an streifte Annie durch die Straßen und landete in einer Reihe von Armenhäusern, bis sie im Jahr 1920 geistesgestört verstarb.

Auf diese gefühllose Art löste man die Verbindung, doch eine Bedrohung blieb bestehen, denn Mary Kelly war zusammen mit Annies Kind Alice dem Netz entkommen. Die beiden hielten sich irgendwo in den Slums von Whitechapel versteckt. Was noch schlimmer war, Kelly hatte ihr Schweigen gebrochen und einer Gruppe gewöhnlicher Huren alles erzählt. Diese witterten in dem Geheimnis Geld und schmiedeten Erpresserpläne.

Salisbury hatte nun zwei Geheimnisse zu hüten. Untrennbar verbunden mit Eddys Unbesonnenheit war die unmenschliche Behandlung, die Eddys unschuldiger Braut widerfahren war, und nur eine ausgesprochen drastische Aktion konnte den neuen Bedrohungen ein Ende setzen. Diese Aktion durfte nicht von der Regierung ausgehen: Die geheime Bruderschaft, die alle Fäden zog - die Freimaurer -, konzipierte den Plan.

Die Freimaurer waren die Macht hinter Thron und Regierung. Wenn der Thron stürzte und Großbritannien eine Republik wurde, dann war es auch mit den Freimaurern zu Ende. Kelly und ihre Gefährtinnen mußten zum Schweigen gebracht werden, sollten die Zügel der Macht sicher in den Händen der Freimaurer verbleiben ...

Freimaurer Salisbury zog Freimaurer Sir William Gull zu Rate, um die „Operation Schweigen" zu entwerfen. Sir William, so gibt man uns zu verstehen, hatte sich bereits bewährt, indem er Annie Crook operierte. Er war bereit, mit dem Skalpell in der Hand eine Hure nach der anderen zu operieren. Diesmal brauchte er keinen Operationssaal, die Risiken dabei waren zu groß:

Eine arme Frau, die gellend schrie, um der Wahrheit Gehör zu verschaffen, die Inspektoren, Ärzte und Besucher anflehte, ihr doch zu glauben, daß sie die Frau eines Prinzen war, eine solche Frau konnte man leicht als verrückt abtun. Aber vier augenscheinlich Verrückte, die dieselbe Geschichte erzählten, hätten - auch wenn es sich dabei nur um Huren aus dem East End handelte - eine Gesetzmäßigkeit geschaffen, die viele nur zu gerne interpretiert hätten. Es kam nicht in Frage, die Frauen für geisteskrank zu erklären oder sie einzusperren, und es war undenkbar, sie frei herumlaufen zu lassen. Die einzig brauchbare Alternative für Gulls unbarmherzigen Geist war, sie zu töten.

Der ebenso unbarmherzige John Netley sollte Gulls Kutsche durch das East End fahren. Netley war natürlich bereits beteiligt, da er seit Jahren von den Treffen in der Cleveland Street wußte. Er hatte bewiesen, daß er Geheimnisse bewahren konnte; jetzt wurde er in eines der entsetzlichsten Geheimnisse eingeweiht. Von seiner schützenden Kutsche aus sah er, wie die Huren hingeschlachtet wurden. Dann befolgte er Gulls Anweisungen und warf die Leichen dorthin, wo es der Arzt für richtig hielt. Netleys sadistische Seite wurde durch das Blutvergießen so aufgestachelt, daß er Elizabeth Stride selbst tötete. Auch die minuziösen Verstümmelungen an der Anführerin der Huren, Mary Kelly, waren sein Werk.

Sir Robert Cecil, Marquis of Salisbury, Ritter des Hosenbandordens: Lenkte dieser Patriarch die Hand, die das Messer hielt? Könnte es sein, daß der edle Kopf des Sir William Gull, Baronet, Dr. med., das Gehirn eines Mörders barg?

Bevor man aber die Erpresserinnen umbringen konnte, mußten sie erst ausfindig gemacht werden, und hier trat der Komplize auf den Plan. Dabei handelte es sich um niemand anderen als Sir Robert Anderson, Vizekommissar der Metropolitan Polizei und hochrangiger Freimaurer in derselben Loge wie Gull und Salisbury. Offiziell war er zu dieser Zeit im Krankenurlaub und verbrachte einige Tage auf dem Kontinent. In „Wahrheit" schlich er durch die Gassen und suchte Informationen.

Bis hierher schwindelt einen angesichts der Enthüllungen von Sickert-Knight. Kommen noch mehr ungewöhnliche Dinge zum Vorschein? Gewiß. Es stellt sich heraus, daß der Tod der Huren als Proklamation aufgezogen wurde. Für die Öffentlichkeit waren die Morde nichts anderes als die wahnsinnigen Taten eines kranken Gehirns, doch Eingeweihte konnten darin Ritualmorde erkennen, die gemäß den Regeln der Freimaurer durchgeführt wurden. Deshalb waren die Kehlen von links nach rechts durchschnitten, wie es in der Strafklausel für den Freimaureranwärter heißt. Der Anwärter schwört, über die ihm geoffenbarten Geheimnisse zu schweigen, „... ohne Ausflüchte, ohne Zweideutigkeit, ohne geheime Vorbehalte; sollte ich eines davon nicht beachten, so wird man meine Kehle durchtrennen und mir die Zunge herausreißen und im Sand des Meeres begraben ..."

Das ist nach Knight nur eine der Parallelen aus der Freimaurerei. Er verweist auf die Chapman Leiche, bei der die Eingeweide auf die Schulter gelegt worden waren. Für Knight ist das „eindeutig freimaurerisch". Er vergleicht es mit der Freimaurerlegende vom Mord an Hiram Abiff. Die drei Mörder wurden gefaßt und hingerichtet: „Ihre Brust wurde aufgerissen und ihr Herz und die lebenswichtigen Organe herausgenommen und über die linke Schulter geworfen." Zu schade, aber Eddowes' Eingeweide lagen über der rechten Schulter. Auch das war kein großes Problem für Knight, denn er argumentiert, daß man den Punkt, über *welche* Schulter sie zu legen waren, vielleicht in der Eile übersehen hatte.

Weitere Details sollen eine Verbindung zu den Freimaurern beweisen, und bei der Jagd nach Hinweisen auf den Geheimbund wird beachtliche Erfindungsgabe aufgewendet. Sogar Hogarth muß herhalten und Beweise für diese Theorie erbringen: Sein Stich „Der Lohn der Grausamkeit" wird sorgfältig analysiert, um Ähnlichkeiten zwischen dem Mord an Mary Kelly und dem Ritualmord der Freimaurer aufzuzeigen.

Doch der Stich stellt nur das normale Sezieren eines gehenkten Verbrechers im achtzehnten Jahrhundert dar. Alle angeblich bedeutungsvollen Details - Entfernung des Herzens und der Eingeweide, Verwendung von Schraube und Flaschenzug, um den Kopf zu heben, die Verstümmelungen - waren in den Anatomievorlesungen jener Zeit durchaus normal. Doch Knight kämpft für eine verrückte Theorie, und verrückte Beispiele sind die Folge.

Auch wenn wir die Meinung vertreten, daß Stephen Knight manchmal sorglos vorgeht, so muß doch der *komplette* Fall, der ja schließlich Eddy entlastet, unparteiisch betrachtet werden. Es könnten handfeste Wahrheiten darin verborgen liegen. Ja, die zugrundeliegende Geschichte könnte wahr sein. Es ist also dringend notwendig, an den Ausgangspunkt zurückzukehren, in die Cleveland Street des Jahres 1884. Erwartet uns hier vielleicht die Erleuchtung?

16
Es zeigen sich Risse

Die Cleveland Street des neunzehnten Jahrhunderts war durch Adressenverzeichnisse, Wähler- und Steuerlisten gut erfaßt, doch nirgendwo scheint ein Walter Sickert oder eine Annie Elizabeth Crook oder Cook auf. Das allein macht die Geschichte noch nicht unwahr; wenn Sickert die Zimmer nur mietete, so wurde er weder als Steuerzahler noch als Wähler dort geführt, und im Adressenverzeichnis konnte er leicht unerwähnt bleiben. Frauen hatten damals kein Wahlrecht, Annies Name schien daher im Wählerverzeichnis nicht auf. Wenn sie den Keller von Nr. 6 ebenfalls nur mietete, dann ist es möglich, daß auch ihr Name in den Steuerlisten nicht genannt wurde. Die Tatsache, daß sie in allen Listen fehlen, beweist in beiden Fällen nichts.

Es gibt jedoch einen unabhängigen Beweis für Annies Anwesenheit in der Cleveland Street. Die Geburtsurkunde ihrer Tochter vom 18. April 1885 gibt den Namen des Kindes mit Alice Margaret Crook an. Der Name des Vaters wird nicht genannt, und als Mutter ist „Annie Elizabeth Crook, Süßwarenverkäuferin aus der Cleveland Street“ angeführt. Das untermauert einige von Joseph Sickerts Behauptungen über seine Großmutter, doch eine zusätzliche Eintragung auf dem Geburtsschein geht sogar noch weiter. Sickert behauptete, daß Annie Analphabetin war; sie mußte daher ein Kreuz setzen. Der Standesbeamte, der als Zeuge fungierte, fügte dem Kreuz hinzu: „Gezeichnet von Annie Elizabeth Crook, Mutter, Cleveland Street 6, Fitzroy Square.“ Das bestätigt den Anfang von Joseph Sickerts Geschichte. Karen de Groot stellte später Nachforschungen in Steuerbüchern an und erhärtete diesen Beweis: Das Kellergeschoß von Cleveland Street 6 wurde 1888 von einer Elizabeth Cook bewohnt. Wenn es sich tatsächlich dabei um ein und dieselbe Frau handelte, so hatten sich ihre Lebensbedingungen damals bereits gebessert, so daß sie als Steuerzahlerin aufschien.

Joseph Sickert hatte bereits früher auf die leichte Abweichung beim

Nachnamen hingewiesen. Einer Analphabetin, die auf ihre Steueremp- fangsbestätigung ein Kreuzchen setzt, würde ein solcher Fehler niemals auffallen. Hinsichtlich des Wohnortes gibt das Dokument damit hinreichend Auskunft, es erweckt aber gleichzeitig berechtigte Zweifel am Geburtsort von Alice. Dieser wird mit dem Marylebone Armenhaus angegeben. Wenn der nicht genannte Vater tatsächlich Eddy war, warum ließ er es zu, daß seine Geliebte ihr Kind in der erbärmlichen Krankenstation des Armenhauses bekam? Verglichen mit Annie oder Walter oder sonst jemandem aus der Cleveland Street war Eddy ein sehr reicher Mann, und er hatte ganze acht bis neun Monate Zeit gehabt, Annie Geld zukommen zu lassen. Mutter und Kind hätten ein diskretes, sicheres und bequemes Wochenbett in einem ruhigen privaten Entbindungsheim haben können. Glauben wir aber dieser Geschichte, so blickte Eddy demnach gefühllos weg, und das ist äußerst unwahrscheinlich. Es ist interessant, daß sich Knight nie mit diesem Problem beschäftigte.

Die angebliche Heirat ist ebenso unglaubwürdig. Sie fand in der Krankenhauskapelle St. Saviour's statt, und Mary Kelly fungierte als Trauzeugin. In Knights Buch beschreibt der von BBC mit den Nachforschungen betraute Assistent Ian Sharp ausführlich, wie er vergeblich die St. Saviour's Kapelle suchte. Er versuchte es bei der Southwark Kathedrale, die einmal St. Saviour's geheißen hatte, aber in den dortigen Kirchenbüchern aus den achtziger Jahren wird Annies Heirat nicht erwähnt. Ein Krankenhaus dieses Namens in der Osnaburgh Street gab es mittlerweile nicht mehr, und im nachfolgenden St. Saviour's Hospital in Hythe, Kent, gibt es keine Aufzeichnungen aus dieser Zeit. Langwierige Nachforschungen im Zentralregister für Geburten, Hochzeiten und Todesfälle erbrachten ebenfalls keine Eintragung über eine Hochzeit, die auch nur entfernt mit Annie in Verbindung zu bringen war. Widerwillig mußte Sharp die St. Saviour's Spur aufgeben.

Über Ian Sharp weiß ich nichts. Als er im Jahr 1973 seine Nachforschungen anstellte, war er vielleicht noch nicht sehr weit in die Literatur über die Morde von Whitechapel eingedrungen; wenn das der Fall war, so konnten ihm ohne weiteres die warnenden Hinweise entgangen sein, daß er einem Schwindel aufsaß. Bei Stephen Knight kann man dieses Zugeständnis nicht machen. In der Bibliographie zu seinem Buch nennt er *drei* Ausgaben von Donald McCormicks *Identity of Jack the Ripper*, aber nirgendwo in seinem eigenen Buch weist er darauf hin, daß *das St.*

Saviour's Krankenhaus ein wichtiger Bestandteil einer früheren, unhaltbaren Theorie gewesen war, mit der McCormick hausieren ging.

Es paßt alles gut zusammen: Das besagte Krankenhaus ist der Anbau des Armenhauses, wie wir es aus den erfundenen Geschichten kennen, die Dr. Dutton zugeschrieben werden. McCormick läßt Dutton in seinem Buch folgendes sagen: „... Martha Turner, Annie Chapman, Mary Nichols und Mary Kelly suchten bis zu ihrem Tod die Ambulanz des St. Saviour's Krankenhauses in der Westmoreland Road, Walworth, auf." McCormick fügt hinzu: „Der Arzt erklärte, daß ihm Dr. J. F. Williams zu seinen Entdeckungen verhalf; Dr. Williams lebte in Camberwell und betreute das St. Saviour's Krankenhaus." In dieser Ambulanz lernten die dem Untergang geweihten Huren Jack the Ripper kennen. Denn Jack, alias Pedatschenko, arbeitete zeitweise als Assistent von Dr. Williams.

Diese Verbindung zwischen Kelly, dem St. Saviour's Krankenhaus und dem Ripper veranlaßt McCormick zu folgender Aussage: „Eine Rekonstruktion des Mordes in Miller's Court ergibt nun ein völlig anderes Bild. Kelly war in der besagten Ambulanz gewesen. Pedatschenko kannte sie daher höchstwahrscheinlich. Er besorgte sich vielleicht ihre Adresse und verabredete sich mit ihr ... wenn Kelly Pedatschenko bereits kannte, so würde sie keine Bedenken haben, ihn mit auf ihr Zimmer zu nehmen. Sie konnte mit gutem Grund annehmen, daß jemand, der als Assistent in einem Krankenhaus arbeitete, ein Ehrenmann war."

Und genau das ist es! Mehr als dreizehn Jahre bevor Joseph Sickert seinen Unfug in die Welt setzte, war es bereits schwarz auf weiß festgehalten, daß Kelly starb, *weil* sie mit dem St. Saviour's Krankenhaus zu tun hatte. Es ist unmöglich, daß Knight das übersehen hat, schließlich hatte er drei Ausgaben von McCormicks Buch gelesen; dabei hätte eine ausgereicht! Hat er das Wissen also unbewußt verdrängt? Hätte es die Existenzberechtigung seines Buches *Final Solution* bedroht, wenn er sich den widersprüchlichen Fakten gestellt hätte?

Stephen Knight ist tot, daher wird es auf viele Fragen niemals eine Antwort geben. Vielleicht resultierten seine eigenartigen Ideen daraus, daß er von der Theorie einer Verschwörung überzeugt war; vielleicht war auch der Gehirntumor, der ihn schließlich tötete, für seine eratischen Gedankengänge mitverantwortlich. Wer kann das wissen? Sicher ist, daß er Probleme, die seine „Lösung" gefährdeten, umging. Sobald die unangenehmen Schwierigkeiten aus dem Weg geräumt waren, verwendete er wertlose Dokumente, um seine Theorien zu untermauern. Er verzerrte zum Beispiel das politische Bild seiner Zeit so lange, bis es letzten Endes unrealistisch wurde.

Die Unruhen des Schwarzen Montags im Jahr 1886 waren unangenehm gewesen, aber nur für die verweichlichten Hauseigentümer und Klubmitglieder von Mayfair und der umliegenden Gegend. Die nachfolgenden Demonstrationen waren ausschließlich ein Londoner Problem und außerdem örtlich beschränkt. Die Ursache für den Blutigen Sonntag lag im begreiflichen Zorn der seit langer Zeit Arbeitslosen, doch diese zornigen Männer waren auf keinen Fall Revolutionäre. Sie wollten „eine Sofortlösung", die ihre Not linderte und den ärgsten Druck von Körper und Seele nahm. Die herrschende Klasse, diejenigen, die die Macht in Händen hielten, egal wie wir sie nennen, gaben sich keinen Illusionen über den Aufruhr hin. Furchtsame Herzoginnen und zartbesaitete Fabrikanten zitterten vielleicht eine Weile in ihren Betten, aber die Männer an der Macht wußtenBescheid, sie wußten genau, daß „Revolution" nichts als ein emotionsbeladener Slogan war. Die „Roten", die marxistische Parolen benutzten, waren lächerlich kleine Gruppen, wie zum Beispiel Hyndmans Sozialdemokratische Föderation und Morris' Sozialistische Liga. Die Massen jedoch waren anders. Im Grunde waren sie ergeben. Sie konnten schließlich durch angemessen dosierte soziale Reformen beruhigt werden.

Wie recht die Regierenden hatten; sie erkannten die Unzufriedenheit ganz richtig. Doch Stephen Knight schildert uns die Machthaber, als fürchteten sie tatsächlich für ihre Zukunft. Aus dieser Furcht heraus zogen sie den geheimen Verhaltenskodex zurate, eine Art Terroristenhandbuch. Es hieß *Die Protokolle der Weisen von Zion.*

Knight macht uns mit diesen Protokollen bekannt; seiner Meinung nach geben sie einen Hinweis auf die Pläne und Ziele zumindest einiger führender Freimaurer:

> *... ihr Ziel ist die absolute Macht, zumindest für die Freimaurer von höchstem Rang, und nichts, nicht einmal menschliches Leben, darf dem im Wege stehen ... Angesichts der als „Protokolle" bezeichneten fanatischen Schriften hochrangiger Freimaurer bedarf es nur extremistischer oder fanatischer Kreise, um sie wörtlich zu nehmen. Unter den Hunderttausenden Freimaurern Englands gab es in den achtziger Jahren mit Sicherheit solche,*

die zu diesen Extremisten zählten. Hinter den Ripper-Morden stand zweifellos ein besonderer Wahnsinn...

Knight zitiert aus den Protokollen: „Nur die nackte Gewalt erweist sich in der Politik als siegreich ... *Gewalttätigkeit muß zum Prinzip werden*, Schläue und Falschheit muß das Gebot jener Regierungen sein, die ihre Kronen nicht Agenten einer neuen Macht zu Füßen legen wollen." Er

Mary Kelly - die Hübscheste von den fünf; sie wurde am abscheulichsten abgeschlachtet.

kommentiert dazu, „... das beschreibt sehr genau das Dilemma, in dem sich Salisbury durch die Verfehlungen Eddys und die Erpressung Mary Kellys und ihrer Gefährtinnen befand. Er war von den 'Agenten einer neuen Macht' umgeben - Sozialisten, Anarchisten, Republikanern - und Sickert behauptet, daß er an die Probleme genauso heranging, wie es die Protokolle vorschrieben. Gewalttätigkeit wurde zum Prinzip. Schläue und Falschheit verschmolzen und führten zu einer fast perfekten Vertuschung."

Das nächste aufschlußreiche Protokoll lautet: „Um unser Ziel zu erreichen, müssen wir zu Schläue und Verschlagenheit unsere Zuflucht nehmen." Knight greift diese originelle und tiefschürfende Direktive auf und führt dazu aus: „In der mörderischen Ripper-Angelegenheit wurde soviel Schläue und Verschlagenheit ins Spiel gebracht, daß niemand zur Wahrheit vordringen konnte, der, wie alle bisherigen Ermittler, von außen daran heranging. Erst Walter Sickert, der dieses verworrene Netz von innen her auskundschaftete, fand einen Weg und bewies, daß die Spinne in der Mitte in Wirklichkeit eine Horde von Taranteln war."

Die Worte „... um die Abhängigkeit der christlichen Regierungen in Europa zu veranschaulichen, werden wir einer von ihnen unsere Macht beweisen, und zwar mit Hilfe von *Gewaltverbrechen*, das heißt, durch eine *Schreckensherrschaft*", stammen ebenfalls aus den Protokollen. Knight ist davon elektrisiert und erklärt:

> *Die Dokumente, die die Protokolle enthielten, wurden dreizehn Jahre nach den Morden in Whitechapel gestohlen, aber es gab sie schon vor dem Jahr 1901. Hatte die Terrorherrschaft ... bereits stattgefunden, als die Dokumente gestohlen wurden? Hatte sie im Jahr 1888 in Whitechapel stattgefunden? ... War das Motiv für die Ermordung der fünf Huren nicht nur der bereits beschriebene Selbstschutz, sondern sollte dadurch allen Gesinnungsgenossen auf der ganzen Welt die weitreichende Macht der Freimaurer bewiesen werden?*

Knight interpretiert andere Protokolle auf eine ähnlich unfaßbare Art - denn er *glaubt* wirklich an diese Dokumente. Er vertritt die Meinung, „... sie bestanden schon lange bevor sie veröffentlicht wurden. Sie weisen eine unheimliche Ähnlichkeit zu den Ereignissen um den Ripper-Fall auf, so daß ihr Einfluß unvermeidlich scheint." Vorsichtig läßt er Zweifel an der Echtheit der Protokolle durchblicken, beharrt jedoch:

Fälschungen oder nicht, das Produkt fanatischer Gehirne oder nicht, die Tatsache bleibt bestehen, daß Tausende Menschen sie ernstnahmen. Es wird sich zeigen, daß Sir William Gull, der einen Hang zum Fanatismus hatte und am Ende seines Lebens mit großer Sicherheit geisteskrank war, genau dem Typus eines hochrangigen Freimaurers entsprach, der die Protokolle wörtlich nahm, wie er auch das Ritual und die Allegorien des Freimaurertums wörtlich nahm. Das Sir William unterstellte Verhalten als Resultat der Protokolle und anderer freimaurerischer Überlieferungen steht zur Diskussion, und nicht die Echtheit dieser Überlieferungen.

Knight war vom Gedanken der Verschwörung besessen und resumierte: „Wenn die Vorherrschaft der Freimaurer gefährdet scheint, so wird sie durch eine Demonstration der Stärke in Form von Gewaltverbrechen wiederhergestellt ... der Eigennutz der Mary Kelly bedrohte die Stärke der Freimaurer auf höchster Regierungsebene ... Kelly und ihren Verbündeten gebührte die Strafe, die jenen zugemessen wird, die die Bruderschaft verrieten. Genauso geschah es."

Um diese Protokolle wurde ein großes Aufheben gemacht - welchen Stellenwert nahmen sie wirklich ein? Ich bezeichne sie eindeutig als marktschreierische Erfindung, noch dazu eine entsetzlich schlechte Erfindung. Weder Gull noch ein anderer Freimaurer der achtziger Jahre kannten sie, weil es sie nicht gab: Sie sind ein Produkt des zwanzigsten Jahrhunderts, grobe, wirre Textstellen, die zuerst in einem 1905 in Moskau veröffentlichten Pamphlet erschienen. Der Verfasser, Sergej Nilus, glaubte fanatisch an die bevorstehende Ankunft des Antichristen. Im Epilog zu seinem Pamphlet schrieb er:

Vor fast vier Jahren gelangte ich in den Besitz der Protokolle. Gott allein weiß, welche Anstrengungen ich unternommen habe, um sie der Allgemeinheit zur Kenntnis zu bringen - vergeblich; ich wollte die Mächtigen warnen und ihnen die Ursachen für den Sturm enthüllen, der in kürze über das apathische Rußland hereinbrechen wird ... Man kann nicht länger daran zweifeln, die triumphierende Herrschaft des Königs von Israel über unsere degenerierte Welt naht, die Herrschaft des Satans mit seiner Macht und seinen Schrecken. Der aus dem Blut Zions geborene König - der Antichrist - wird den Thron des weltumfassenden Reiches besteigen.

Mit der gleichen Bestimmtheit hielten viele andere Fanatiker den Papst für den Antichristen, aber ihre Schmähreden hatten keine dauerhaften schädlichen Auswirkungen. Nilus' plumpe Ungereimtheiten wurden jedoch als Rechtfertigung für Pogrome und für den Haß gegen das jüdische Volk herangezogen. Das zaristische Rußland begrüßte diese antizionistische Propaganda. Nach 1918 exportierte man diese Worte des Hasses, und die Nazis in Deutschland sowie ihre Nachahmer in anderen Ländern druckten sie eifrig nach. Dadurch daß Knight sie benutzte, bewies er die Oberflächlichkeit seiner Überlegungen und die erdrückenden Mängel seiner Forschungsarbeit. Für dieses Fehlverhalten gibt es keine Entschuldigung. Es existiert ausführliche Literatur, die sich mit den Protokollen und ihren Ursprüngen beschäftigt, doch er erwähnt weder in seinem Text noch in der Bibliographie einen einzigen Titel dieser wesentlichen Bücher, Broschüren und Artikel. Es wäre seine Pflicht gewesen, die Herkunft dieser seltsamen, „einst verschollenen" Edikte zu überprüfen, doch er tat es nicht. Es ist die traurige, uralte Geschichte: Diejenigen, die an den Geheimbund glauben, sind angesichts ihrer Entdeckungen derart erregt, daß sie die Vernunft ausschalten. Sie bewegen sich in einer geistigen Welt der Gerüchte und brüten über den flüchtig erhaschten Eindrücken von Geheimnissen. Licht ist in dieser düsteren Welt verhaßt; es wird rigoros ausgeschlossen.

Hätte Knight nach dem Hintergrund der Protokolle geforscht, so wäre er auf M. Maurice Joly gestoßen, einen katholischen Rechtsanwalt aus Frankreich, der um 1860 in Paris lebte. Er verfaßte philosophische Schriften und trat für liberale politische Ideen ein, die ihn natürlich mit den despotischen Ideen Napoleons III. in Konflikt brachten. Napoleons Wahlmanipulationen, seine Pressezensur, die Beeinträchtigung der freien Rede, der Einsatz von Informanten und Spionen, das alles brachte Joly vor Wut zum Kochen, und er verfaßte einen satirischen Angriff auf den Diktator.

Die Furcht vor der Zensur behinderte Joly, und er führte daher seinen Angriff nicht offen; außerdem war Jolys Stil philosophisch langweilig. Im Jahr 1864 ging das Werk trotzdem in Druck: *Dialogues aux Enfers entre Machiavel et Montesquieu.* Machiavelli bringt darin seine zynischen, opportunistischen Ansichten über die Manipulation zum Ausdruck; sein Gegner versucht zu parieren. Es war dem Buch offensichtlich nicht bestimmt, ein Bestseller zu werden. Doch gleichgültig ob Bestseller oder nicht, es erlangte Unsterblichkeit, als sein Text in überarbeiteter Form für die Protokolle wiederverwendet wurde: Der größte Teil der Protokolle besteht aus einer bestenfalls aufgemöbelten Version von Machiavellis Ansichten, wie sie Maurice Joly erfunden hat. Der Rest stammt aus anderen Werken, ebenfalls Erfindungen, aber Joly steht im Vordergrund.

Soviel zu den Dokumenten, die angeblich Sir Ripper Gull inspiriert haben. Anderen Interpretationen zufolge waren sie für die Russische Revolution verantwortlich, für die Niederlage Deutschlands im Ersten Weltkrieg und für die Übernahme des Weißen Hauses durch „nicht auf Geschäft bedachte“ Juden. Vollständigkeitshalber wollen wir noch festhalten, daß sie als Haupttriebfeder der Französischen Revolution galten. Im Grunde bedeutet es einen Abstieg für die Protokolle, wenn man sie mit dem freimaurerischen Unhold von Whitechapel in Verbindung bringt, doch für Knight war diese Verbindung gewiß.

17
Der Brustschild zerspringt

Ich bin kein Freimaurer und war nie einer, aber ich stelle kategorisch fest, daß das Freimaurertum nichts mit den Morden in Whitechapel zu tun hat. Ebenso existieren keine Beweise dafür - abgesehen von Stowells und Walter Sickerts Hirngespinsten -, daß Gull etwas mit den Morden zu schaffen hatte. Wieso kann dann Stephen Knight einen Fall mit zwei Mördern und einem Komplizen präsentieren?

Er beginnt mit folgender Feststellung: „Überraschenderweise beschuldigen mehrere Menschen Gull, nicht nur Sickert ... In der Chicagoer Zeitung *Sunday Times-Herald* vom 28. April 1895 erschien zum Beispiel eine Geschichte ... die ein bekannter Londoner Arzt, Dr. Howard, erzählte. Der Alkohol hatte Howards Zunge gelöst, als er behauptete, einer der zwölf Londoner Ärzte gewesen zu sein, die ... in einer Kommission zusammengetreten waren, um über die Geisteskrankheit eines Berufskollegen zu beraten, der für die Morde von Jack the Ripper verantwortlich war."

Knight zitiert einige Abschnitte aus dem Artikel und schließt mit folgenden Worten: „Kein Aufseher weiß, daß der verzweifelte Verrückte ... der berühmte 'Jack the Ripper' ist. Die Inspektoren und Aufseher kennen den Mann als Thomas Mason, alias Nr. 124." Das ist Wasser auf Knights Mühlen, und er erklärt: „Wenn auch eine solche Geschichte damals in Amerika sensationell aufgemacht wurde, der harte Kern eines beweisbaren Tatbestandes bleibt trotzdem erhalten. Es gab zum Beispiel eine Irrenanstalt in Islington - ihr Name war St. Mary's - doch die Aufzeichnungen der Anstalt wurden vernichtet. Im Jahr 1896 starb ein „Armer" aus Islington namens Thomas Mason - in genau dem Alter, in dem Gull damals gewesen wäre."

Akzeptiert man diese Überlegung, so muß man auch akzeptieren, daß die englischen Zeitungsleute im Jahr 1895 ihre Gehirne plötzlich ausschalteten. Da tauchte - ohne ihr Zutun - der heißeste Tip des Jahrhunderts auf. Sie erfuhren, daß der Ripper lebte und in Islington herumbrüllte. Ja, sie kannten sogar den Namen, unter dem er in der Anstalt lebte, und seine Nummer, und dennoch unternahmen sie nichts. Ein Jahr zuvor hatte sich ein kühner Reporter der *Sun* auf der Jagd nach einer Ripper-Geschichte nach Broadmoor gewagt; jetzt plötzlich war alle Initiative und jegliches Konkurrenzdenken vergessen!

Das ist unglaubwürdig. Nur wenige Stunden nach dem Bekanntwerden der Geschichte wäre jeder halbwegs brauchbare Journalist aus der Fleetstreet und aus der Provinz der heißen Spur gefolgt. Spionagekameras sind leicht zu verbergen, und es gab deren genug; sie wären unter Melonen verschwunden, unter Krawatten und Westen versteckt worden. Man hätte Bestechungen angeboten und sie wären dankend angenommen worden. Innerhalb weniger Tage wäre die Geschichte über Nr. 124, Thomas Mason, inklusive Foto auf den Titelseiten erschienen. Doch nichts dergleichen geschah. Und warum nicht? Weil die Zeitungswelt wahrscheinlich sehr schnell zu der Überzeugung gekommen war, daß die Geschichte ein Quatsch war und keiner näheren Untersuchung standhalten würde,

Knight war selbst ein Zeitungsmensch, man sollte also erwarten, daß er aufgrund seiner Ausbildung die absurde Geschichte von der Irrenanstalt durchschaute. Aber er mußte diesen Teil der Geschichte natürlich glauben: Der Name „Mason" [Anm.: Im Englischen steht „Mason" für (Frei-)Maurer] paßte in sein Geheimbund-Puzzle. Mit der Überzeugung des Fanatikers zog er folgenden Schluß:

Der Name, unter dem der Arzt in Howards Geschichte für geisteskrank erklärt wurde - Thomas Mason - erinnert an die Freimaurertradition, die besagt, daß ein Freimaurer unter bestimmten Umständen durch seine größte Leistung selbst den Tod findet. Gull, so sagt Sickert, fühlte sich in seinem Element, wenn er lästige Personen einfach für geisteskrank erklärte. Es existieren sichere Beweise dafür, daß das auch Gulls Schicksal war. Welcher andere Name paßte besser zu einem für geisteskrank erklärten Freimaurer als Mason! Dieses Wortspiel deckt sich mit der in den freimaurerischen Protokollen als wesentlich beschriebenen Auffassung.

Noch zweimal trifft er diese Feststellung. Knight sieht darin eine tiefe Bedeutung, die die logischen Argumente überwiegt. Er akzeptiert hastig, statt sorgfältig abzuwägen.

Diese Hast bleibt typisch für sein Buch *Final Solution*; er liest nicht einmal den Chicagoer Artikel sorgfältig und bezeichnet ihn daher als den Dr. Howards. Wie aus dem Text jedoch hervorgeht, stützen sich nur die beiden einleitenden Absätze auf „Howards Enthüllungen"; den Rest schrieb man dem anonym gebliebenen Mann aus Chicago zu, der „endlich sein Schweigen brach". Knight hatte den Artikel falsch interpretiert und schrieb prompt die ganze Geschichte Dr. Benjamin Howard zu. Denn er mußte noch etwas beweisen:

Howard, mit größter Wahrscheinlichkeit Freimaurer, ... konnte sehr gut einer jener Freimaurer im St. George's Club gewesen sein, die stillschweigend duldeten, daß Annie Elizabeth beseitigt wurde, nachdem man sie und Prinz Eddy getrennt hatte. In diesem Fall hätte sich Howard ideal dazu geeignet, als einer der zwölf Ärzte zu fungieren, die als geheime Kommission zusammentraten und Gull für geisteskrank erklärten.

Hat Knight je von Dr. Benjamin Howards Brief aus dem Jahr 1896 erfahren, in dem sich dieser von dem Artikel distanzierte? Er erfuhr sehr wohl davon, allerdings erst lange nachdem er seine eigene Theorie hinsichtlich Howards Beteiligung an der Verschwörung entwickelt hatte. Damals war es noch nicht zu spät, um etwas zu unternehmen. Aber wie reagierte er? Er schob den Brief einfach beiseite; für ihn gehörte er zur großen Vertuschungsaktion. Er formulierte es so: „Dr. Howard würde kaum zugeben, daß er betrunken war und in diesem Zustand den feierlichen Eid gebrochen hatte, der ihn verpflichtete, die damaligen Vorgänge in der Freimaurerkommission geheimzuhalten. Ich finde es durchaus verständlich, daß Howard diesen Verrat an den Freimaurergeheimnissen heftig bestritt." Doch wenn die Geschichte *stimmte*, so wäre es für Howard 1896 zu spät gewesen, sie zu leugnen. Wenn Howard zu dieser Zeit in San Francisco war und wirklich den Eid gebrochen hatte, wenn er wirklich alles erzählt hatte, dann hätten ihn die Freimaurer bereits zum einzig möglichen Schuldigen gestempelt. *Wenn* die Geschichte stimmte.

Doch Knight läßt keine Zweifel über die Richtigkeit aufkommen. Er behauptet sogar, daß der St. George's Club das Krankenhaus in der Fulham Road 367 betrieb, in dem Annie Crook starb. Sie hatten dadurch die Möglichkeit, Annie bis an ihr Ende unter Kontrolle zu halten und zu beobachten. Das ist Knights Erfindung. Aus den Adreßbüchern der Jahre

1888 bis 1920 geht hervor, daß das St. George's Hospital in der Fulham Road 367 nie mit einem privaten Klub aus dem West End in Verbindung stand. Es wurde vielmehr genau wie die Krankenstation des Union-Armenhauses von einem Treuhänderausschuß betrieben.

Knight bleibt dabei, daß seine Geschichte wahr ist: „Bei dem Arzt, den Howard beschrieb, handelt es sich ohne Zweifel um Gull. Lees' Geschichte enthält Hinweise, die auch darauf schließen lassen, daß der Arzt, von dem er sprach, ebenfalls Gull war. Daß beide Männer unabhängig voneinander verschiedene, aber einander überschneidende Episoden desselben Dramas beschreiben, erhärtet das Argument ... beide Geschichten stimmen genau mit den vorhandenen Fakten und mit Sikkerts Erzählung überein ..." Auf diese Weise beruhigt und täuscht sich Knight selbst: drei Geschichten, die einander ergänzen! Es wurde ihm nie bewußt, daß es nur *eine einzige* Geschichte gab, und die war noch dazu übertrieben. Wie immer beeinflußte sein Eifer seine Urteilsfähigkeit, so daß er vermeinte, Unterstützung gefunden zu haben, wo es gar keine gab. Dazu kam eine weitere aufregende Entdeckung, die seine Skepsis vertrieben hätte, wenn sie je vorhanden gewesen wäre.

In einem Akt von Scotland Yard entdeckte Knight einen Punkt, bei dem ihn schwindelte. Seine Schlußfolgerung, nachdem er den Akt gelesen hatte, lautete:

> *... Lees' Geschichte kursierte bereits im Juli 1889 - nur neun Monate nach den Morden - zumindest in London in weiten Kreisen. Das geht aus einer Notiz bei Scotland Yard hervor, die unter „Briefe" abgelegt war. Zugegeben, der Brief stammt von einem Spinner, der mit „Jack the Ripper" unterschrieb, aber der Geisteszustand des Schreibers ist nebensächlich. Nur seine Informationen zählen. ... Der Brief traf am 25. Juli 1889 beim Yard ein und lautet: „Sehr geehrter Boss, Sie haben mich noch nicht gefangen, sehen Sie, trotz ihrer Schläue, Ihrer 'Lees' und Ihrer Bullen. Jack the Ripper."*

Wie befriedigend muß das für Knight gewesen sein. Seine Argumentation lautete jetzt: „Wenn die Geschichte bereits im Juli 1889 so allgemein bekannt war, dann mußte sie urprünglich bereits wenige Wochen nach dem Mord an Kelly erzählt worden (oder durchgesickert) sein..."

Wieder handelt es sich um eine geflissentliche, höchst gelegen kommende Fehlinterpretation. Der Brief bezieht sich keineswegs auf die

Lees-Affäre des Jahres 1895. Er bezieht sich auch nicht auf Lees als ein Individuum. Die Phrase „Ihre 'Lees'" bezieht sich auf eine Gruppe und nicht auf einen einzelnen Mann: Die verwendeten Anführungszeichen und die Mehrzahl weisen darauf hin, daß der Name einfach eine Kollektivbezeichnung für jene war, die erbittert die übersinnliche Fährte verfolgten. Seit Anfang 1888 jagten sie bereits den Unhold, und nach dem Mord an Alice McKenzie im Juli 1889 verdoppelten sie ihre Anstrengungen; das war also eine Woche, bevor dieser Brief geschrieben wurde. Lees' Name wurde als Bezeichnung für eine Gruppe gewählt, weil er der bei weitem bekannteste dieses erlesenen Kreises war. Die Propagandaversammlungen, die er regelmäßig in London im Freien und in Sälen abhielt, sorgten dafür, daß ihn jedermann kannte. Ich bezweifle nicht, daß er auf diesen Versammlungen geheimnisvoll andeutete, daß die Anhänger der Parapsychologie „eine Spur verfolgten", daß man mehr wußte, als man enthüllen konnte.

Knight hätte die Lees-Saga bestimmt verwendet, auch wenn er den Brief aus dem Jahr 1889 nicht gefunden hätte. Es war unvermeidlich, denn wie ich schon bewiesen habe, ist der amerikanische Schwindel der Schlüssel zu allen Theorien um „den hochangesehenen Londoner Arzt". Trotzdem mußte Knight die Geschichte noch frisieren, um sie bestmöglich zu verwerten. Genau wie Woodhall, Morton und Spiering jonglierte er mit den Ereignissen, um sie glaubhafter zu machen. Er konnte natürlich eine oberflächlich plausible Erklärung für seine Vorgangsweise vorbringen und behauptete, daß es ihm mit Hilfe einer Großnichte von Lees, einer Mrs. Emily Porter aus Wembley, möglich war, die Dinge ins rechte Licht zu setzen.

Wir erfahren nie genau, was Mrs. Porter zu sagen hatte, und das ist schade. Doch mit „neuen Erkenntnissen" bewaffnet präsentiert Knight nun „die ursprüngliche, unverfälschte Geschichte, wie Lees sie erzählte". Es handelt sich sicher um eine „ursprüngliche" Geschichte - doch nur deshalb, weil sie die Geographie des Londoner West Ends verändert.

Die Erstfassung der Geschichte aus dem Jahr 1895 schildert, wie Lees den Ripper erblickte, der von Marble Arch nach Süden die Park Lane hinunterging. Bei Apsley House, dem alten Haus des Herzogs von Wellington, an der Ecke von Park Lane und Piccadilly, sprang der beunruhigte Ripper in eine Droschke und flüchtete auf der Piccadilly nach Osten. Geographisch durchaus vernünftig.

Der Ort, „an dem der Ripper die Flucht ergriff".

Jetzt vergleichen wir mit Knights neuer Version. Er läßt den Ripper von Marble Arch die Oxford Street entlang nach Osten gehen. Auf halbem Weg - etwa in der Nähe des Oxford Circus - kommt er zum *Apsley House*, wo er von Nervosität überkommen in eine Droschke springt und *Piccadilly hinunter* fährt. Wie um alles in der Welt macht er das? Apsley House liegt fast zwei Kilometer südwestlich des Oxford Circus, und das auf dem kürzesten, schräg verlaufenden Weg.

Doch genauso unsinnig wie die Route ist auch die Tatsache, daß Knight es akzeptiert, daß Lees den Ripper sah. Das würde voraussetzen, daß Lees, der als aktiver Journalist wahrscheinlich gute Verbindungen zum Gericht hatte und Gladstone und Disraeli zu seinen Freunden zählte, weder Sir William Gull noch eine seiner Fotografien oder eines der bekannten Porträts jemals gesehen hatte. Gull wurde oft fotografiert und porträtiert. Sein Gesicht galt als eines der berühmtesten seiner Zeit. Lees kannte es nicht, wenn man der Geschichte glaubt.

Knight kehrt wiederholt zu Lees' Bericht über die Verfolgung Gulls zurück: „Obwohl Lees den Namen des Doktors nicht nannte ... er beschrieb den gleichen Arzt wie Howard, der Gull ausdrücklich *beschuldigte.* Damit sagte auch Lees im Grunde nichts anderes als 'Sir William Gull war Jack the Ripper.'" An diesem Punkt stellt sich Knight ein Problem in den Weg - ein Widerspruch zwischen Stowells und der Chicagoer Version. Stowell berichtete, daß Lady Gull dem Medium unverbindlich geantwortet hatte. Knight mußte hingegen glauben können, daß Gull bei der Gegenüberstellung *entlarvt* wurde. Wie war es möglich, die einander widersprechenden Berichte in Einklang zu bringen? Ganz einfach: Es war ein Trick des Geheimbundes.

Knight deutete an, daß Stowell nur vorgab, auf den Herzog von Clarence zu tippen. In diesem Licht gesehen bedeutet das: „Die letzte, nachdrückliche Feststellung des alten Stowell, daß er nicht einmal daran *gedacht hatte*, Eddy sei der Ripper, bekommt nun eine neue Bedeutung ... Stowells Artikel zielt klar darauf ab, den *Eindruck* zu erwecken, daß Eddy sein Verdächtiger sei. Doch der einzige von ihm erbrachte Beweis deutet auf Gull." Was versteckte sich nun hinter dieser List? Was sonst als - die Freimaurer?

Stowell war Oberster Königlicher Freimaurer und Mitglied der Corubria Loge. Er kannte daher die Freimaurergeheimnisse, die Gull umgaben, und wollte sie aus irgendeinem seltsamen Grund an die Öffentlichkeit bringen. Doch er wagte nicht, es direkt zu tun. Er konnte sein Wissen nur verschleiert veröffentlichen. Stowell vollbrachte nun ein Kunststück: Er baute merkwürdige Hinweise in seinen Artikel ein und hoffte, daß sie die Fakten enthüllten, ohne daß ihn die Logen-Ältesten beschuldigen konnten. Wohlgemerkt, das ist Knights großartige Theorie, nicht meine. Lassen wir also Knight zusammenfassen. Nachdem er erwähnte, daß Gull angeblich in Whitechapel gesichtet wurde, sagt er:

> *Die Schlußfolgerung ist unvermeidlich: Mit seiner absichtlich falschen Aussage über einen Mann, der in der Öffentlichkeit niemals mit dem Ripper in Verbindung gebracht worden war, beschuldigte Stowell im Grunde diesen Mann.*

Knight übernahm bis zum letzten Kapitel die ursprünglich von Joseph Sickert skizzierte Idee: Gull war der verrückte führende Kopf, Netley sein kriecherischer Assistent und Schlächterlehrling und Sir Robert Anderson der Jäger und Späher. Im letzten Kapitel bringt Knight eine eigene, erstaunliche Wendung ins Spiel. Er lehnte Anderson als dritten Mann ab. Der Polizeibeamte war vielleicht ein Lügner und benahm sich verdächtig, aber deshalb gab es noch keine direkte Verbindung zu den Morden. Der dritte Mann konnte niemand anderer als Walter Sickert sein.

Immer noch blieb Knight dabei, daß alles, was Walter Sickert über Prinz Eddy, Annie Crook und die kleine Alice, Mary Kelly, Sir William

Gull und die Morde gesagt hatte, der Wahrheit entsprach. Aber für einen Außenseiter wußte Sickert viel zu viel; sein Wissen war zu tiefgreifend und zu genau. Nur jemand, der persönlich an allen Stadien der Verbrechen beteiligt gewesen war, konnte über dieses Wissen verfügen. Sickerts Beteiligung hätte bei der Entführung in der Cleveland Street enden sollen, aber Knight nahm ihm das nicht ab. Sickert log. Er muß vom Anfang bis zum Ende beteiligt gewesen sein. Nur eine persönliche Beteiligung konnte der Grund dafür sein, daß sich der alte Sickert so besessen von dem Fall zeigte. Aus dem übermächtigen Bedürfnis heraus, über die Morde zu sprechen, erfand er Andersons Rolle; jetzt konnte er die Morde ausführlich erörtern, ohne seine eigene Beteiligung preiszugeben. Das ist Knights Argumentation. Aber hatte er Beweise, die seinen Sprung in eine neue Dimension rechtfertigten? Die hatte er. Nur zwei Stunden, nachdem er zu dem Schluß gekommen war, daß Sickert an den Morden beteiligt war, stolperte er über folgenden Passus in McCormicks *The Identitiy of Jack the Ripper*: „Es wurde auch in Erwägung gezogen, daß der Maler Walter Sickert Jack the Ripper war. Sickert wurde deshalb verdächtigt, weil er angeblich Skizzen und Bilder von den Ripper-Verbrechen angefertigt hatte ..." Und wieder kombinierte Knight blitzschnell und aufgeregt:

> *Jemand hatte sich bereits anklagend gegen Sickert geäußert. Aber wer? In den fünfzehn Jahren, die seit McCormicks Buch vergangen sind, gingen seine Aufzeichnungen über Sickert verloren. Aber die Tatsache bleibt bestehen, daß Sickert beschuldigt worden war ...*

Als Höhenflug der Phantasie ist diese Wendung einsame Klasse. Diese früher erwähnte Einbeziehung von Sickert senior beruht ausschließlich auf der fehlerhaften Wiedergabe bereits verfälschter Berichte. Befremdend ist, daß Knight eine der folgenschweren Geschichten genau kannte, die später verfälscht wurde. Es handelt sich dabei um den Abschnitt in Dr. Robert Emmons' *Life of Sickert*, in dem es heißt: „Jeden Abend besuchte er Konzertsäle und kam zu Fuß von Hoxton, Shoreditch, Canning Town oder Islington über Primrose Hill nach Hause nach Hampstead. Er trug einen auffallenden, karierten, knöchellangen Mantel und eine kleine Tasche für seine Zeichnungen. Eines Nachts rannte eine Gruppe junger Mädchen in der Copenhagen Street entsetzt vor ihm davon und schrie, 'Jack the Ripper, Jack the Ripper!'" Aus dieser im Grunde harmlosen Anekdote entwickelte sich das verzerrte Bild von Sickert, der sich als Ripper *ausgab*, eine Version, wie sie in Denys Suttons *Walter Sickert* enthalten ist: „Es gibt eine komische Geschichte, die gut zu seiner theatralischen Natur paßt: Eines Nachts traf er in der Copenhagen Street auf eine Gruppe von Mädchen, die, als er ihnen 'Jack the Ripper, Jack the Ripper' zurief, entsetzt davonliefen."

Die Mädchen in Emmons' Geschichte hatten wahrscheinlich die auffallenden Illustrationen von der ersten Seite der beliebten *Illustrated Police News* vor Augen. Auf der Titelseite der Ausgabe vom 27. Oktober 1888 prangte Jack the Ripper in einem langen Mantel und mit einer Tasche; dazu kam noch eine genaue Darstellung der schwarzen Tasche und ihres Inhalts. Zwei weitere Ripper-Bilder zierten die Titelseite der Ausgabe vom 24. November; hier war der Mantel noch länger, und die Tasche war zu einem länglichen Paket geschrumpft. Die Motive tauchten auf der Titelseite vom 8. Dezember wieder auf. Aber Knight hatte keinen Blick für das Augenscheinliche und bestand darauf, daß die Mädchen deshalb so reagierten, weil das Bild, das die Öffentlichkeit vom Ripper hatte, auf den Augenzeugenbeschreibungen von Sickert beruhte.

Eine weitere, ebenfalls entstellte Geschichte hatte noch einmal Walter Sickerts Namen mit den Morden in Verbindung gebracht. Um das Jahr 1906 herum hatte er angeblich ein Porträt von Jack the Ripper gemalt. Hier wurden die Morde im East End und der Mord vom 12. September 1907 in Camden Town einfach verwechselt. Damals wurde Emily Dimmock mit durchschnittener Kehle aufgefunden. Robert Wood, ein junger Künstler, wurde des Verbrechens angeklagt, später aber freigesprochen.

Sickert, der damals in Camden Town lebte und Wood kannte, interessierte sich besonders für den Fall. Nach dem Prozeß fertigte Sickert eine Reihe von Studien über den Mord an. Fälschlicherweise bezeichnete man sie manchmal als Ripper-Studien und Sickerts spitzbübischer, makabrer Sinn für Humor verleitete ihn vielleicht dazu, solche Fehlmeinungen zu fördern. Es bereitete ihm immer Vergnügen, Leute an der Nase herumzuführen. Edith Sitwell erzählt darüber: „Walter Sickerts Sinn für Humor konnte sehr verwirrend sein. Diese Erfahrung machte Wyndham Lewis, als er einmal mit Osbert und Sachie zum Essen ausging und auch Sickert mitkam. Sickert erfand eine Figur, die angeblich einem von Lewis' Romanen entstammte, und befragte Lewis eingehend darüber. Lewis wollte Sickert ausstechen und spielte mit. Daraus entspann

Das letzte verführerische Lächeln der Mary Kelly.

Walter Sickert als „Mann mit Geheimnissen“.

sich ein langes Gespräch über eine Figur, die es niemals gegeben hatte. Weder Lewis noch Sickert gaben auf."

Auch die berühmte Geschichte über den jungen Veterinärstudenten in Untermiete stellt einen Zusammenhang zwischen dem Namen Sickert und dem Ripper her. Diesen Geschichten liegt nur die begreifliche Neugierde über ein Rätsel zugrunde, das Sickert betraf: zuerst die Begegnung in der Copenhagen Street und dann die neuerliche Erwähnung, als er im Juli 1889 seinen guten Freund George Moore besuchte. Moore widmete später Joseph Sickert ein Kapitel seines Buches *Conversations in Ebury Street*; im Sommer 1889 war er jedoch mehr mit der Unverschämtheit des *New York Herald* beschäftigt. Die verdammte Zeitung hatte einen Reporter geschickt, der ihn dabei unterbrach, als er in die Korrektur eines Romanmanuskripts vertieft war. Aus unerforschlichen Gründen interessierte sich der *Herald* für *seine* Ansichten über den „Ripper-Mord" am Vortag und über die zwingenden Motive des Rippers.

Am 18. Juli berichtete der *Herald* über dieBegegnung:

Mr. Moore wußte nichts über das schreckliche Verbrechen, das Londons Gesprächsthema Nummer eins war. Anfänglich wollte er nicht dazu Stellung nehmen, seine Blicke wanderten immer wieder zu seinem Manuskript, und er beantwortete die ihm gestellten Fragen nur mürrisch. Schließlich machte er doch aus der Not eine Tugend und äußerte seine Ansichten. „... Ich würde sagen, es war derselbe Mann ... Ich glaube immer noch an meine Theorie, die ich gleich zu Beginn entwickelte. Es ist bemerkenswert, daß keines der Motive zutrifft, die einem Mord meistens zugrunde liegen. Diese Verbrechen wurden nicht aus Gewinnsucht begangen, das steht zumindest fest. Ich glaube es steht ebenfalls fest, daß sie nicht aus Rache verübt wurden. „Meiner Ansicht nach sind sie das Werk eines schwachsinnigen Eiferers aus der Kategorie der 'Keuschen'. Genau wie der Erotizismus mit Marquis de Sade kulminierte, kulminierte der heute in weiten Kreisen vorhandene Abscheu vor Sex und allem, was damit in Zusammenhang steht, mit Jack the Ripper. Vielleicht glaubt dieser unbeschreibliche Schuft, daß die armen Frauen jener Klasse, in der er seine Opfer sucht, aus Angst ihren Beruf aufgeben, wenn er unter ihnen eine Panik auslöst. Natürlich ein krankhafter Gedanke, aber verständlich. In seiner Art ist er ein vulgärer Torquemada: Er mordet, wie Torquemada die Scheiterhaufen errichtete, um den Übeltätern Angst einzujagen und vielleicht auch um die Seelen seiner Opfer zu ret-

ten. Er ist ein verachtenswertes Produkt des Puritanismus unserer Tage. Das ist meine Meinung.“

Man kann sich leicht den darauf folgenden lebhaften Austausch von Theorien und Gegentheorien zwischen Sickert und Moore vorstellen, doch es blieb bei einem Geplänkel auf rein intellektueller Ebene. Aber die Ripper-Affäre erhielt dadurch wieder neue Farbe und prägte sich tief in Sickerts Bewußtsein ein. Er war davon so gefangengenommen, daß er nach dem Mord in Camden Town, der ebenfalls niemals aufgeklärt wurde, einer Faszination für ungelöste Verbrechen verfiel. Dieses Interesse hielt für den Rest seines Lebens an; das bestätigten seine Freunde, auch Marjorie Lilly, die sich wie folgt dazu äußerte: „... Er studierte mit Hingabe berühmte Mordprozesse. Uns interessierten seine dramatischen Ausführungen über das Thema mehr als das Verbrechen selbst. Beim unheimlichen Schein der Laterne trug er seine Geschichte äußerst effektvoll vor und unterstrich seine Ansichten mit ausdrucksvollen Gesten. Es fesselten ihn aber nur ungelöste Verbrechen, und für ihre Lösung brachte er endlose, einleuchtende Theorien vor.“

Marjorie Lilly zeigt in ihrem unterhaltsamen Buch *Sickert, the Painter and his Circle* auf, wie sich die Morde von Whitechapel und der Mord von Camden Town in Sickerts Geist verbanden: „Er beschäftigte sich zu dieser Zeit mit zwei fixen Ideen: Verbrechen und Kirchenfürsten. Jack the Ripper personifizierte das Verbrechen und Anthony Trollope die Kirche.“ Beschäftigte er sich mit dem Verbrechen, so verwandelte sich sein Atelier in eine „... Räuberhöhle, nur von einer Laterne beleuchtet.“ Wenn er jedoch Trollope las, wurde das Ateliere„... zum Schlafzimmer des Dechanten, mit eisernem Bettgestell, Steppdecke und Bücherregalen.“ Als Folge dieser wechselnden Stimmungen erweckte die Einrichtung des Ateliers einen etwas widersprüchlichen Eindruck: „Bill Sykes rotes Halstuch baumelte vom Bettpfosten und störte die ekklesiastische Atmosphäre, die so gar nicht zu Sickert paßte.“

Das Halstuch diente Sickert als Hilfsmittel für seine Träumereien und zur Konzentration. Lilly formuliert es so: „... es war ein wichtiger Faktor bei der Entstehung seines Bildes, der rote Faden seiner Gedankengänge, genauso wichtig wie die Serviette, die Mozart sorgfältig faltete, sobald er komponierte, und dabei die Ecken aufeinander legte.“ Um diese Zeit quälte sich Sickert mit einem seiner Bilder über den Mord in Camden

Town ab, „... und während er die Szene durchlebte, spielte er die Rolle des Rohlings, knotete das Tuch lose um seinen Hals, zog die Mütze über die Augen und zündete die Laterne an. Unbeweglich saß er zurückgelehnt in seinem Stuhl, verschmolz mit den langen Schatten des riesigen Raums und meditierte stundenlang über sein Problem."

Mit den Augen des Künstlers hat Lilly diesen für viele Maler und Schriftsteller wichtigen Prozeß wunderbar beobachtet - ein bestimmter Gegenstand - es können auch mehrere sein - fördert die Kreativität. Hatte das Halstuch in Sickerts Fall seinen eigentlichen Zweck erfüllt, „... wurde es an die Türschnalle oder an einen leicht erreichbaren Wandhaken gebunden, wo es seine Vorstellungskraft weiterhin stimulierte und das Feuer in Gang hielt. Bei der Ausführung der Zeichnungen spielte das Halstuch eine wichtige Rolle, spornte ihn im entscheidenden Moment an und war so eng mit der Entstehung seiner Arbeit verbunden, daß er es ständig vor Augen haben mußte."

Ein rotes Halstuch paßt offensichtlich zu blutigem Mord, in diesem Fall zu der Affäre von Camden Town. Doch was für die meisten Menschen offensichtlich ist, entgeht Stephen Knight. Auf seiner Jagd nach Beweisen, die Sickert in die Straßen von Whitechapel versetzen, wird aus diesem Halstuch das Halstuch des Rippers, das er trug, als Sickert die Rolle spielte. Hier dürfen wir nicht vergessen, daß für Knight drei Männer als Jack agierten.

Das Halstuch war für ihn so ungemein wichtig, weil er es in jenen Nächten getragen hatte, in denen er Jack the Ripper war. Wenn es nicht stimmt, daß Sickert der Mann mit dem roten Halstuch war, den zwei Zeugen unabhängig von einander in zwei Ripper-Mordnächten gesehen hatten, welche andere Erklärung gibt es dann dafür, daß er den Gegenstand zwanghaft mit Mord in Zusammenhang bringt?

Eine *sonderbare* Argumentation. Hatte Knight tatsächlich einen grundlegenden Zusammenhang vergessen - nämlich die Farbe des Blutes? Wußte er nicht mehr, daß man Elizabeth Stride ein blutgetränktes seidenes Halstuch um ihre durchtrennte Kehle gebunden hatte? Welche Bedeutung besaßen die roten Halstücher überhaupt, die man in Whitechapel gesehen hatte? Es gibt nicht ein Jota eines Beweises dafür, daß sie dem Ripper gehörten. Solche Halstücher waren jedenfalls weit verbreitet. Knights Feststellung, „...rot ist eine ungewöhnliche Farbe für ein Halstuch ... besonders in der konservativen viktorianischen Zeit“, ist einfach widersinnig.

Nachdem er sich für Sickert als Ripper Nummer drei entschieden hat, sucht Knight nach Anhaltspunkten, die eine mehrfache Auslegung erlaubten. Er stieß auf drei Episoden, die „eindeutig Sickerts Stempel trugen“: „... die sorgfältig zu den Füßen der Chapman plazierten Ringe und Münzen, die mit Kreide geschriebene Nachricht auf der Mauer und die Trauben, die man in der Hand von Elizabeth Stride gefunden hatte.“

Sieht man es richtig, so wiesen alle drei Details auf die Freimaurer hin, und die Trauben legten eine direkte Spur zu dem irren Freimaurer, Dr. Gull, der seine Opfer „mit vergifteten Trauben“ betäubte. Die Schrift auf der Mauer hatte es wirklich gegeben, aber was hatte sie mit Sickert zu tun? Knight begründet es so: „... die sorgfältig angefertigte Kopie der Mauerbeschriftung in den Akten des Innenministeriums weist eine gewisse Ähnlichkeit mit Sickerts Handschrift auf.“ Das ist reiner Selbstbetrug. Die Kopie gibt nur grundlegenden Aufschluß über das Original und die ungewöhnliche Verwendung von Großbuchstaben. Eine Ähnlichkeit zwischen den Handschriften festzustellen kann nur einem Wunschdenken entspringen, das uns bei Knight mittlerweile nicht mehr überrascht. Nur ein begabter professioneller Kopist wäre imstande gewesen, eine originalgetreue Kopie herzustellen, die einen Handschriftenvergleich erlaubt hätte. Niemand dieses Kalibers befand sich am Ort der Handlung, bevor die Schrift gelöscht wurde.

Nun zu den sorgfältig plazierten Ringen und Münzen und den verräterischen Trauben: Handelt es sich dabei um echte Tatsachen oder um Übertreibungen der Zeitungen? Die verschiedenen Berichte widersprechen einander und man sollte diesen Nebensächlichkeiten nicht allzuviel Bedeutung beimessen. Besonders wenn wir bedenken, daß Knight von Anfang an einem raffinierten Schwindler aufgesessen ist.

18
Der Narr lacht zuletzt

„Sickert schreibt sehr klug, aber man weiß nie genau, was er sagen wird oder welchen Standpunkt er zu einem Thema einnehmen wird ... er geht immer im Zickzack; wenn ich höre, daß er einen Artikel schreibt, so suche ich immer die ausgefallenste Meinung, die mir einfällt, weil er diese am wahrscheinlichsten vertreten wird ..." Vor Jahren äußerte sich Henry Tonks so über Walter Sickert. Heute gelten nahezu die gleichen Worte für seinen Sohn, denn Joseph war für den ungereimten, im Zickzack verlaufenden Schwindel verantwortlich, auf den sich Knights *Final Solution* begründete. Ironischerweise fiel der Schwindel auf seinen Urheber zurück, denn in Knights Veröffentlichung war Anderson, Josephs dritter Ripper, verschwunden, und Josephs verehrter Vater nahm den freigewordenen Platz ein. Es gibt ein altes Sprichwort, daß man nicht gegen den Wind spucken soll ...

Viele verschiedene Ideen wurden miteinander verquickt, und daraus entstand der Sickert-Schwindel. Manche Ideen wählte Joseph bewußt, andere stammten vielleicht aus längst vergessenen Geschichten und tauchten aus seinem Unterbewußtsein auf. Seine Begabung als Maler und seine Wortgewandtheit befähigten ihn dazu, eine logische und unerhörte Lösung für eines der großen Kriminalrätsel zu verfassen, nur daß Joseph wirkliche Menschen darin verwendete und sogar einen Teil seiner eigenen Familiengeschichte hineinverwob, um die Geschichte überzeugender zu gestalten. Als Erfindung hätte man seine Lösung als großartige Synthese anerkannt, doch sie erwarb sich ihren Ruhm als Wahrheit und blendete die Menschen mehr als zehn Jahre lang. Es ist höchste Zeit, dieser Täuschung den Garaus zu machen.

Der Schlüssel liegt in der Cleveland Street. Für Joseph Sickert besaß diese Straße mehrfache Bedeutung: Hier hatte seine Großmutter Annie gelebt und gearbeitet, und nach Annies nicht dokumentierter Liaison wurde hier 1885 seine Mutter geboren. Für ihn ist der Ort also wichtig.

Das einzig andere wichtige Ereignis in der Cleveland Street war der

Skandal um das Männerbordell im Jahr 1889. Der Skandal kam im Juli ans Licht, als Wachtmeister Hanks im Hauptpostamt in St. Martins-le-Grand vorsprach, um den Botenjungen Charles Swinscow zu befragen. Kleine Geldbeträge waren gestohlen worden und Swinscow war in letzter Zeit ungewöhnlich gut bei Kasse gewesen; einmal hatte er angeblich achtzehn Shilling bei sich, damals eine stattliche Summe. Bei seiner Befragung beteuerte der fünfzehnjährige Junge, daß es nur vierzehn Shilling gewesen waren und daß er sie verdient hatte. Aber woher kam das Geld? Ein Herr namens Hammond hatte es ihm für eine privat geleistete Arbeit bezahlt, sagte er; der Mann wohnte in der Cleveland Street 19. Welche Arbeit wird so gut bezahlt? Auf die Antwort war Wachtmeister Hanks nicht gefaßt.

„Mr. Hammond gab mir das Geld dafür, daß ich mit anderen Herren in seinem Haus ins Bett ging." Jetzt klappte der Wachtmeister sein Notizbuch zu und beeilte sich, seinem Vorgesetzten Bericht zu erstatten. Er kehrte umgehend mit neuen Instruktionen ausgestattet zurück, um eine vollständige Aussage des Jungen aufzunehmen. Auch andere Botenjungen waren beteiligt, unter ihnen zwei mit den höchst passenden Namen Newlove und Thickbroom [Anm.: Neueliebe und Dickerbesen]. Alle Beschuldigten wurden am Ende dieses Nachmittags von der Arbeit suspendiert und am nächsten Tag schaltete man die Metropolitan Polizei ein. Am Ende der Woche gab Newlove eine Erklärung ab, durch die die Untersuchung auf eine völlig unerwartete Ebene geriet.

„Warum macht man mir Schwierigkeiten", fragte Newlove, „und Männer in gehobenen Positionen dürfen frei herumlaufen?" Dann nannte er die Namen einiger angesehener Männer, einschließlich Oberst Jervois, Lord Arthur Somerset und den Earl of Euston.

Schließlich kam es zu Prozessen, Beschuldigungen wegen Vertuschung, und der Zeitungsredakteur Ernest Parke landete im Gefängnis, nachdem er einen Angriff auf Lord Euston publiziert hatte. Die ganze Affäre ist ungemein faszinierend, aber für Josephs Schwindel sind die Ereignisse nur insofern von Bedeutung, als sie Prinz Eddys Namen zum ersten Mal mit der Cleveland Street in Verbindung bringen.

Die Art, wie Eddy hineingezogen wurde, glich einer Osmose. Niemand stellte je eine direkte Verbindung zwischen dem Prinzen und dem Bordell her, aber es bestand immerhin die vielsagende Verbindung durch Lord Arthur Somerset. Somerset war schon lange ein Vertrauter der königlichen Familie, und wenn er verbotene Früchte genoß, vielleicht hatte er auch dem leicht zu beeindruckenden Eddy ein oder zwei Bissen davon angeboten! Somerset hatte das Land verlassen und sich so einem Kreuzverhör entzogen, aber er hinterließ ein Wirrwarr von Gerüchten.

Die britische Presse verhielt sich traditionell diskret; in keiner Kolumne tauchten Gerüchte auf, die Eddy mit der Cleveland Street in Zusammenhang brachten, Die amerikanische Presse litt jedoch keineswegs unter solchen Hemmungen. Nachdem Eddy sich auf seine königliche Reise durch Indien begeben hatte, stellten die amerikanischen Kolumnisten die Frage nach dem Warum: Wollte man ihn von den Gewittern fernhalten, die sich zuhause zusammenbrauten? In New York erschien in einem

Clarence, ein Mann, der dazu ausersehen war, König zu werden; sein Name wurde ohne Grund verunglimpft.

Rechts:
Lord Arthur Somerset: Er war das eigentliche Bindeglied zwischen Eddy und der Cleveland Street.

der Artikel über die Skandale sogar ein Bild des Prinzen mit so deutlichen Bemerkungen, daß Louis Jennings, ein Parlamentsabgeordneter der Tories, einen Brief an den *New York Herald* schrieb und versuchte, die Gerüchte zu unterbinden: „Immer wieder flüstert man darüber, daß Prinz Eddy bald aus Indien zurückberufen werden soll, und das unter für ihn und seine Familie äußerst peinlichen Umständen ... Die Gerüchtekocher werden sich vielleicht etwas zurückhalten, wenn ich ihnen hiermit halboffiziell mitteile, daß die für den Besuch des jungen Prinzen in Indien getroffenen Vorkehrungen in keiner Weise geändert werden; seine Rückkehr wird zu dem ursprünglich vorgesehenen Zeitpunkt erfolgen und nicht früher."

Gerüchte besitzen die häßliche Eigenschaft, zu harten Tatsachen zu werden. Das Geflüster um Eddy kam nie ganz zum Schweigen. Aleister Crowley behauptete zum Beispiel im Jahr 1910, im Besitz kompromittierender Briefe des Prinzen an einen Knaben namens Morgan zu sein, der in der Cleveland Street gewohnt hatte. Vielleicht war er der Sohn der Mrs. Morgan, die auf Nr. 22, gegenüber dem Männerbordell, den Tabakladen betrieb, in dem Annie Crook arbeitete. Sechzig Jahre später stellten zwei Schriftsteller einen klaren Zusammenhang zwischen Eddy und dem Skandal her. Der erste war Montgomery Hyde mit *Their Good Names*; kurz darauf folgte Dr. Stowell mit seiner Sensation von 1970 im *Criminologist.* Ein potentieller Schwindler konnte sich keinen besseren Verbündeten wünschen.

Angesichts dieser „Verbindung" zur Cleveland Street läßt sich leicht erkennen, wie sich der Keim von Josephs Schwindel entwickelte. Könnten Eddy und Annie einander kennengelernt haben? Und wenn sie sich ineinander verliebten? Vielleicht fand ihr erstes Zusammentreffen lange vor den Skandalen statt? Vielleicht schon im Jahr 1884? In diesem Fall könnte Eddy der Vater von Alice Crook sein.

Man kann hier auf brauchbare historische Präzedenzfälle zurückgreifen. Der frühere Herzog von Clarence war wegen seiner Liaison mit einer Bürgerlichen berühmt geworden: Sein Techtelmechtel mit der Schauspielerin Mrs. Jordan hatte ihr eine Horde von Fitzclarences hinterlassen, von denen einer der tragische Earl of Munster war. Noch früher hatte sich ein anderer Prinz aus der königlichen Familie „in eine Verkäuferin verliebt". Als Georg III noch Prince of Wales war, hatte er sich angeblich unsterblich in die Quäkerin Hannah Lightfoot verliebt; sie heirateten heimlich in einer privaten Kapelle und hatten Nachkommen. Einer Version der Geschichte zufolge fuhr eines Tages eine königliche Kutsche vor, die Bedienten setzten Hannah schnell hinein, und mit großer Geschwindigkeit ging es auf und davon. John Timbs berichtet, daß man nie erfuhr, wohin man sie gebracht hatte oder was aus ihr wurde.

Noch andere königliche Klatschgeschichten untermauerten Josephs Idee. Eddy war angeblich auch der Vater eines Sohnes der Sarah Bernhardt, und Eddys Bruder Georg hatte dem Gerücht zufolge im Jahr 1890 anläßlich eines Besuches auf Malta die Tochter von Admiral Sir Michael Culme-Seymour heimlich geheiratet. Auch sie hatten Kinder. Diese Verleumdung wurde in dem in Paris erscheinenden *Liberator* tatsächlich gedruckt und führte im Jahr 1911 zu dem berühmten Prozeß, bei dem der englische Agent der Zeitschrift zu zwölf Monaten Gefängnis verurteilt wurde.

Diese prickelnden Skandale, ob sie wahr waren oder nicht, trugen dazu bei, eine königliche Eskapade ungemein glaubwürdig zu machen. Darüber hinaus handelte es sich hier ja nicht um verstaubte Daten aus vergessenen Archiven. Im Gegenteil, in den dreißiger Jahren erwachten sie zu neuem Leben. Das Trauma der Abdankung ließ sie nur zu deutlich hervortreten. Compton Mackenzie beschäftigte sich im Jahr 1937 mit dem Hintergrund der Geschichte der Hannah Lightfoot und verhalf ihr damit wieder zu Berühmtheit. Mary Pendered und Justian Mallet brachten 1939 die Geschichte in allen Einzelheiten in ihrem Buch *Princess or Pretender?*.

Wenn sich so viele Möglichkeiten boten, *wie* kam es, daß sich Eddy ausgerechnet in die Cleveland Street verirrte? Die Antwort darauf könnte sein, daß Walter Sickert die Angewohnheit besaß, überall in London Ateliers zu erwerben. Nehmen wir an, daß er eines in der Cleveland Street besaß. Nehmen wir ferner an, daß Eddy einen guten Grund hatte, ihn hier zu besuchen - wie zum Beispiel Annie; es würde sich eine Kette von durchaus glaubwürdigen Ereignissen daraus ergeben.

Doch Walters Aufzeichnungen machen uns nicht den Gefallen: Er hatte niemals ein Atelier in dieser Straße besessen. Das erwies sich jedoch als kein allzu großes Problem, denn er hatte ein Atelier in der Parallelstraße, in der Fitzroy Street, gehabt. Fitzroy Street 15 wurde also im Geist seitwärts verschoben und zur Cleveland Street 15. *Jetzt* konnte die Geschichte ihren Fortgang nehmen.

Stowells Behauptung, daß Eddy der Ripper war, stellte anfänglich ein Handicap dar, aber auch das konnte durch einige brilliante Wendungen gelöst werden. Eddy war mit Sicherheit beteiligt, aber nur als hilflose Schachfigur. Alles Böse konnte auf Eddys Arzt und dessen Handlanger abgewälzt werden. Jetzt kam Josephs Geschichte langsam in Bewegung, Stück für Stück setzte er den Schwindel zusammen. Die geheime Heirat in der privaten Kapelle aus der Lightfoot-Legende wurde zur geheimen Heirat in der privaten Kapelle des St. Saviour's Krankenhauses; der Name des Krankenhauses, mit seiner Verbindung zu Kelly und dem Ripper, stammte aus McCormicks Buch. Joseph kannte dieses Buch bestimmt, denn er war sehr belesen, besonders auf diesem Gebiet, das ihn zum Teil schon wegen der bekannten Vorliebe seines Vaters für Ripper-Legenden ungemein beschäftigte.

Die Idee mehrerer Ripper - ein Arzt und zwei Komplizen - war auch bereits Teil der von William Le Queux im Jahr 1925 entworfenen Geschichte gewesen, und McCormick hatte sie 1959 neuerdings aufgegriffen. Joseph plagiierte auch diese und paßte den Text seinen Zwekken an. Nicht einmal der Gedanke, einenMann von Scotland Yard zu einem der Ripper zu ernennen, war neu: Jahre bevor Joseph Sir Robert Anderson als Ripper Nummer drei bezeichnete, hatte W. S. Baring-Gould einen Inspektor Athelney Jones vom Yard verdächtigt, jener Mörder zu sein, dessen man nicht habhaft werden konnte. Er spielte aber nur mit dem Gedanken und war keineswegs entschlossen, die Öffentlichkeit zu täuschen.

Die Freimaurerverschwörung war Josephs eigene Idee. Das war ein hervorragender Einfall, stellte ihn aber auch vor keine großen Probleme. Schon seit Jahren konnte jeder, der in London nach Lokalkolorit suchte, überall Geschichten über Freimaurerintrigen und über die Präsenz des Geheimbundes in höchsten Kreisen hören. Ein seltsamer kleiner Mann mit bartlosem Gesicht und einem ausgeprägten Sprachfehler trat allwöchentlich am Speaker's Corner im Hyde Park auf. Quer über seine Kehle verliefen Narben, und er behauptete, sie stammten daher, daß ein Freimaurer versucht hatte, ihn hinzurichten. Sein Vergehen war unverzeihlich, denn er war ein abtrünniger Freimaurer und bereit, über alles zu reden. Und er redete. Wenn er dann mit seinen Enthüllungen fertig war, sauste er hinaus und verkaufte an den Eingängen zum Park Abdrucke der Freimaurerrituale, aus denen alle Geheimzeichen und Kennworte hervorgingen. Er hatte die Kopien auf seiner selbst gebauten Druckerpresse angefertigt, „damit es die Freimaurer nicht verhindern konnten".

Neben diesem einsamen Kämpfer trieben sich andere, wesentlich schlimmere Individuen herum. Sie vertrieben Pamphlete mit Titeln wie *Die wachsende Bedrohung des Freimaurertums, Der Geheimbund, Rasse und Politik: Eine Reaktion auf die Lehre der Freimaurer über die weltumfassende Bruderschaft.* Diese Hetzschriften wurden zusammen mit anderen aufschlußreichen Titeln verkauft: *Warum die Juden gehaßt werden, Jüdische Pressekontrolle, Jüdischer Ritualmord, Die jüdische Frage*;Stephen Knights hochgeschätztes Werk *The Protocols* befand sich natürlich ebenfalls darunter.

Vielleicht noch besser als seine Idee mit den Freimaurern war Josephs Behauptung, daß in den Bildern seines Vaters Hinweise auf die Morde zu finden wären. Knight fiel wirklich darauf herein. Eine Zeitlang war er allen Ernstes davon überzeugt, daß das Bild „La Hollandaise" die verstümmelte Kelly auf ihrem Totenbett zeigt. Er warf einen Blick darauf und sah, „... ihr Gesicht ist nahezu unkenntlich: Nur mit größter Schwierigkeit kann man ihre Züge ausmachen. Genauso schwierig war es, auf der Fotografie bei Scotland Yard Kellys verunstaltetes Gesicht zu identifizieren. Es sieht aus, als wäre die Nase abgeschnitten worden, wie bei der Kelly ..." Nur schade, daß Knight nicht mehrere Bilder Sickerts gesehen hat; zum Beispiel das Porträt von Hugh Walpole, „Le Tose", und „The Studio". Denn dann hätte er gesehen, daß die verschwommenen, undeutlichen Gesichter einfach ein Manierismus Sickerts waren, der sich in vielen seiner Bilder findet.

Knights Nachforschungen erfolgten mit erstaunlicher Ziellosigkeit, die typisch für ihn ist.Mit großem Zeitaufwand verfolgte er unwichtige Details, setzte aber mit einem hastigen Sprung über Stolpersteine auf seinem Weg hinweg. Wir wollen einen Augenblick von Josephs Schwindel abschweifen: Als Knight mit seiner Suche begann, spürte er genau, wie wichtig Lees' Geschichte war, aber er überprüfte ihre wesentlichen Punkte nicht ein einziges Mal. Bei einer solchen Geschichte über übernatürliche Kräfte wäre es naheliegend, sich mit Körperschaften zu beraten, die dieses Wissensgebiet bearbeiten, zum Beispiel mit der Gesellschaft für übersinnliche Forschung oder mit verschiedenen spiritistischen Organisationen, wie die Nationale Union der Spiritisten, die Spiritistische Vereinigung Großbritanniens, das Kollegium für übersinnliche

Studien, und so fort. Hätte sich Knight mit ihnen in Verbindung gesetzt, so wäre er auf das Interview gestoßen, das Donald West von der Gesellschaft für übersinnliche Forschung mit Eva Lees geführt hatte. Das hätte Knight darauf aufmerksam machen müssen, daß er die Spur eines Phantasten verfolgte. In der Stansted Hall der Spiritistischen Vereinigung Großbritanniens wäre er auf Lees' Tagebuch aus dem Jahr 1888 gestoßen und hätte daraus erfahren, daß die Polizei Lees einfach als Nervensäge ansah. Schließlich hätte er dann noch Lees' eigene Version über die Ripper-Geschichte entdeckt, eine Version, die die berühmte Episode mit dem Omnibus und der Verfolgung und Demaskierung des unbekannten Mannes ein für allemal ausschaltete.

Lees' Geschichte erschien in der Herbstausgabe 1970 von *Light*, dem seit langem existierenden vierteljährlichen Organ des Kollegiums für übersinnliche Studien. Cynthia Legh, die Lees seit 1912 kannte, erzählt sie. Ihre Mutter war vom Buch des Mediums *Through the Mists* so begeistert gewesen, daß sie ihn in Ilfracombe aufsuchte. Cynthia kam damals mit, und danach besuchte Lees sie häufig in ihrem Heim in Adlington Hall in Cheshire. Aber lassen wir Cynthia mit der Geschichte beginnen:

Oft kamen interessierte Freunde zu Besuch und befragten ihn über seine Arbeit als Heiler und seine vielen faszinierenden Erfahrungen. Stets wollten sie dann wissen: „Wie spielte sich die Geschichte von Jack the Ripper wirklich ab?" Ich habe die Geschichte daher zumindest ein halbes Dutzend Mal gehört und hoffe, daß ich nichts von Interesse auslasse.

Um genau zu sein, muß ich vorausschicken, daß Königin Victoria Mr. Lees öfters hatte kommen lassen; sie hatte ihm versichert, er könnte jederzeit um eine Audienz bei ihr ansuchen. Als der erste Mord geschah, war die Öffentlichkeit bestürzt und entsetzt. Mr. Lees und seine Frau hatten früher im East End von London oft Sozialarbeit geleistet, er kannte die Unterwelt und konnte sich ungefährdet in diesem Milieu bewegen. Als der zweite Mord geplant wurde, erhielt Lees von einem seiner Vermittler Anweisung, den Leiter von Scotland Yard aufzusuchen. Keiner der beiden erwartete, daß man ihm Glauben schenken würde, aber er mußte diese Vorgangsweise einhalten. Man kannte Lees schon von früher ... alle waren sehr höflich, aber man konnte nichts tun. Mr. Lees versicherte jedoch, daß er einfach kommen mußte und bat, eine Notiz darüber zu machen.

Der zweite ähnliche Mord geschah! Als sich sein Vermittler zum dritten Mal meldete, ging Mr. Lees wieder zum Yard: „Hatten wir das letzte Mal recht oder nicht?" „Ja, Sie hatten recht, aber das war ein Zufall, so etwas ist zwar außergewöhnlich, aber ich kann aufgrund eines solchen 'Zufalls' keine Maßnahmen ergreifen."

Der dritte Mord geschah! Ich bin jetzt leider nicht sicher, ob noch ein vierter folgte oder nicht, aber an diesem Punkt empfahl der Vermittler Mr. Lees, zur Königin zu gehen.

Königin Victoria gewährte ihm eine lange Privataudienz. Zuletzt überreichte sie ihm einen Brief, den er für den Fall aufbewahren sollte, daß ein weiterer Mord geplant wurde; dann müßte er mit diesem Brief zum Polizeichef gehen.

Der Fall trat leider ein; man unterstützte ihn so weit wie nur mögliche. Ein bevollmächtigter Beamter von Scotland Yard begleitete ihn. Sie gingen zu einem Haus in London und läuteten; ein Diener öffnete. Ja, der „Doktor" war zuhause ... er war allein in seinem Sprechzimmer. Mr. Lees betrat den Raum und grüßte. Der Arzt sah ihn überrascht an und sagte: „James! Ich habe nicht gedacht, daß du es sein wirst, der mich holen kommt." Diese Worte haben sich meinem Gdächtnis eingeprägt, denn James Lees war unendlich traurig: Der Fall dieses Mannes war das treffendste Beispiel für Jekyll und Hyde, das ihm je untergekommen war. Er beschrieb den Arzt als einen „normalerweise liebenswürdigen Zeitgenossen". Noch am selben Abend wurde der Arzt (heimlich) an einen Ort gebracht, wo er unter Gewahrsam gehalten und beaufsichtigt wurde; dort starb er Jahre später.

Die Königin hatte Mr. Lees ersucht, London mit seiner Familie sicherheitshalber für zumindest fünf Jahre zu verlassen; während dieser Zeit erhielt er von ihr eine Rente, da er seine Arbeit aufgeben mußte.

Die Menschen waren über die Morde so erschüttert und stellten so viele Fragen, daß die Königin befürchtete, die Situation könnte für ihn schwierig werden. Auch die Frau des Arztes befand sich wegen ihres gesellschaftlichen Ranges am Hof in einer fürchterlichen Lage.

An diesem denkwürdigen Tag starb in der Gegend von Seven Dials ein Bettler - dort starben oft Menschen unbeachtet. In der Nacht wurde seine Leiche ins Haus geschafft. Bei flüchtiger Betrachtung ähnelte er dem Arzt: gleiche Größe, gleiches Gewicht. Dieser Mann nahm bei der Beerdigung den Platz des Arztes im Sarg ein. Tags darauf berichteten die Zeitungen, daß Doktor ... unerwartet einen Herzschlag erlitten hatte und in der Nacht in seinem Heim gestorben war.

Wie erfrischend, eine Geschichte zu hören, die nach Wahrheit klingt! Es mag nicht viel dahinter stecken, aber sie wird überzeugend gebracht. Die Frau behauptet nicht, die Ereignisse vollständig wiederzugeben, aber die entscheidenden Worte, an die sie sich erinnert - „James! Ich habe nicht gedacht ...“ - weisen alle Merkmale einer Lösung auf, die einen unvergeßlichen Eindruck hinterläßt. Cynthia Leghs Erinnerungen zerstören jeden möglichen Zusammenhang zwischen Lees' Behauptungen und Sir William Gull. Lees besteht darauf, daß *sein* Arzt wenige Tage nach dem letzten Mord offiziell begraben wurde, aber wir wissen, daß Gull im Januar 1890 starb.

Von allem Anfang an existierten also drei Dokumente, die Knight vor dem großen Betrug hätten warnen sollen, doch er sah nur, was er sehen

Dieser schauerliche Ort könnte einen Arzt um den Verstand gebracht haben - das glaubten zumindest manche.

wollte: Gull, Netley und Sickert. Erst nachdem sein Buch erschienen war, faßte er ein einziges Mal die Möglichkeit eines Schwindels ins Auge. Sogar dann mußte man ihn dazu zwingen, denn am 18. Juni 1978 gestand Joseph Sickert schließlich. In einem Interview mit David May von der *Sunday Times* bekannte er: „Es war ein Schwindel; ich habe alles erfunden ... Als Künstler fiel es mir nicht schwer, Jack the Ripper in die Geschichte einzubauen, die mir mein Vater über Prinz Albert Victor und meine Großmutter erzählt hatte, als ich sechs Jahre alt war." Er begründete sein Geständnis damit, daß die Dinge langsam außer Kontrolle gerieten: „Ich möchte den Namen meines Vaters reinwaschen. Anfangs dachte ich nicht, daß viel Schaden daraus entstehen konnte, denn ich war der Meinung, die Geschichte würde nur in der Lokalzeitung erscheinen. Was mich betrifft, so gehört Jack wieder den Ripperologen."

Stephen Knights Reaktion darauf geht aus einem Brief hervor, den die *Sunday Times* am 2. Juli 1978 brachte. Hier ein Ausschnitt:

> *Es überrascht mich nicht, daß Mr. Joseph Sickert, dessen Geschichte die Grundlage für meine Nachforschungen bildete, nun versucht, alles zu widerrufen. Er drohte damit, sobald ich ihm mitteilte, daß sein Vater, Walter Sickert, direkt in die Mordfälle verwickelt war ... Ich interviewte ihn im September 1973. Damals überzeugte mich seine Geschichte keineswegs ... Meine Nachforschungen dauerten 18 Monate, und jeder Aspekt von Sickerts Geschichte erwies sich als wahr. Jeder Aspekt, bis auf einen ... Zweifellos hatte er über Gull und Netley die Wahrheit gesagt, aber in meinem Buch beweise ich, daß er über Anderson gelogen hatte. Walter Sickert war der dritte Mann im Ripper-Team.*
>
> *Joseph Sickert war über diese grundlegende Abweichung von Walter Sickerts ursprünglicher Geschichte sehr besorgt und erbost ... zuerst bat er mich, die Erkenntnisse über seinen Vater nicht zu veröffentlichen. Das mußte ich ablehnen. Dann versicherte er mir, er würde einen Weg finden, seinen Vater wieder zu entlasten, selbst wenn er die ganze Geschichte widerrufen müßte. Darauf war ich vorbereitet gewesen, und bevor ich ihm das letzte Kapitel zeigte, ließ ich ihn eine Erklärung unterschreiben, in der er bestätigte, daß ich die ursprüngliche Geschichte seines Vater vollkommen richtig wiedergegeben habe. Darüber hinaus sprach natürlich das von mir entdeckte neue Beweismaterial für sich ... seine Geschichte wurde bis ins letzte Detail bestätigt - zum Beispiel deckte sich die in einem Akt des Innen-*

ministeriums festgehaltene Aussage des einzigen Mannes, der je einen Ripper-Mord beobachtet hat, in jeder Einzelheit mit der Beschreibung des dritten Ripper-Mordes, wie sie Walter Sickert gibt. Bis zu dem Augenblick, in dem ich Einblick in den Akt des Innenministeriums erhielt, war diese Aussage nie veröffentlich worden.
Damals erkannte ich, daß Joseph Sickert nur die Worte eines Mannes wiederholte, der ohne Zweifel tief in den Fall verstrickt war.

Es war ein letzter, verzweifelter Verteidigungsversuch. Bei den „erstaunlichen Einzelheiten" in dem Akt des Innenministeriums handelt es sich um eine Aussage von Israel Schwartz über den Mord an Elizabeth Stride. Er sagte aus, daß er um 0.45 Uhr zwei Männer und eine Frau in der Berner Street gesehen hatte. Sickert hatte behauptet, daß *zwei* Ripper den Mord durchgeführt hatten. Die beiden Männer hatten also unabhängig voneinander dasselbe Ereignis beschrieben, argumentiert Knight. Doch die Erklärung von Schwartz war bis zu ihrer Veröffentlichung im Jahr 1976 geheim geblieben. Sickerts Geschichte konnte daher nicht aus zweiter Hand, sondern nur von einem Beteiligten stammen. Zu dieser befriedigenden Schlußfolgerung gelangt Knight, indem er zeitgenössische Aussagen umgeht, die besagten, daß sich zur in Frage kommenden Zeit mehrere Männer in der Berner Street herumtrieben, so auch die Zeugen William Marshall und James Brown. Es existierten unterschiedliche Beschreibungen des Mannes, den man mit der Stride gesehen haben will. Deshalb zog man die Möglichkeit in Erwägung, daß zwei Kunden beteiligt waren, und die *Police Gazette* veröffentlichte daher zwei verschiedene Beschreibungen. Sickerts Geschichte beruht auf dieser alten Information.

Als Knight seine Verteidigung aufbaute, ließ er sich nicht träumen, daß so viele Ungereimtheiten nur darauf warteten, ans Licht zu kommen; gemeinsam beweisen sie, daß Joseph Sickerts Bekenntnis wahr ist. Auch wenn Joseph geschwiegen hätte, man hätte seinen Betrug aufdecken und widerlegen können. Hätte man sich im Jahr 1973 mit einigen grundlegenden Papieren beschäftigt, so wäre der Schwindel gleich zu Beginn aufgedeckt worden. Diese Papiere beziehen sich auf die Cleveland Street.

Erinnern wir uns daran, daß Annie Elizabeth Crook angeblich im April 1888 aus ihrer Kellerwohnung in der Cleveland Street 6 entführt wurde. Sie verbrachte „156 Tage im Guy's Hospital" und wurde danach als

„harmloses Wrack entlassen: An Leib und Seele gebrochen überließ man sie der Straße ... Sie war unfähig sich zu erhalten." Von da an zog sie von einem Armenhaus zum anderen.

Das ist alles sehr rührend, aber die Steuerbücher für die Cleveland Street erzählen eine völlig andere Geschichte. Sie beweisen, daß Elizabeth Cook das ganze Jahr 1888 im Keller der Nr. 6 wohnte, daß sie auch im Jahr 1889 noch da war, und auch *in jedem folgenden Jahr*, bis zum Jahr 1893. Soviel zum Unsinn über die Entführung.

Was das Haus Nr. 15 anbelangt, in dem Walter Sickert jahrelang „das Atelier" besaß, in dem Annie und Eddy einander trafen, das Haus, aus dem eine Eskorte Eddy an jenem schwarzen Tag der Entführung wegbrachte, dieses Haus existierte nicht. Die Steuerbücher beweisen, daß Nr. 15 und Nr. 17 zu Michaelis 1886 abgetragen wurden. Während des Großteils des Jahres 1887 war die Baulücke eine betriebsame Baustelle. Mitte November wurde das neue Gebäude, das die Nummern 15 und 17 umfaßte, eröffnet: das Middlessex Hospital Trained Nurses' Institute. Das Haus bestand sowohl im Jahr 1888 in dieser Eigenschaft, als auch viele Jahre danach.

Es ist eine alte Geschichte. Man stellte die falschen Fragen und hörte zu früh auf zu fragen. Eine falsche Herkunft wurde bestätigt - und schon war das Buch *Final Solution* in vollem Glanz entstanden! Es machte Stephen Knight reich. Es machte all jene arm, die es mit Geschichte und Wirklichkeit verwechselten.

19
Der Magier aus dem Nebel

Der Nekromant muß die menschliche Natur auf jede erdenkliche Weise erniedrigen und mit Füßen treten. Mord ist für ihn nur das geringste der notwendigen Verbrechen, um die angestrebte Macht zu erlangen; ein Menschenopfer ist die unentbehrliche Opfergabe.

Tautriadelta

Es stellt sich die unvermeidliche Frage: *Besitzt* der Ripper eine Identität? Als ich die widersprüchlichen Theorien untersuchte, lehnte ich am Ende jede ab und kam zu dem Schluß, daß der Mörder wahrscheinlich unbekannt und unverdächtigt geblieben ist. Lange Zeit war er nichts als ein gesichtsloser, namenloser Schatten. Mit dem Auftauchen eines sonderbaren Geschöpfes, das weder ignoriert noch beiseite geschoben werden konnte, verlor diese Vorstellung langsam an Bedeutung.

Schließlich mußte ich zugeben, daß von den vielen Kandidaten und Nebenakteuren in diesem Drama nur einer eine Neubewertung rechtfertigte. Ein einziger Mann kommt mit Recht als Jack the Ripper in Betracht. Dieser Mann ist Doktor Roslyn D'Onston. Von allen Verdächtigen verfügt er allein über das richtige „Format", die Gelegenheiten, die Motive und die ideale Tarnung. Sein Hintergrund, seine Persönlichkeit, seine Fähigkeiten, sein Geisteszustand, alles paßte zu der verhängnisvollen Rolle.

Roslyn D'Onston wurde am 20. April 1841 in der Charles Street in Sculcoates, in der Nähe von Hull in Yorkshire geboren und hieß damals schlicht Robert Donston Stephenson. Bis vor kurzem nahm man an, daß er aus einfachen Kreisen stammte und daß seine Behauptung, der Sproß einer wohlhabenden Familie von königlichen Beamten zu sein, reine Erfindung war. Aber im Jahr 1841 wohnten in der Charles Street wohlhabende Unternehmer, und D'Onstons Vater war in WirklichkeitMühlenbesitzer, Mitunternehmer von Dawber und Stephenson, Knochenmühle, Samenpresse und Leinölerzeugung. Auch von der Seite seiner Mutter kam Geld in die Familie, denn sie war eine Dawber.

Das Geld seiner Familie sicherte D'Onston eine gute Erziehung, doch es ist ungewiß, wo ihm diese Erziehung zuteil wurde; seinen Niederschriften zufolge wahrscheinlich hauptsächlich in München. Eines ist jedoch sicher: Schon sehr früh galt sein Hauptinteresse allen Wissensgebieten der Medizin. Er erwarb schließlich seine medizinischen Titel aufgrund seiner Studien in Frankreich und den Vereinigten Staaten. Parallel zum herkömmlichen Studium lief ein Studium auf völlig anderer Ebene, denn D'Onston war von allen Bereichen der Zauberei fasziniert: Nicht nur die Zauberei, wie sie von der Bühne her bekannt ist, sondern „wirkliche Magie", die angeblich nur eine kleine Gruppe von Eingeweihten in jedem Land versteht und praktiziert.

D'Onston hat einen Bericht über die Entwicklung dieser Faszination hinterlassen:

Schon als Knabe war ich von allem begeistert, was Mystizismus, Astrologie und Hexerei betraf, also von allem, was gemeinhin als „okkulte Wissenschaft" bezeichnet wird. Ich verschlang begeistert jedes Buch, dessen ich habhaft werden konnte und das sich auf diese Künste bezog.
Ich erinnere mich, daß ich schon mit vierzehn Jahren an meinen Schulgefährten und vor allem an meinem Vetter Mesmerismus praktizierte... Als Medizinstudent erwachte mein Interesse an der Einwirkung des Verstandes auf die Materie aufs neue, und psychologische Experimente begleiteten meine physiologischen Studien und Forschungsarbeiten. Ich las damals mit großer Hingabe [Lyttons] „Zanoni", aber ich fürchte, daß ich nur wenig davon verstand. Ich wollte unbedingt den Autor kennenlernen, dachte aber nicht im Traum daran, daß ich eines Tages der Schüler des großen Magiers Bulwer Lytton sein würde - des einzigen Mannes unserer Zeit, für den kein System der alten und modernen Zauberei und der Magie, schwarz oder weiß, ein Geheimnis barg.

Im Jahr 1862 hatte D'Onston das Glück, Bulwer Lyttons Sohn in Paris kennenzulernen; das führte im darauffolgenden Frühling zu einer Begegnung mit dem verehrten Schriftsteller; D'Onston wurde als „... ernsthafter Student des Okkultismus" vorgestellt. Sir Edward Lytton erwärmte sich für ihn. D'Onston berichtet:

Ich gefiel Sir Edward wahrscheinlich zum Teil wegen meiner rückhaltslosen Verehrung für ihn, zum Teil weil er sah, daß ich einen kühlen, logischen Verstand besaß: Ich hatte eiserne Nerven, und vor allem war es mir sehr, sehr ernst.

Nach kurzer Zeit wurde D'Onston voll akzeptiert. Sir Edward beorderte ihn an einen geheimen Ort und die Ausbildung begann. Er sagt: „Ich trat ein, er stand in der Mitte des heiligen Fünfecks, das er mit roter Kreide auf den Boden gezeichnet hatte; in seiner ausgestreckten rechten Hand hielt er die auf mich gerichtete Baguette. So stand er und fragte mich, ob ich die Sache ernstlich erwogen hatte und entschlossen war, diesen Weg einzuschlagen. Ich antwortete, daß ich fest dazu entschlossen war. Er ließ mich daraufhin an Ort und Stelle den Eid des Neophyten der magischen Loge von Alexandria schwören - den Eid des Gehorsams und der Geheimhaltung.

D'Onston schwieg über die vielen Dinge, die er lernte und als Logenmitglied tat, doch im Gespräch über eine italienische „Hexe" sagt er: „... ich kannte das alles aus den Büchern der 'Schwarzen Magie', die ich unter Lytton gelesen hatte. Magier müssen alle Praktiken der 'verbotenen Kunst' *kennen*, damit es ihnen möglich ist, die teuflischen Machenschaften der Anhänger der Schwarzen Magie zu überwinden."

Über seine romantischen Unternehmungen äußerte sich D'Onston viel offener: Er war Goldwäscher in den Vereinigten Staaten gewesen, hatte in Kamerun einer Teufelsmesse beigewohnt und war in Indien dem echten Seiltrick auf der Spur gewesen. Eine Zeitlang hatte er sogar als Stabsarzt in Garibaldis Armee der Gefahr ins Auge gesehen. Doch gegen Ende der sechziger Jahre des vergangenen Jahrhunderts ließ er sich für einige Zeit in seiner Heimat bei Hull nieder. Er bezeichnete seine Arbeit dort als „fast eine Sinekure". Dann folgt ein seltsames Loch in seiner Geschichte. Er brach mit seiner Familie und mit seiner Heimatstadt, gab seinen sicheren Job auf und es ging mit seinem Glück bergab, so tief bergab, bis er in den schmutzigen Absteigen im gleichgültigen London landete.

In den achtziger Jahren war D'Onston das typische schwarze Schaf seiner Familie. Er erwähnte seine Familie nie, und den Familiennamen Stephenson verwendete er nur bei den seltensten Gelegenheiten, wenn es offiziell erforderlich war - auf Antragsformularen und eidesstattlichen

Erklärungen. Dennoch erhielt er sicherlich eine Art private Zuwendung, die zwar knapp war, aber ausreichte, um ihm ein Leben in würdevoller Armut zu ermöglichen. Er besserte seine kargen Finanzen als freiberuflicher Journalist auf.

D'Onstons Zeitungsartikel bestehen hauptsächlich aus Täuschungen; biographisch besitzen sie wenig Wert und seine Geschichten über Magie in Europa, Asien und Afrika sind zu übertrieben, um wahr zu sein. Doch er erwartete auch nicht, daß sie von allen Lesern ernstgenommen wurden. D'Onston bewunderte Lyttons Versuche, „... der Welt viele neue und wichtige Wahrheiten in romanhafter Form nahezubringen" - er eiferte also seinem Meister nach. Er warnte rechtzeitig davor, daß dies seine Absicht war. In dem Artikel in der *Pall Mall* über „Obeeyahismus" (afrikanische Magie) verspricht er, dieses Thema in einem in kürze erscheinenden Buch zu behandeln: „*Sube, der Obeeyah*, ein, seiner Angabe zufolge frei erfundener Roman. Der Leser muß selbst entscheiden, was davon Tatsache ist - ob alles oder nichts - und was Phantasie. Es ist nicht meine Aufgabe, dem am Okkultismus Interessierten Hinweise zu geben; das Buch mag viele neue Ideen vermitteln und dem Leser die Richtung aufzeigen, in die seine Nachforschungen gehen sollten. Dem Urlauber und dem schlichten Romanleser bereitet es sicherlich ein neues und bisher unbekanntes Vergnügen ..."

Leider schrieb D'Onston die meisten für die breite Presse bestimmten Artikel anonym, und diese Artikel sind daher nicht wieder aufzuspüren. Vielleicht handelte es sich nur um sehr durchschnittliche Reportagen, aber diejenigen, die man sicherstellen konnte, sind bedeutsam und aufschlußreich: Sie beschäftigen sich mit Schwarzer Magie und mit den Whitechapel-Morden.

D'Onston wohnte zur Zeit der Morde in Whitechapel. Über 25 Jahre war er hinter dem Hirngespinst eines großen magischen Ereignisses hergewesen, das er mit Hilfe einer intensiven Verbindung von Willen und Fachwissen bewerkstelligen wollte. Er hatte alles gelesen, dessen er habhaft werden konnte, jeden magischen Wälzer und jedes Gekritzel. Er hatte mit Magiern aller Grade gesprochen, sein Leben riskiert, um afrikanische Hexer zu beobachten, und seine Gesundheit aufs Spiel gesetzt, als er auf einer Reise durch Indien esoterische Weisheiten suchte. Und nach all dem war er in Londons East End gelandet, ohne die Erleuchtung, ohne

Ehre und ohne Lohn; als Ergebnis seiner lebenslangen Suche hatte er nur eine Sammlung von unbedeutenden Zeitungsartikeln vorzuweisen.

Man kann nur Vermutungen darüber anstellen, welche Faktoren dafür auslösend waren, daß D'Onston den verhängnisvollen Pfad des Ritualmordes einschlug. Die Last eines vergeudeten Lebens, die irrationalen Sprünge eines durch Drogen stimulierten Verstandes, die perverse Verlockung des Unbekannten und Unversuchten. Diese Dinge mögen gemeinsam den einsamen Sucher zu seinem gräßlichen Experiment veranlaßt haben.

Doch warum *Ritual*mord? Die Antwort liegt in dem Trugbild, das die magisch inspirierte Geisteshaltung schaffen kann. Der Glaube an Magie ist eine von den frühen Anfängen der Menschheit ererbte Bürde, ein nach hinten gerichteter Blick auf das Universum und den Menschen, der die Ängste und Wünsche des Kindes benutzt und sie mit berauschendem Symbolismus und der Sprache einer falschen Weisheit verkleidet. Jede Art von Magie betrügt, da sie eine Kontrolle verspricht, die nicht zu erreichen ist, und den Zutritt zu verborgenem und schrecklichem Wissen vorgaukelt. Die bedrohliche schwarze Form funktioniert nicht durch ein Störung der Naturgesetze, sondern durch eine Störung des Verstandes der Dupierten.

Schwarze Magie führt nur deshalb zu Ergebnissen, weil die ihr Verfallenen bereit sind, ihre Phantasien auszuleben; sie rechtfertigt und rationalisiert verborgene Wünsche. Im Extremfall kann dies infolge der Zuhilfenahme von Drogen und Zeremonien, die den Verstand untergraben, zu Mord führen. Denken wir an den Fall von Charles Manson: Die Anhänger seines Kultes töteten brutal sieben Menschen, darunter die schwangere Schauspielerin Sharon Tate. Im viktorianischen Whitechapel des Jahres 1888 gab es einen verschrobenen Magier, der eindeutig gebildeter, beherrschter und entschlossener war als Manson; er war in jedem Fall fähig, seine Exekutionen selbst durchzuführen.

Der Gedanke, daß Schwarze Magie hinter den Morden stehen könnte, ist keinesfalls neu. Im Jahre 1969 vertrat Aleister Crowley diese Idee in seinem Werk *Confessions* und ging später in dem Essay „Jack the Ripper" ausführlich darauf ein. In den dreißiger Jahren war der Kriminalreporter Bernard O'Donnell, ein Freund von Crowley, vollkommen unabhängig zu den gleichen Schlußfolgerungen gelangt, und auch andere Leute waren dieser Ansicht.

Bernard O'Donnell drängte einmal Crowley - noch lange vor der Veröffentlichung von *Confessions* - den Namen des Magier-Rippers zu nennen. Crowley wich der Frage bewußt vage aus: „Er war ein Zauberer wie viele andere ... Ich habe mich nicht sehr gut mit ihm vertragen. Er hatte keinen Sinn für Humor." Das war alles, was O'Donnell aus ihm herausbekommen konnte, abgesehen von der Bestätigung eines Faktums, das der Reporter bereits kannte: daß Crowley einmal eine Schachtel besessen hatte, „die dem Ripper gehörte".

Betty May, das Künstlermodell, das für Epstein gesessen hatte, stolperte im wahrsten Sinn des Wortes über die verräterische Schachtel. Sie hatte Raoul Loveday geheiratet, einen Absolventen von Oxford, der sie prompt in eine widerliche Beziehung zu Crowley und seinen Kreis verwickelte. Im Jahr 1920 wohnte May in Sizilien in der „Abtei der Thelema" des Magiers, und sie berichtete folgende Geschichte:

... eines Tages ging ich durch eines der Zimmer der Abtei, als ich beinahe über eine kleine Truhe mitten im Zimmer stolperte. Ich öffnete sie und fand darinnen einige Krawatten. Ich nahm ein paar heraus und ließ sie gleich wieder fallen, denn sie waren steif und hatten irgendwelche Flecken. Im ersten Augenblick dachte ich, es wäre Blut. Später traf ich den Magier und fragte ihn nach den Krawatten. Er war in guter Stimmung. „Setz dich", sagte er, „und ich will dir darüber erzählen." Er erklärte mir dann, daß es sich dabei um die Relikte einer der geheimnisvollsten Mordserien handelte, die die Welt je gekannt hatte. Sie hatten alle Jack the Ripper gehört! „Jack lebte vor deiner Zeit", setzte er fort. „Ich habe ihn noch gekannt. Ich habe ihn persönlich gekannt und weiß, wo er sich heute aufhält. Er gab mir diese Krawatten. Jack the Ripper war ein Magier. Er zählte zu den klügsten, die es je gegeben hat, und seine Verbrechen entsprangen seinen magischen Studien. Die Verbrechen waren immer von der gleichen Art und wurden offensichtlich von einem überaus geschickten Chirurgen ausgeführt.
„Jack the Ripper war zu jener Zeit ein bekannter Chirurg. Immer wenn er ein neues Verbrechen vorhatte, nahm er eine neue Krawatte. Dies sind seine Krawatten, und jede von ihnen wurde in das Blut seiner Opfer getaucht. Es gab viele Theorien, um zu erklären, wie es ihm jedes Mal gelang zu entkommen. Aber Jack the Ripper war nicht nur ein vollendeter Künstler, wenn es um die Ausübung seiner Verbrechen ging. Er verfügte über die höchsten magischen Fähigkeiten und konnte sich unsichtbar machen. Die Krawat-

ten, die du gefunden hast, sind jene, die er mir gab, das einzige Andenken an die erstaunlichsten Morde der Geschichte."

Diese für Crowley typische Effekthascherei sollte man mit Humor ertragen. Aber warum die Ausflüchte? Warum gab er den Namen nicht preis? In seinem Buch *Confessions* ist er ziemlich offen. Er erzählt die Geschichte der Truhe und nennt den Namen des früheren Besitzers; auch in dem Essay „Jack the Ripper" kommt die Truhe wieder vor und auch hier nennt er den Namen des Besitzers. Es war D'Onstons Truhe. Die übrigen Details Crowleys sind unverläßlich. In *Confessions* sind es sieben Krawatten, aber in seinem überarbeiteten Essay „Jack the Ripper" hat sich die Zahl auf fünf reduziert.

Im Gegensatz dazu ist die Geschichte, die die Okkultistin Vittoria Cremers erzählt, wesentlich folgerichtiger und überzeugender, aber Cremers hatte auch den Vorteil, über Erfahrungen aus erster Hand zu spre-

Dr. Roslyn D'Onston. Der Mann ohne Nerven, ohne Herz und mit starren Augen. Als Mensch - unbedeutend. Als Meister des Schreckens - unvergeßlich.

chen. Sie kannte nicht nur D'Onston, sondern hatte auch mit ihm und Mabel Collins im selben Haus gewohnt.

Cremers erzählte ihre Geschichte O'Donnell gegen Ende der zwanziger Jahre; O'Donnell war der einzige von all jenen, die sich mit Nachforschungen darüber beschäftigten, der D'Onston voll Überzeugung ernstnahm. Leider wurde O'Donnell bei seiner Suche behindert. Er entdeckte niemals D'Onstons wirklichen Namen; einige seiner Informationen waren falsch, und er hatte keine Gelegenheit, die Polizeiakten über D'Onston zu lesen. Seine energiegeladenen Aktivitäten wurden torpediert, seine Erkenntnisse zu den Akten gelegt. Aber auch wenn er seine Aufzeichnungen niemals veröffentlichte, so blieben sie doch erhalten. Sie erzählen von der merkwürdigen Beziehung zwischen Mabel Collins, Vittoria Cremers und dem unheimlichen Dr. Roslyn D'Onston.

Mabel Collins war eine Romanschriftstellerin, eine ergebene Schülerin der Madam Blavatsky und Mitherausgeberin von *Lucifer*, der Zeitschrift der theosophischen Gesellschaft.

Collins war schön, beeinflußbar und verletzlich, Vittoria Cremers war das Gegenteil. Crowley beschreibt sie in seiner Geschichte *Moonchild*:

> *... eine gedrungene, halsstarrige Gestalt ... in abgetragener schwarzer Männerkleidung, bis auf den Rock; ein ungewöhnlich großer Kopf von noch ungewöhnlicherer Form thronte auf ihren Schultern: Der Schädel war hinten total flach, und die linke Seite des Stirnbeins war wesentlich stärker entwikkelt als die rechte. Man hätte denken können, daß der Kopf mit Absicht deformiert worden war. Wenn die Natur auch gerne Mißbildungen hervorbringt, so ist es doch selten, daß sie die Asymmetrie soweit treibt.*
> *Das Gesicht glich zerknittertem Pergament, gelb und hart; dichtes, kurzes Haar von schmutzigweißer Farbe umrahmte es. Ihr Ausdruck ließ darauf schließen, daß ihre räuberischen Instinkte mit größter Schläue und Tüchtigkeit gepaart waren ... aus ihren Augen leuchtete ein bitterer Haß, der dem eigensüchtigen Neid entsprang, mit dem sie das Glück anderer Menschen als ein Affront gegen ihre Person empfand. Jeder ihrer Gedanken war ein Fluch - gegen Gott, gegen die Menschheit, gegen die Liebe oder die Schönheit, oder gegen das Leben selbst. Sie war eine Kombination aus Hexenverbrenner und Hexe; eine Verkörperung des puritanischen Geistes, angefangen von seiner Verbitterung bis zu seiner sexuellen Entartung und Perversität.*

Sie wirkt kaum wie eine Gefährtin, die man liebt, schätzt und ehrt, aber Mabel Collins geriet in ihren Bann. Genau wie Blavatsky, so besaß auch Cremers eine starke Persönlichkeit und die feine Mabel war zu schwach, um diesem kräftigen Druck zu widerstehen. Aber es kam zu Komplikationen. Während Cremers in Amerika war, traf Collins mit Dr. D'Onston zusammen.

Einer seiner Artikel in der *Pall Mall Gazette* über afrikanische Magie hatte sie begeistert. Ein enthusiastischer Brief zu Handen des Herausgebers erbrachte eine Antwort aus dem London Hospital: Leider war Dr. D'Onston zu krank, um ausführlich zu schreiben, aber sobald er wieder gesund war, könnten sie einander treffen. Sie trafen einander. Als Cremers im März 1890 nach England zurückkehrte, stellte sie fest, daß Collins nun in Southsea lebte, an einem neuen Roman arbeitete und das Bett mit dem Arzt-Journalisten teilte.

Mabel Collins war bis über beide Ohren in D'Onston verliebt: „Er ist ein wunderbarer Mann, Vittoria. Ein großer Magier, der erstaunliche magische Geheimnisse besitzt." Cremers' Standpunkt war begreiflicherweise etwas objektiver. Sie beschrieb D'Onston als „einen großen, blonden Mann von anspruchslosem Äußeren. Ein Mann, den man nicht zweimal anschauen würde."

Zwei Wochen nach diesem ersten Treffen schlossen sich alle drei zu einem gemeinsamen geschäftlichen Unternehmen zusammen. Sie mieteten in der Baker Street Räumlichkeiten und eröffneten die Pompadour Kosmetikgesellschaft: Die Damen stellten das Geld zur Verfügung und D'Onston seine Geheimrezepturen für Schönheitscremen und Verjüngungssalben. An die Büroräume stießen die Wohnräume; Cremers bewohnte eine Wohnung im dritten Stock, D'Onston ein Hinterzimmer im ersten Stock. Über eineinhalb Jahre lang standen Cremers und D'Onston in fast täglichem Kontakt.

Während dieser Zeit schwand Mabels Verliebtheit; stattdessen empfand sie Abscheu und Angst. Sie äußerte sich nie offen über ihre Ängste, aber zu Vittoria sagte sie einmal: „Ich glaube, D'Onston ist Jack the Ripper". Sie wollte nicht näher darauf eingehen und erwähnte nur, daß es auf etwas beruhte, das er zu ihr gesagt hatte. „Er hat mir etwas gezeigt. Ich kann nicht einmal dir davon erzählen, aber ich weiß es, und ich habe Angst."

Cremers gab sich mit den unbeantworteten Fragen nicht zufrieden.

Wenn Mabel nicht sprach, dann würde sie selbst die Wahrheit über diesen unwillkommenen männlichen Eindringling entdecken. In seinem Zimmer war ihr eine große, schwarz emaillierte Dokumentenschachtel aufgefallen. Cremers hatte sie nie offen gesehen, vielleicht enthielt sie also private, aufschlußreiche Papiere. Sie wartete, bis D'Onston die Baker Street verlassen hatte, dann betrat sie sein Zimmer und versuchte alle möglichen Schlüssel am Schloß der Dokumentenschachtel.

Ihr Unternehmen machte sich bezahlt. Einer der Schlüssel öffnete das Schloß, und sie fand Notizbücher und schwarze Krawatten mit fertigen, festgenähten Knoten. Als sie die Krawatten herausnahm, bemerkte sie bei allen auf der Rückseite matte Flecken. Sie waren steif und hart, als wären sie mit einer dicken Flüssigkeit vollgesogen, die dann getrocknet war. War es Blut? Damals war sie nicht sicher, später jedoch davon überzeugt.

Die Überzeugung kam, nachdem D'Onston einen Zeitungsbericht erwähnte, in dem behauptet wurde, daß neue Aktionen des Rippers unmittelbar bevorstanden. D'Onston lachte über die Idee und stellte mit Nachdruck fest: „Es wird keine weiteren Morde mehr geben." Dann setzte er fort:

Habe ich dir jemals erzählt, daß ich Jack the Ripper gekannt habe? Unmittelbar nach den letzten Morden lebte ich in der Gegend von Whitechapel ... Ich wurde ernstlich krank und mußte in ein Krankenhaus. Hier lernte ich ihn kennen. Er war einer der Chirurgen, und als er hörte, daß ich ebenfalls Arzt gewesen war, freundeten wir uns an. Natürlich sprachen wir über die Morde ... Eines Tages taute er auf und gestand, daß er Jack the Ripper sei. Zuerst glaubte ich ihm nicht, aber als er dann beschrieb, wie er die Verbrechen ausgeführt hatte, wurde mir klar, daß er aus eigener Erfahrung sprach. Bei der gerichtlichen Untersuchung hatte man angenommen, daß der Mörder Linkshänder war. Diese Ärzte gingen von der Annahme aus, daß Jack the Ripper vor den Frauen stand, wenn er ihnen das Messer durch die Kehle zog. Das war nicht der Fall. Er stand hinter ihnen. Die Ärzte betonten bei der gerichtlichen Untersuchung, daß die Frauen nicht hinfielen, sondern offenbar hingelegt wurden. Das ist so ziemlich das einzig Richtige an ihrer Beweisführung. Sie suchten alle nach einem Mann mit blutbefleckter Kleidung, doch mein ärztlicher Freund tötete die Frauen von hinten und vermied dadurch solche Flecken. Wenn er die fehlenden Organe mitnahm, ver-

steckte er sie zwischen Hemd und Krawatte. Er erzählte mir, daß er den Ort, an dem er eine Frau ermorden wollte, immer aus einem ganz besonderen Grund auswählte, einen Grund, den du nicht verstehen würdest.

Cremers sah darin eine für D'Onston ungefährliche Methode, über seinen Herbst des Schreckens zu prahlen, und dadurch erklärte sich auch die unverständliche Signatur, die er für einen seiner Artikel in *Lucifer* verwendet hatte. Der Artikel befaßte sich mit afrikanischer Magie und war mit „Tautriadelta" unterzeichnet. Als sie ihn fragte, warum er einen solchen Namen gewählt hatte, pflichtete er bei: „Es ist wirklich eine eigenartige Unterschrift, und sie bedeutet verteufelt viel". Das Wort leitet sich ab vom hebräischen Buchstaben Tau, der früher als Kreuz geschrieben wurde, dem griechische Wort Tria für drei und Delta, dem griechischen Buchstaben D, der als Dreieck geschrieben wird. Das zusammengesetzte Wort bedeutete somit „Kreuz-drei-Dreiecke". Soweit gingen D'Onstons Erklärungen, und er weigerte sich, mehr zu sagen: „Viele Menschen wüßten gerne warum ich diese Unterschrift verwende. Es würde auch zu einer erheblichen Sensation führen, wenn sie es erfahren. Aber sie werden es nie herausfinden - niemals."

Könnte es sein, daß hinter diesem Namen ein besonderer Hinweis auf die Whitechapel-Morde stand? Eines ist gewiß, der Name wurde niemals *vor* den Morden verwendet, nur danach. Und das nur zweimal.

Wie verläßlich ist Cremers' Gedächtnis? Ist ihre Erzählung von D'Onstons Ripper-Geschichte einfach die Erfindung einer verbitterten, eifersüchtigen Rivalin? In ihren Erinnerungen kann man Fehler erkennen, aber es handelt sich um Kleinigkeiten. Im Gegensatz dazu ist ihre Zusammenfassung der Ripper-Geschichte einwandfrei. Das kann man mit voller Überzeugung behaupten, da ihre Worte durch eine Erklärung bestätigt werden, die D'Onston geschrieben hat und die sich in den Akten von Scotland Yard befindet.

Wenn wir annehmen, daß D'Onston von sich selbst sprach, was meinte er mit dem kryptischen Hinweis auf einen „ganz besonderen Grund", wenn es um die Wahl des Mordplatzes geht, „einen Grund, den du nicht verstehen würdest"? Die Anworten finden sich, wenn auch nicht vollständig, in einem Artikel in W. T. Steads *Pall Mall Gazette* vom 1. Dezember 1888, der erstmals von der Theorie sprach, daß der Ursprung der Whitechapel-Morde in der Schwarzen Magie zu suchen sei.

Man schrieb den originellen, nicht signierten Artikel fälschlicherweise dem Earl of Crawford and Balcarres zu, weil Cremers ein Fehler unterlaufen war. Der Artikel stammt jedoch von D'Onston, und er erhielt für ihn vier Pfund. Vier Pfund für einen Artikel, der gleichzeitig ein verschleiertes Bekenntnis und eine aufreizende Irreführung darstellte und dem mehr Substanz zugrunde lag als allen Briefen von Jack the Ripper zusammen.

In der für D'Onston typischen geschraubten Ausdrucksweise lautet die Überschrift des Artikels „Wer ist der Dämon von Whitechapel? (Von einem, der es zu wissen glaubt)". Der erste Teil beschäftigt sich mit der bekannten Inschrift auf der Mauer und dem Versuch, die Juden hineinzuziehen. Nachdem er damit fertig ist und eine falsche Spur gelegt hat - daß der Ripper Franzose war - stellt D'Onston (der Mann mit dem französischen Namen) die Frage: „Welches Motiv hatte er?" Dann geht es weiter:

> *...bei dem Versuch, ein Rätsel wie dieses zu lösen, kann man es sich nicht leisten, auch nur eine Theorie, mag sie auch noch so ausgefallen sein, beiseite zu lassen, ohne sie sorgfältig zu prüfen, denn die Wahrheit kann sehr wohl in der unwahrscheinlichsten Theorie liegen.*
> *Es gibt keinen Zweifel darüber, daß der Mörder, egal ob er verrückt war oder nicht, ein ganz bestimmtes Motiv für seine Verstümmelungen hatte; doch eine mögliche Theorie für dieses Motiv wurde niemals erwogen. Im aufgeklärten neunzehnten Jahrhundert erscheint eine derartige Behauptung absurd, doch der Aberglaube stirbt nur langsam, und einige Anhänger praktizieren zweifellos bis zum heutigen Tag gottlose Riten.*
> *In dem Buch „Le Dogme et Rituel de la Haute Magie" des großen modernen Okkultisten, der unter dem Pseudonym „Eliphaz Levy" schrieb, finden wir sehr genaue Anweisungen für magische Zaubersprüche aller Art. Im zweiten Band gibt es ein Kapitel über Nekromantie oder Schwarze Magie, die der Autor zurecht als Entweihung verurteilt. Die Schwarze Magie benutzt die Kräfte böser Geister und Dämonen anstelle der wohltätigen Geister, die den Schülern der „haute magie" untertan sind. Gleichzeitig gibt er klare, vollständige Details für die zur Beschwörung mit diesen Mitteln notwendigen Schritte. In der Liste der Substanzen, die für den Erfolg als absolut notwendig vorgeschrieben sind, finden wir die Verbindung zwischen der modernen französischen Nekromantie und den Morden im East End. Diese Sub-*

stanzen sind grauenhaft und schwierig zu beschaffen. Sie können nur durch die abstoßendsten Verbrechen gewonnen werden, von denen Mord und Verstümmelung der Toten noch die am wenigsten abscheulichen sind. Benötigt werden Streifen der Haut eines Selbstmörders, Nägel vom Galgen eines Mörders, Kerzen aus menschlichem Fett ... und ein Präparat aus einem bestimmten Körperteil einer Hure. Der letzte Punkt wird als absolut unentbehrlich betont, und diese außergewöhnliche Tatsache lenkte meine Aufmerksamkeit zum ersten Mal auf einen möglichen Zusammenhang zwischen den Morden und der schwarzen Kunst.

Weitere wesentliche Bestandteile einer Beschwörung bildeten Menschenopfer sowie die Entweihung des Kreuzes und anderer für gewöhnlich als heilig erachteter Symbole. In diesem Zusammenhang wird es gut sein, sich eines außerordentlichen und einmaligen Umstandes im Zusammenhang mit den Whitechapel-Morden zu erinnern, der auf keinen Fall zufällig zustandegekommen sein kann. Lassen wir den letzten Mord weg, der im Inneren eines Hauses begangen wurde, und für den wahrscheinlich gar nicht der Bösewicht verantwortliche war, von dem wir sprechen, so werden wir feststellen, daß die Orte, an denen die Morde stattfanden, sechs an der Zahl, ein perfektes Kreuz bilden: Auf einer Karte werden die Mordorte eingezeichnet und numeriert. Man verbindet Nr. 3 und Nr. 6, so daß die gezogene Linie genau durch Nr. 1 und 2 geht. Die Linie von Nr. 4 zu Nr. 5 bildet die Arme des Kreuzes. Der siebente Mord in der Dorset Street liegt auf keiner dieser Linien. Er hat auch außer der Tatsache der Verstümmelungen nichts mit den anderen Morden gemeinsam. Diese Verstümmelungen stammen aber offensichtlich nicht von jemandem, der praktische Kenntnisse im Umgang mit einem Messer besaß und über die Lage der entsprechenden Organe Bescheid wußte, wie es bei den anderen sechs Morden der Fall war. Auch der verstümmelte Torso, der im neuen Polizeigebäude gefunden wurde und wahrscheinlich das erste Opfer in der Serie darstellte, wies die gleiche Technik auf. Der Mord wurde wahrscheinlich irgendwo auf einer der beiden Linien des Kreuzes begangen und der Körper danach weggebracht. Hatte der Mörder also vor, die mystische Zahl von sieben Menschenopfern in Form eines Kreuzes darzubringen - eine Form, die er zu entweihen beabsichtigte? Wählte er demnach die Orte, an denen er seine Opfer der infernalischen Gottheit des Mordes darbringen würde, von vorneherein bewußt auf der Karte aus? Wenn nicht, so sind diese sechs Zufälle (?) das erstaunlichste Ereignis unserer Zeit.

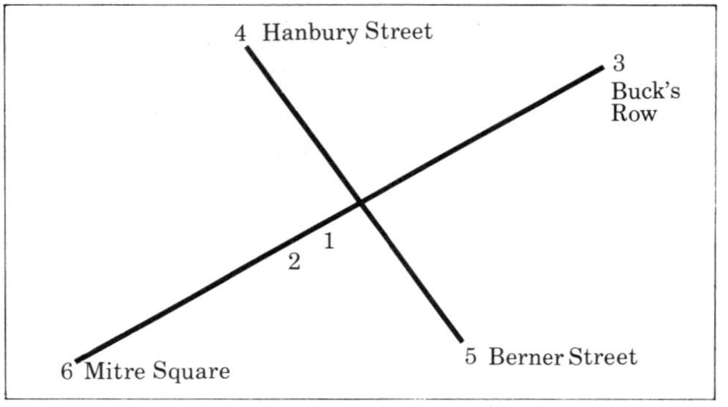

D'Onston wirkt hier spöttisch und arrogant. Er gibt vor, eine neu entwickelte Theorie zu erklären, enthüllt aber dabei die wirkliche Triebkraft hinter den Morden; dann lenkt er den Verdacht wieder ab, indem er den Tabram-Mord einbezieht und dafür Kelly von der Liste streicht. Er erweckt den Anschein, als wäre ihm das Drum und Dran bei einem Opfer, wie es Levy darlegt, neu; aus seinen späteren Schriften aus den-Jahre 1889 und 1896 wissen wir, daß er alle Aspekte der Schwarzen Magie schon seit mehr als 20 Jahren studierte.

Die Riten der Schwarzen Magie weisen ungezählte Permutationen auf, doch die angestrebten Ziele sind beschränkt. Normalerweise wollen sie Macht und Herrschaft erlangen oder erotische Erfahrungen gewinnen. Alle drei Ziele beherrschten die Gedanken des Rippers, zusammen mit der Wunschvorstellung, den Gipfel der höchsten magischen Kräfte zu erreichen. Um zu diesem Ruhm zu gelangen, mußten unzüchtigeFrauen im Augenblick des Orgasmus überwältigt und ausgelöscht werden. Dieser rituelle Orgasmus sollte angeblich ungeheure seelische Energien entfesseln, die für das „große Werk" nutzbar gemacht werden konnten. Auf dem Papier wirkt das kindisch und unglaublich. Wird es jedoch in die Praxis umgesetzt, so schafft es eine schreckliche Atmosphäre der Angst und entwickelt sich zur Legende.

Entging D'Onston zu seiner Zeit einer Verdächtigung? Nicht ganz. Im Jahr 1896 schrieb der Redakteur W. T. Stead über ihn: „Er ist einer der erstaunlichsten Menschen, die ich je kennengelernt habe. Über ein Jahr stand ich unter dem Eindruck, daß er der echte Jack the Ripper war; die Polizei teilte offenbar diesen Eindruck. D'Onston wurde zumindest einmal verhaftet, obwohl er, nachdem er alle Fragen zufriedenstellend beantwortet hatte, wieder auf freien Fuß gesetzt wurde und nie vor Gericht kam." Die Polizeiberichte sind kläglich unvollständig, ich verfüge daher über keine Details über den von Stead erwähnten Vorfall, doch es existieren Unterlagen, aus denen hervorgeht, daß sich D'Onston eines besonders schlauen Tricks bediente. Er sprach und schrieb über seine Verbrechen, unterstellte sie aber einem anderen Arzt, so daß der Eindruck entstand, daß er in paranoiden Phantastereien schwelgte. Das machte den Verdacht hinfällig. Für die Polizei wurde er dadurch zu einem Mann, für den man nur ein Gähnen, einen gleichgültigen Blick und einen Abschiedsgruß erübrigte.

Im November 1888 hatte D'Onston vom Krankenbett aus Stead dringend um einen Auftrag gebeten; er wollte mit dessen finanziellen Unterstützung den Ripper jagen. Es wäre die größte Ironie gewesen, hätte Stead zugestimmt: Der Ripper jagt sich selbst und wird dafür bezahlt! Doch Stead hatte in bezug auf D'Onston Bedenken und lehnte die Zusammenarbeit ab. Als D'Onston aus dem Krankenhaus entlassen wurde, startete er nach seinem ersten irreführenden Artikel vom 1. Dezember 1888 den zweiten Teil seiner Kampagne der falschen Informationen. Er lernte George Marsh kennen, einen leicht zu beeindruckenden Menschen, der sehr viel Zeit hatte und in dem Wahn lebte, die Anlagen zu einem Amateurdetektiv zu besitzen.

D'Onston erzählte Marsh unheimliche Geschichten, eine Kombination von Tatsachen und Erfindungen. Marsh fiel darauf herein und geriet so außer sich, daß er am Heiligen Abend des Jahres 1888 bei Scotland Yard vorsprach und Inspektor J. Roots folgende Aussage diktierte:

Vor etwa einem Monat lernte ich im Pub „Prince Albert", in der Upper St. Martin's Lane, einen Mann namens Stephenson kennen, mit dem ich zufällig über die Morde in Whitechapel sprach. Seither bin ich zwei- oder dreimal wöchentlich dort mit ihm zusammengekommen, und wir unterhielten uns jedes Mal vertraulich über die Morde. Er versuchte, mir zu erklären, wie ich mit Hilfe seiner Methode den Mann fassen könnte. Ich machte ihm klar, daß ich meine eigene Methode hätte und den Mörder früher oder später ergreifen würde. Ich erzählte ihm auch, daß ich Amateurdetektiv bin und den Übeltäter seit Wochen suche. Stephenson setzte mir auseinander, wie die Morde begangen wurden und meinte, sie wären das Werk eines Frauenhassers, der nach folgender Methode vorging:

Er brachte eine Frau dazu, mit ihm in einen Hinterhof oder auf ein Zimmer zu gehen; seine Leidenschaft wurde angestachelt, wenn er sie „bumste" und gleichzeitig mit der rechten Hand ihre Kehle durchschnitt, während er sie mit der linken festhielt.

Er zeigte mir, wie das ging. Sein Verhalten überzeugte mich davon, daß er in den ersten sechs Fällen der Mörder war, wenn nicht auch im letzten.

Heute erzählte mir Stephenson, daß Dr. Davies aus Houndsditch (die Adresse weiß ich nicht, doch ich war dort und würde wieder hinfinden) der Mörder sei, und er wollte, daß ich ihn aufsuchte. Er entwarf eine Vereinbarung, derzufolge wir die Belohnung für die Verurteilung von Dr. Davies teilen wollten. Ich weiß, daß die Vereinbarung wertlos ist, aber damit habe ich seine Handschrift sichergestellt. Ich spendierte ihm noch ein Glas und dachte, auf diese Weise noch mehr in Erfahrung bringen zu können, aber das gelang mir nicht. Er verließ mich, um Dr. Davies zu treffen und wollte außerdem zu Mr. Stead von der Pall Mall Gazette, da er einen Artikel hatte, für den er sich zwei Pfund erhoffte. Er verfaßte auch den Artikel in der Pall Mall Gazette über die die Juden betreffende Mauerinschrift. Dafür erhielt er vier Pfund. Ich habe gesehen, daß er Briefe von Mr. Stead darüber besitzt, außerdem hat er einen Brief von Mr. Stead erhalten, in dem es dieser ablehnt, ihm Geld zur Verfügung zu stellen, damit er den Whitechapel-Mörder finden kann.

Stephenson zeigte mir einen Entlassungsschein aus dem London Hospital. Der Name Stephenson wurde ausgelöscht und der Name Davies mit roter Tinte eingesetzt. Das Datum weiß ich nicht.

Stephenson wohnt seit drei Wochen in der Gemeindeherberge in der Castle Street 29, St. Martin's Lane, WC. Seine Beschreibung lautet: Alter 48, Größe 175 cm, volles Gesicht, fahle Gesichtsfarbe, großer Schnurrbart - mausgrau - gewachst und nach oben gedreht, Haare braun, langsam ergrauend, Augen tiefliegend. Wenn er einen Fremden ansieht, verwendet er meistens ein Monokel. Er trägt einen grauen Anzug und einen hellbraunen Filzhut - alles abgetragen; militärische Erscheinung; er behauptet, daß er an 42 Schlachten teilgenommen hat; gebildet.

Die Vereinbarung, die er mir gab, lasse ich hier. Ich stehe der Polizei für jede benötigte Unterstützung zur Verfügung.

Stephenson ist kein Trunkenbold. Ich würde ihn als Gewohnheitstrinker bezeichnen - er kann von 8 Uhr früh bis zur Sperrstunde trinken und behält trotzdem einen klaren Kopf.

Diese von Marsh erwähnte, mit einem Hintergedanken geschlossene Vereinbarung lautete: „Ich erkläre mich hiermit bereit, die Hälfte der Belohnung oder sonstiger Beträge, die ich bei der Verurteilung von Dr. Davies wegen vorsätzlichen Mordes erhalte, an Dr. R. D'O. Stephenson (auch unter dem Namen 'Plötzlicher Tod' bekannt) zu bezahlen." Das war eine der seltenen Gelegenheiten, bei denen D'Onston seinen wirklichen Familiennamen verwendete; der Spitzname „Plötzlicher Tod" bezieht sich keineswegs auf die Morde. Er ist vielmehr eine Anspielung auf eine von D'Onstons unglaublichen Geschichten über den bösen Blick, der Menschen und Tiere auf der Stelle töten kann.

Nachdem er den Boden vorbereitet hatte, ging D'Onston am 26. Dezember zu Scotland Yard und schrieb die folgende fünfseitige Aussage:

Ich erlaube mir, Ihre Aufmerksamkeit bezüglich dieser Morde auf Dr. Morgan Davies, ... Houndsditch, E., zu lenken. Ich verdächtige ihn vor allem im Zusammenhang mit dem letzten - im Haus begangenen - Mord.
Vor drei Wochen war ich Patient in einer privaten Abteilung im London Hospital ... zusammen mit einem Dr. Evans. Evans hatte Typhus und Dr. Davies besuchte ihn fast jeden Abend; für gewöhnlich sprachen wir über die Morde.
Dr. Davis [sic] bestand stets darauf, daß der Mörder ein Mann war, dessen sexuelle Kräfte nahezu erschöpft waren und nur durch einen starken Reiz stimuliert werden konnten- wie zum Beispiel Analverkehr. Er war, was diesen Punkt anbelangte, sehr bestimmt, nämlich daß der Mann mit den Frauen von hinten verkehrte - also per ano. Er konnte damals genausowenig wie ich Informationen darüber besitzen, daß sich bei der Obduktion im Rektum der Frau mit Kot vermischtes Sperma fand.
Viele Dinge, die trivial wirken, wenn man sie niederschreibt, verbinden ihn in meinen Augen mit der Affäre - er ist zum Beispiel ein Frauenhasser. Und das, obwohl er ein kräftig gebauter Mann & (nach den Linien in seinem fahlen Gesicht zu schließen) von starker sexueller Leidenschaft erfüllt ist. Seine vertrauten Freunde vermuten jedoch, daß er noch nie eine Frau berührt hat. Eines Abends waren fünf Mediziner anwesend; wir besprachen das Thema in aller Ruhe & bestritten seine Argumentation, daß der Mörder diese Dinge nicht getan hatte, um in den Besitz der Uteri (Gebärmutter) zu gelangen, sondern daß es - in seinem Fall - Mordlust war, die aus sexueller

Lust entstanden war - eine den Medizinern nicht unbekannte Tatsache. Plötzlich spielte er die ganze Szene (auf eine Art, die die fünf Ärzte ziemlich entsetzte). Er ergriff ein Messer, „bumste“ eine imaginäre Frau und durchschnitt ihre Kehle von hinten. Als sie dann offensichtlichzu Boden sank, riß und schlitzte er sie in einem Zustand wilder Raserei nach allen Richtungen auf.

Bevor er diese Vorstellung gab, hatte ich die Behauptung aufgestellt: „Nachdem ein Mann eine derartige Tat vollbracht hat, muß eine Reaktion eintreten. Er würde wahrscheinlich kollabieren & sofort von der Polizei aufgegriffen werden, oder er würde durch seine Erschöpfung die Aufmerksamkeit der Umstehenden auf sich ziehen.“ Dr. D. entgegnete: „NEIN! Sobald der Anfall vorüber ist, würde er sich erholen & sanft wie ein Lamm sein. Ich werde es Ihnen zeigen!“ Dann begann er mit seiner Vorstellung. Nachdem er geendet hatte, knöpfte er seinen Mantel zu, setzte den Hut auf und ging vollkommen ruhig im Zimmer auf und ab. Sein Gesicht war zwar leichenblaß, aber das war auch alles.

Erst vor wenigen Tagen teilte mir der Redakteur der Pall Mall Gazette mit, daß die zuletzt erledigte Frau mit Sicherheit Analverkehr gehabt hatte; damals kam mir der Gedanke: „Wieso wußte er es?“ Seine Vorstellung war so lebendig, wie ich es noch nie erlebt habe. Henry Irving ist nichts dagegen.

Dann gibt es noch einen Punkt. Er behauptete, daß der Mörder keinen Wert auf die Uteri legte, sondern die Gebärmutter nur ergriff und herausschnitt, weil sie jeweils das einzig feste Objekt war, das er zu fassen bekam, wenn er in seiner Raserei mit den Händen im Bauch des Opfers wühlte.

Ich möchte noch erwähnen, daß Dr. Davies eine Zeitlang Arzt im London Hospital in Whitechapel war und auch dort wohnte; das Haus in der Castle Street in Houndsditch hat er erst kürzlich gemietet. Er hat einige Jahre in der Gegend gewohnt, in der die Morde begangen wurden. Er äußerte die Absicht, in kürze nach Australien auszuwandern, sollte er in seinem neuen Haus nicht bald Erfolg haben.

Roslyn D'O. Stephenson

PS. Ich habe diese Angelegenheit dem Pseudo-Detektiv namens George Marsh, Pratt St. 24, Camden Town, NW, erzählt und mit ihm eine Vereinbarung getroffen (die ich beilege), derzufolge er eine Belohnung, die ihm vielleicht aufgrund meiner Informationen zufließt, mit mir teilen soll.

Es gibt keine Aufzeichnungen darüber, daß diese Aussage Nachforschungen auslöste. Die Polizei unternahm nichts gegen Dr. Davies. Sie war der Ansicht, daß es sich bei diesem Bericht nur um fiebrige Hirngespinste handelte, und zu genau dieser Ansicht sollte sie auch gelangen. D'Onstons Besuch veranlaßte jedoch Inspektor Root zu einigen interessanten Bemerkungen über den Ripper. Er betitelte sie „Whitechapel-Morde, Marsh, Davies & Stephenson":

Ich beziehe mich auf die Aussage von Mr. George Marsh vom 24. d.M. bezüglich einer möglichen Verbindung zwischen Dr. Davies und Stephenson und den Morden in Whitechapel.
Ich erlaube mir zu berichten, daß Dr. Stephenson heute abend hierherkam und die beigefügte Aussage über seinen Verdacht gegen Dr. Morgan Davies, Castle St., Houndsditch, niederschrieb; er überließ mir auch seine Vereinbarung mit Marsh bezüglich der Belohnung. Ich lege sie bei.
Als Marsh am 24. hier war, gewann ich den Eindruck, daß Stephenson ein Mann ist, den ich seit 20 Jahren kenne. Dieser Eindruck hat sich nun bestätigt. Er ist ein weitgereister Mann, tüchtig und gebildet, Diplomen aus Paris & New York zufolge Doktor der Medizin. Er ist Major der italienischen Armee - er kämpfte unter Garibaldi - und schreibt für Zeitungen. Er behauptet, den Artikel über die Juden in der Pall Mall Gazette verfaßt zu haben und auch sonst gelegentlich für diese Zeitung tätig zu sein. Er bot Mr. Stead seine Dienste an, um den Mörder zu stellen und zeigte mir einen diesbezüglichen Brief von Mr. Stead, der mit 30. November 1888 datiert ist; Stead hatte abgelehnt, sich dafür zu engagieren. Stephenson lebt wie ein Bohemien, trinkt sehr viel und hat immer Drogen bei sich, die ihn wieder ausnüchtern und das Delirium tremens hinauszögern sollen.
Er bewarb sich bei der letzten Wahl um den Posten des Sekretärs des Waisenhauses.

Diese wichtigen Papiere tauchten erst 1975 auf, und sogar dann dauerte es noch eine Weile, bis man ihre volle Bedeutung erfaßte. Stephen Knight stieß als Erster auf diese Unterlagen, verwendete sie jedoch nur, um daran die Auswüchse des Frauenhasses zu demonstrieren; Knight war damals durch seine Gull-Besessenheit für alles andere blind und bohrte nicht weiter. 1975 kam auch die genaue Fassung der berühmten Mauerinschrift ans Licht. Es existierte davon eine zeitgenössische Polizeikopie. Sie lautet: „Die Juhden sind Die Männer Die nicht umsonst Beschuldigt werden." In seinem Artikel vom 1. Dezember 1888 hatte D'Onston diese Worte in der richtigen exzentrischen Reihenfolge und mit der für diesen Fall so typischen, ausgefallenen Rechtschreibung verwendet. Doch wie Richard Whittington-Egan bewiesen hat, haben andere Kommentatoren seit der ersten Fassung sechs unterschiedliche Variationen benutzt - alle falsch. D'Onston hat also schon vor vielen Jahren bewiesen, daß er über die Mauerinschrift mehr wußte als jeder andere. Er besaß die Selbstsicherheit des Insiders. Es gibt natürlich auch Ungereimtheiten in D'Onstons Bericht. Die Inschrift wurde angeblich „... auf der Mauer am Mitre Square gefunden, genau über der Leiche der ermordeten Frau" - das ist nur ein Beispiel. Aber diese Fehler sind Teil eines erkennbaren Planes: Hier und da wird mit Absicht ein Fehler eingebaut, durch den der Schreiber als außenstehender Beobachter erscheint - nicht als informierter Täter.

Doch was verlieh dem Magier D'Onston die Fähigkeit, mit der Umgebung zu verschmelzen und den Verdacht der Frauen zu zerstreuen? Die Beobachtungen von Crowley und Cremers geben uns einige Anhaltspunkte dafür. Crowley sprach davon, daß er „... ausgezeichnete Umgangsformen ... besaß, sein Betragen war sanft und beherrscht; er machte den Eindruck, daß er jede nur mögliche Situation erfassen und meistern konnte ... Obwohl D'Onston eine so bezaubernde Persönlichkeit besaß und obwohl seine Freundlichkeit nicht zu übersehen war, erkannte man doch, daß hinter dieser oberflächlichen Sanftheit ein eiserner Wille steckte ... wenn er etwas als seine Pflicht ansah, so hielt ihn nichts davon ab, dieser Pflicht nachzukommen ..."

Cremers beurteilte ihn als farblose Persönlichkeit: „Nichts - absolut nichts ... Sanft, unheimlich still in allem was er tat, jemand, der in jeder Krisensituation die Ruhe bewahrte." Sie erinnerte sich kaum an ihn, außer an seine Augen: „Seine Augen beeindruckten mich am meisten. Sie waren hellblau, ohne eine Spur von Leben oder Feuer. Augen, wie man sie bei einem anämischen Patienten in einem Krankenhaus erwartet." Sein Äußeres war schäbig aber extrem sauber - nicht beeindruckend und nicht beunruhigend.

Stellen wir uns einen solchen Mann in den Straßen von Whitechapel vor. In den Taschen hat er Briefe und Quittungen von Zeitungsredakteuren - seine Tarnung. Als Journalist ist es sein gutes Recht, sich überall herumzutreiben, auf der Jagd nach Neuigkeiten über die Morde und die aktuellsten Verdächtigen. Er bewegt sich leise und gewandt, mit eisener Selbstkontrolle. Er hat sich die Geographie der Gegend mit allen Einzelheiten eingeprägt. Der Veteran der italienischen Schlachtfelder plant mit militärischer Präzision.

Er hat alle Eventualitäten bedacht, um sicherzugehen, daß seine Opfer willfährig oder sogar betäubt sein werden. Er ist ein Fachmann und versteht sich auf Gifte und schwächende Drogen, auch auf jene, die er für gewöhnlich bei sich trägt. Dazu gehört ein Fläschchen Chloroform, das er, sollte es notwendig sein, benützen kann. Abgesehen davon stehen ihm noch andere Techniken zu Gebote, um Kontrolle auszuüben. Als Knabe hat er bereits die Kunst der Hypnose studiert und praktiziert, er kennt die richtigen Worte und Gesten, mit deren Hilfe er die armseligen Huren in falscher Sicherheit wiegt. Dieser überaus sanfte Herr hat das Recht, ihnen Fragen zu stellen; er arbeitet für eine Zeitung. Er schätzt ihre Meinung und spricht freundlich und höflich, nicht wie manche andere! Ein harmloser, ehrlicher Mann. Ein Mann, dem man trauen kann, für den man stirbt.

Vor mehr als 20 Jahren entwarf Tom Cullen folgendes Bild vom Ripper: „Alles deutet darauf hin, daß der Ripper unter Persönlichkeitsspaltung litt ... er sprach zweifellos freundlich, nichts in seinem Aussehen oder seinem Verhalten erregte besondere Aufmerksamkeit oder wirkte gar beunruhigend ... Er wußte, wie man mit Prostituierten umging, ohne ihren Verdacht zu erregen, er sprach ihre Sprache und überrumpelte sie. Man darf nicht vergessen, daß sich die Huren von Whitechapel in einem Zustand befanden, der an Hysterie grenzte... Er hatte das Terrain studiert wie ein General einen Lageplan." Cullen hatte damit, ohne es zu wissen, D'Onston genau beschrieben.

Richard Gordon, ein Romancier, Arzt und Anästhesist, fügte im Jahr 1980 noch etwas hinzu. Er sah den Ripper als einen Mediziner, der seine Opfer zuerst chloroformierte, denn das verlangsamte den Herzschlag, erstickte die Schreie und ermöglichte einen weniger blutigen Mord. Auch diese Charakteristik entspricht D'Onston. Er befand sich ständig in einem Stadium subakuten Alkoholismus' und hatte daher verschiedene Arzneien bei sich, um das Delirium tremens hintanzuhalten, darunter auch eine Flasche Chloroform. Chloroform wurde damals völlig legitim als Heilmittel verwendet: ein Teil Anästhetikum und neun Teile Alkohol.

Die Polizei wußte, daß er solche Mittel bei sich trug, sie erregten daher keinen Verdacht. Dieser herzlose Mann hat an alles gedacht.

Wenn aber D'Onston ein Mann ohne Herz war, warum nahm das Morden ein Ende? Ein Grund dafür war vielleicht, daß die blutigen Rituale völlig wertlos waren. Weder Himmel noch Erde gerieten in Bewegung. Kein Zauber trat in sein Leben. Nur Schmerz und Angst erwuchsen ihm daraus, denn nach dem Mord an Kelly wurde D'Onston ernstlich krank und verbrachte die nächsten Wochen in einer Privatabteilung im London Hospital von Whitechapel. Als Student hatte er an „Gehirnfieber" gelitten (der volkstümliche Ausdruck für Encephalitis), wodurch es oft zu Veränderungen der Persönlichkeit und zu Gehirnschädigungen kommt. Im November 1888 hatte er vielleicht wieder einen Anfall. Drei Wochen nachdem er aus dem Krankenhaus entlassen worden war, lag er wieder danieder. Von da an ließ seine Vitalität nach, und mit seiner Gesundheit ging es langsam bergab. Er war nicht in der Verfassung, irgendein Verbrechen zu planen oder auszuführen.

Das von D'Onston versprochene Buch über Obeeyahismus wurde niemals veröffentlicht. Der Mann, der es mit der Schwarzen Magie aufgenommen hatte, war sichtlich zerrüttet und vollkommen verändert. Wie seinerzeit Saulus auf der Straße nach Damaskus, so erfuhr D'Onston jetzt die Qual und Erleichterung der religiösen Bekehrung. Wäre seine Gesundheit robuster gewesen, so wäre er als Wiedergutmachung in einer entlegenen Leprakolonie untergetaucht. Stattdessen widmete er den Rest seines Lebens den Studien der christlichen Offenbarung.

D'Onston quälte sich jahrelang mit der Abfassung seines dünnen Sühnebändchens *The Patristic Golspels* ab. Grant Richards in London veröffentlichte es im Jahr 1904. D'Onston hatte dafür Texte von 120 griechischen und lateinischen Kirchenvätern vom zweiten bis zum zehnten Jahrhundert zusammengestellt; er verwendete Texte aus 26 alten lateinischen Bearbeitungen aus dem zweiten Jahrhundert, aus 24 griechischen Schriften in Unziale und einigen in Kursiv, aus der Vulgata, aus der syrischen, der ägyptischen und anderen alten Bibelbearbeitungen. Er benutzte alle griechischen Texte aus der Zeit von 1550 bis 1881 sowie alle englischen Bearbeitungen von Wiclif bis zu den amerikanischen Baptisten aus dem Jahr 1883; dem fügte er jeden Kommentar hinzu, der je eine praktikable Interpretation geliefert hatte. Es war eine Arbeit, die wenige Menschen lesen und noch weniger kaufen würden.

Elf qualvolle Jahre büßte D'Onston auf diese Weise. Er kommentierte diese Periode und seine Arbeit: „... der größte Teil dieser Zeit war ein einziger Kampf gegen Schmerz und Lähmung; nur die unleugbare Hilfe des Heiligen Geistes ermöglichte es, das Werk allein zu vollenden, ohne jede Unterstützung."

Kurz nach dem Erscheinen seines Buches verschwand Dr. D'Onston. Dieser geheimnisvolle Mann blieb bis zum Ende ein Geheimnis. Ließ er sich irgendwo in der Fremde unauffällig nieder? Zog es ihn zurück an die alten Schauplätze seiner Studentenzeit in Paris oder München? Lockte ihn der einstige Kameradschaftsgeist der Schlachtfelder zurück nach Italien? Die Fragen müssen Fragen bleiben. Niemand kennt mit Sicherheit das Schicksal D'Onstons, auf Friedhöfen ist nichts Konkretes zurückgeblieben, er hat den Grabschändern einen Strich durch die Rechnung gemacht. Doch sollte sein Grab jemals gefunden werden, so wollen wir inständig hoffen und beten, daß niemand die unangebrachte traditionelle Inschrift in den Stein gemeißelt hat: R.I.P.

Schlußwort

Nachdem das Buch erschienen war, gelangte ich in den Besitz neuen Beweismaterials, aufgrund dessen ich mit Bestimmtheit behaupten kann, daß Stephen Knight kein unschuldig Betrogener war. Er wußte, daß seine kunstvoll ausgearbeitete Theorie über eine Verschwörung auf einem Schwindel beruhte und hielt bewußt Fakten zurück, die seine Theorie vernichtet hätten. Er erfand Material, um seine Geschichte glaubwürdiger zu gestalten; außerdem haben ihm zumindest zwei mit der gleichen Thematik Beschäftigte unabhängig von einander, seine Irrtümer - seine Doppelzüngigkeit - nachgewiesen. Knight versprach vage, daß er dazu bereit wäre, eine Art Widerruf herauszugeben, aber er unternahm nichts. Ein solcher Widerruf hätte sich natürlich auf den Verkauf seines Ripper-Buches sowie künftiger Bücher ausgewirkt.

Im besonderen kann ich jetzt darauf hinweisen, daß ich Knight Unterlagen zur Verfügung stellte, aus denen hervorging, daß sein Fall reine Erfindung war; Simon Wood hat jetzt in seiner neuen Zeitschrift *Bloodhound* darauf hingewiesen, daß er das gleiche getan hatte.

Simon Wood geht die Information über Annie Elizabeth Crook, die Knight von Alan Neate vom Zentralarchiv Groß-London erhielt, nochmals durch. Er weist darauf hin, daß aus diesen Aufzeichnungen klar hervorgeht, daß jene Annie Elizabeth Crook, die 1885 in der Cleveland Street 6 wohnte, nicht mit der Elizabeth Cook ident ist, die 1888 die Kellerwohnung in der Cleveland Street 6 mietete und dort bis Ende des Jahres 1893 wohnte.

Für mich war das eindeutig durch die Tatsache belegt, daß Annie Crook im Jahr 1889 in das Armenhaus in der Endell Street aufgenommen worden war, während Elizabeth Cook als ständige Steuerzahlerin in der Cleveland Street blieb. Mr. Wood beweist, daß die Aufzeichnungen den Nachweis dafür erbringen, daß Annie Crook im Jahr 1889 in der Pitt Street 9, Tottenham Court Road, lebte. Außerdem wird als religiöses Bekenntnis die anglikanische Kirche angegeben; damit wird das römisch-katholische Element der Verschwörungstheorie unbrauchbar.

Knight wurde über diese Fakten in Kenntnis gesetzt und noch über manches mehr. Simon Wood bestätigt dazu: „Vor einigen Jahren traf ich mit Stephen Knight zusammen und zerlegte seine Theorie. Er hörte aufmerksam zu und lächelte schweigend und ohne Reue ... “ Später wiederholte er die Erfindungen in seinem Buch über die Freimaurer.

Die ermordeten Frauen

„Zauberhafte Fay“: 26. Dezember 1887
Emma Smith: 3. April 1888
Martha Turner, auch unter dem Namen Tabram bekannt: 7. August 1888
Mary Ann Nichols: 31. August 1888
Annie Chapman: 8. September 1888
Elizabeth Stride: 30. September 1888
Catherine Eddowes: 30. September 1888
Mary Jane Kelly: 9. November 1888
Alice McKenzie: 17. Juli 1889
Frances Coles: 13. Februar 1891

Die Namen der Frauen sowie auch die anderer Personen in diesem Drama werden oft auf unterschiedliche Art geschrieben: Nichols wird oft Nicholls geschrieben, aus Mary Kelly wird manchmal Marie Kelly, McKenzie wird zu Mackenzie, usw. Nicht alle waren Opfer von Jack the Ripper, aber in den Augen der Öffentlichkeit *mußten* sie es sein, denn mit der Zeit entfernte sich der Ripper von der Realität und wurde förmlich ein Zustand.

Whitechapel heute

Es gibt immer noch Straßen in Whitechapel, durch die vielleicht der Ripper gelaufen ist, aber die Schauplätze der Morde gibt es nicht mehr. Zwei markante Punkte sind jedoch erwähnenswert. Die alte Spitalfields Kirche existiert noch nahezu unverändert und ist der Treffpunkt der Dirnen der Gegend, wie ihn der *New York Herald* beschreibt. Nicht einmal zehn Meter von der Kirche entfernt steht das einzige Denkmal für die Opfer des Mörders, das alte „Jack the Ripper“ Pub. Dieses Truman-Watney Haus, das Ernie und Yvonne Ostrowski führen, ist nicht nur Anziehungspunkt für Menschen, die das Rätsel interessiert. Unter seinem früheren Namen „The Ten Bells“ wurde es von allen Straßenmädchen der Umgebung besucht. Jedes Ripper-Opfer kannte das Pub sehr gut, und hier trank auch Annie Chapman ihr letztes Glas.

Literaturnachweis

Adam, Hargrave Lee: *Trial of George Chapman.* Hodge (London) 1930.

Anderson, Sir Robert: *Criminals and Crime.* Nisbet (London) 1907.

Anderson, Sir Robert: *The Lighter Side of My Official Life.*
Hodder & Stoughton (London) 1910.

Arlen, Michael: *Hell! said the Duchess.* William Heinemann (London) 1934.

Barnard, Allan (Hrsg.): *The Harlot Killer.* Dodd Mead (New York) 1953.

Barnett, Henrietta Octavia Weston: *Canon Barnett.* 2 Bde. John Murray (London) 1918.

Beaumont, F. A.: *The Fiend of East London. The Fifty Most Amazing Crimes of the Last 100 Years.* Odhams (London) 1936.

Camps, Professor Francis E. und Barber, Richard: *The Investigation of Murder.* Michael Joseph (London) 1966.

Crowley, Aleister: *The Confessions of Aleister Crowley.* Jonathan Cape (London) 1969.

Cullen, Tom A.: *Autumn of Terror: Jack the Ripper, his Crimes and Times.* Bodley Head (London) 1965, Fontana (London) 1973

Deacon, Richard: *A History of the British Secret Service.* Muller (London) 1969.

Deacon, Richard: *A History of the Russian Secret Service.* Muller (London) 1972.

Dew, Walter: *I Caught Crippen.* Blackie (London) 1938.

Douglas, Arthur: *Will the Real Jack the Ripper.* Countryside Publications (Chorley, Lancs.) 1979.

Emmons, Robert: *The Life and Opinions of Walter Richard Sickert.* Faber & Faber (London) 1941.

Farson, Daniel: *Jack the Ripper.* Michael Joseph (London) 1972.

Griffiths, Arthur George Frederick: *Mysteries of Police and Crime.* Cassell (London) 1898.

Halsted, Dennis Gratwick: *Doctor in the Nineties.* Johnson (London) 1959.

Harrison, Michael: *Clarence: the Life of the Duke of Clarence and Avondale.* W. H. Allen (London) 1972.

Knight, Stephen: *Jack the Ripper: The Final Solution.* Harrap (London) 1976, Treasure Press (London) 1984.

Leeson, Benjamin: *Lost London: The Memoirs of An East End Detective.* Stanley Paul (London) 1934.

Le Queux, William: *Things I Know About Kings, Celebrities, and Crooks.* Nash & Grayson (London) 1923.

Lilly, Marjorie: *Sickert: The Painter and His Circle.* Elek London) 1971.

MacLeod, C. M.: „A Ripper Handwriting Analysis." *Criminologist* (London) August 1968.

Macnaghten, Sir Melville L.: *Days of My Years.* Arnold (London) 1914.

Marjoribanks, Edward: *The Life of Sir Edward Marshall Hall.* Gollancz (London) 1929.

Matters, Leonard W.: *The Mystery of Jack the Ripper.* W. H. Allen (London) 1948.

McCormick, Donald: *The Identity of Jack the Ripper.* Jarrolds (London) 1959; John Long (rev. Ausg.) (London) 1970.

Moore-Anderson, Arthur P.: *Sir Robert Anderson and Lady Agnes Anderson.* Marshall, Morgan & Scott (London) 1947.

Pearsall, Ronald: *The Worm in the Bud.* Weidenfeld & Nicolson (London) 1969.

Rumbelow, Donald: *The Complete Jack the Ripper.* W. H. Allen London) 1975, Star Books (London) 1979.

Simpson, Colin; Chester, Lewis; Leich, David: *The Cleveland Street Affair.* Little, Brown & Co., (Boston, USA) 1976.

Smith, Sir Henry: *From Constable to Commissioner.* Chatto & Windus (London) 1910.

Spiering, Frank: *Prince Jack.* Doubleday & Co. (New York) 1978.

Stewart, William: *Jack the Ripper: A New Theory.* Quality Press (London) 1939.

Stowell, Thomas E. A.: „Jack the Ripper - A Solution?" *Criminologist* (London) November 1970.

Symonds, John: *The Great Beast: The Life and Magic of Aleister Crowley.* Macdonald (London) 1971.

Wagner, Gillian: *Barnado.* Eyre & Spottiswoode (London) 1980.

Whittington-Egan, Richard: *A Casebook on Jack the Ripper.* Wildy & Sons (London) 1975.

Winslow, Forbes: *Recollections of Forty Years.* Ouseley (London) 1910.

Die Protokolle der Weisen von Zion

Die Literatur über die Protokolle ist umfangreich. Ein ausgezeichneter Literaturnachweis kann bei Professor N. Cohns

Warrant for Genocide. Eyre & Spottiswoode (London) 1967, gefunden werden.

Gwyer, John: *Portraits of Mean Men.* Cobden-Sanderson London) 1938 enthält ebenfalls eine gut verwendbare Bibliographie.

Die wichtigsten Geschichten über Lees sind in folgenden Werken zu finden

Chicago *Sunday Times-Herald.* 28. April 1895.

Daily Express, London. 7., 9. und 10 März 1931.

Fifty Strangest Stories Ever Told. Odhams (London) 1937.

Light. (London) Herbst 1970.

Prediction. (London) Januar 1937.

Two Worlds. (London) 21. Februar 1959.

Archer, Fred: *Ghost Detectives.* W. H. Allen (London) 1970.

Hill, William Boyle: *A New Earth and A New Heaven.* Watts (London) 1936.

Neil, Charles (Hrsg.): *The World's Greatest Mysteries.* Neil (Australia) 1936.

Saxon, Peter: *The Man Who Dreamed of Murder.* Sexton Blake Library (London) November 1958.

Woodhall, Edwin T.: *Crime and the Supernatural.* John Long (London) 1935.

Woodhall, Edwin T.: *Jack the Ripper: Or When London Walked In*

Terror.. Melifont (London) 1937.

Die bekannt gewordenen Schriften von Roslyn D'Onston:

„Who Is The Whitechapel Demon? (By One Who Thinks He Knows)", *Pall Mall Gazette.* 1. Dezember 1888. Unsigniert.

„The Real Origin of 'She'. By One Who Knew Her." *Pall Mall Gazette.* 3. Januar 1889. Signiert R. D.

„What I Know Of Obeeyahism. By the Author of the Original of 'She'," *Pall Mall Gazette.* 15. Februar 1889. Signiert Roslyn D'Onston.

„African Magic." *Lucifer,* November 1890. Signiert „Tautriadelta".

„A Modern Magician." *Borderland,* April 1896. Signiert Tautriadelta.

The Patristic Gospels. Unter dem Namen Roslyn D'Onston. Grant Richards (London) 1904.

Der autobiographische Teil in *Borderland* erschien zwar im Jahr 1896, wurde aber nicht in diesem Jahr geschrieben. Zwei längere Abschnitte entstanden 1889, der Rest wahrscheinlich 1892 oder 1893. Wir wissen mit Sicherheit, daß D'Onston im Verlauf von 1892 W. T. Stead Anekdoten aus seinem Leben zur Verfügung stellte. Eine davon nahm Rev. Charles Tweedales im Jahr 1931 in sein Buch *Man's Survival After Death,*, Richards (London) Seiten 156–8, auf. Tweedales Buch wurde schon seit langem nicht mehr neu aufgelegt, doch D'Onstons Geschichte erschien wieder in meinem Buch *Sorry You've Been Duped* (1986) und in *Investigating the Unexplained* (USA). Meine Kommentare zu D'Onstons Erzählung zeigen deutlich, daß es eine Zeit gab, zu der ich ihn nicht ernst nahm (1983). Ich beschrieb ihn damals als einen Mann, „... dessen ganzes Leben aus Vortäuschungen bestand. Er stammte aus bescheidenen Verhältnissen, nicht aus den wohlhabenden Kreisen, mit denen er geprahlt hatte. Sein medizinischer Befähigungsnachweis war gefälscht.„ Als ich das schrieb, beschäftigte ich mich nur mit einer einzigen seiner Geschichten, die keine zusätzlichen Nachforschungen wert war. Meine Zusammenfassung über D'Onston beruhte daher auf der spärlichen Information von O'Donnell. Aber O'Donnells Details waren falsch, wie ich später noch bewies.

Für alle, die sich für das gesamte Material aus *Borderland* interessieren, möchte ich darauf hinweisen, daß das im Leseraum der British Library enthaltene Exemplar unvollständig ist. Als man es mir brachte, stellte ich fest, daß die ausschlaggebende Seite, auf der W. T. Stead über seine Verdächtigungen gegen D'Onston erzählt, herausgerissen worden war; auf der Rückseite hatte sich die einzige bekannte Fotografie D'Onstons befunden.

Entfernte D'Onston selbst diese hassenswerte Erinnerung an sein früheres Leben? Die Frage ist nicht so weit hergeholt, als es im ersten Augenblick scheint. Bernard O'Donnell wollte im Jahr 1930 D'Onstons Schriften nachprüfen. *Lucifer* und *Borderland* waren damals leicht aufzutreiben, entweder zusammen in einem Band oder als Einzelexemplare, er mußte sich also nicht an die British Library wenden. Aber die *Patristic Gospels* waren eine Rarität und machten einen Besuch im Leseraum erforderlich. Dort bemerkte O'Donnell, daß jemand im Autorenkatalog neben der gedruckten Auflistung der *Patristic Gospels* hinter den Namen des Autors mit Tinte die Buchstaben MD gesetzt hatte. Als er es gegenüber dem Leiter des Leseraums erwähnte, vermutete der, daß nur D'Onston selbst ein Interesse daran haben konnte, diese Information hinzuzufügen. Ein Mann, der bereit war, einen Katalog zu seinen Gunsten zu ändern, war ohne Zweifel auch fähig, ein Buch zu verunstalten, das nicht nur unvorteilhaft, sondern eine Art erdrückender Beweis ist ...

THE WHITECHAPEL MYSTERY.